《인간경영 맹자 오디세이》

■ 지은이 - 中國文化經營硏究所

中國文化經營硏究所는 중국 5천 년 역사문화를 연구하는 저명한 연구집단으로 중국의 人民大學校와 베이징大學校의 박사 및 교수진들에 의해 만들어진 엘리트 그룹이다. 최근 공자의 사상을 現代的 人間經營論과 접맥을 시켜 명성을 날리고 있는 인민대학교 출신의 섭위평攝位評 박사와 베이징大學校 출신의 양자성陽子星 박사가 그 대표적인 연구 및 집필진이다.

■ 옮긴이 - 김찬준 외

김찬준은 고려대학교 중문과에서 수학하고 중국 베이징大學校에서 儒家 및 道家 사상연구로 한·중 비교 연구를 하다가 현재는 고려대·성균관대·한경대 등에 출강하면서 中國思想硏究會의 좌장으로 동아시아 사상의 본류이자 중심적 거점으로서 동·양 사상의 핵심이라고 할 수 있는 유가 및 도가 사상 연구와 집필 작업에 매진하고 있다. 연구저작으로 『東洋思想의 本流로서의 儒家思想과 道家思想 비교연구』, 『孔子思想의 現代化에 대하여』 등이 있으며 이번에 中國思想硏究會를 중심으로 이번 번역작업을 완수하였다.

人間經營 孟子 오디세이

本書原由中國文化經營硏究所
直經 ITEMBOOKS 授權本硏究所出版韓文版

이 책의 韓國語版 著作權은 中國文化經營硏究所와의 계약으로 저작권법에 의해 한국 내에서 보호를 받는 저작물이므로 무단전재와 무단복제를 금합니다.

인간경영 맹자 오디세이

| 전국 시대 하늘과 사람, 도덕과 원칙을 추구한 맹자의 철학 |

孟子 人間經營

머·리·말

　맹자가 말하는 인간경영의 중심은 냉철한 판단력이나 고독한 실력에 있지 않다. 무엇보다도 사람의 마음을 얻을 수 있는 '덕德'이 가장 중요하다고 했다. 실력으로 누군가를 움직이는 것은 즉각적이고 쉽다. 하지만 만약 더 강한 실력을 가진 누군가가 나타나면, 사람들은 더 강한 쪽으로 움직일 것이다. 덕은 그렇지 않다. 사람들을 마음에서부터 움직이게 만드는 것이 바로 덕이다. 결국 인간경영에 있어서도 마찬가지다.

　맹자가 등장한 것은 공자가 세상에 이름을 떨치고 한 세기가 지난 후였다. 그 역시 공자와 마찬가지로 여러 나라 군주들에게 정치 사상을 설파했다. 맹자는 유학을 계승하고 자신만의 가치 체계를 더하여 발전시켰다.

　그가 펼친 정치 사상의 중요한 맥락은 바로 '왕도'였다. 맹자는 왕도와 패도를 엄격히 구별하여 "힘으로써 인을 가식하는 자는 패霸이다. 패는 반드시 대국大國을 가진다. 덕으로써 인을 행하는 자는 왕이다. 왕자는 대大를 기대하지 않는다. 힘으로써 사람들을 복종시키는 자는 심복心服시키는 것이 아니며, 덕으로써 사람들을 복종시키는 자는 마음속에서 참되게 복종시키는 것이다"〔公孫丑篇〕라고 말하였다.

또한 맹자는 이 왕도를 실천할 수 있는 중요한 방법 중 하나로 경제적 안정을 들었다. "항산恒産이 있는 자는 항심恒心이 있으며, 항산이 없는 자는 항심도 없다"라는 말은 도덕적 정치가 전적으로 정신적 영역 안에 있음은 아니란 것을 보여 준다.

맹자는 하늘과 사람, 주체의 자유와 초경험적인 운명, 자아와 집단, 도덕 원칙과 구체적인 경우, 공리와 도의에서 인격의 이상 등의 측면에 이르기까지, 원시 유학에 여러 방면의 확대와 발전을 이루었으며 그것을 더욱 체계화시켰다.

맹자에 이르러 선의 추구를 주축으로 하고, 인문 가치를 강조하고, 도덕적 자유를 받들고, 집단 동일시를 강조하고, 이성의 본질을 부각시키고, 인격의 완성을 요구하는 등 유가의 가치 관념은 더욱 완전한 형식을 얻게 되고, 성숙되고 일정한 형태를 갖추게 된다. 공자가 유가의 창시자라면, 맹자는 어떤 의미에서 유학의 완성자로 볼 수 있다.

물론, 맹자가 공자의 사상을 전개하면서 동시에 유학의 어떤 부정적 경향을 드러내기도 하였다. 천인관계에서 인을 핵심으로 하는 인도의 원칙이 강조되고 더욱 구체적인 내용을 부여받지만, 자연의 원칙은 무시될 수밖에 없다. 명실 논쟁에서 이성의 여러 계기들은 비교적 많이 관찰된다. 힘과 운명의 관계에서 도덕 영역상의 주체의 자유는 명제 속에 참으로 있어야 할 의미를 부여받는다.

그러나 천하를 다스리는 일이라는 역사 창조 작업은 희석된다. 의리관계에서 도의의 내면적 가치는 거듭 강조되지만 공리의 의식은 지나치게 억제된다. 이 밖에도 집단 원칙을 강조하고 개인 원칙을 상대적으로 약화시키는 것, 이단 배척에 담긴 독단의 경향, 현실 비판 경향과 복고의 이상화 사이의 혼돈 등등. 이런 것들에서 맹자가 체계화한 유학의 복잡한 함의가 드러나는데 이것들은 중국의 전통 문화에 중층적 영향을 미치고 있다.

이상적 인격을 설정할 때 이러한 사유 논리는 더욱 뚜렷이 나타난다. 인격의 완성은 유가의 기본적 가치 목표이다. 유가에서 선의 추구란 언제나 이상적 인격의 경지를 지향하기 마련이다. 결국, 이상적 인격을 설정하는 데서 그들의 가치 취향이 잘 드러난다.

맹자의 견해에 의하면 완전한 인격의 기본 특징은 주로 그의 내면의 덕성에서 드러난다. 자아의 실현본연의 나에서 이상적인 나를 지향하는 것에는 무엇보다 어짊, 지혜 등 내면의 품격을 형성하는 것이

표지가 된다. 이상적 인격에 이르는 성인의 과정은 내면에 존재하는 선의 실마리를 출발점으로 삼는데 이러한 선의 실마리는 자아에서 전개되는 것으로 나타난다.

이것을 공자 및 맹자 이후의 순자와 비교해 보면, 맹자는 내성의 경향을 보여 주고 있다고 할 것이다. 유학의 내성 지향은 역사적으로는 맹자에게서 기원하는 것이다.

이처럼 맹자의 사상은 '인간' 과 가장 잘 맞닿아 있다. 인간과 도덕의 밀접한 관계에 대한 깊은 고민으로 탄생한 그의 논리는 시대를 막론한 현실성을 가진다.

이 책에서는 그의 생각을 살펴봄과 동시에 인간경영의 토대로 삼아, 오늘날에 그 가치가 더욱 빛나는 맹자의 이상주의에 대해 알아볼 것이다.

목차

머리말 • 6

제1장 **맹자, 공자의 후계자로
인간경영의 맥을 잇다 • 16**

　　인간을 소중히 여기는 맹자의 소년 시절 • 16

　　인간을 사랑하는 마음으로 유학을 일으키다 • 20

　　정치적 이상 경영을 실천하기 위하여 • 27

　　이상 경영의 실천은 남의 말을 잘 듣는 것부터 • 42

제2장 **이상주의 경영가
맹자가 말하는 인간과 하늘 • 56**

　　역사적 가치관이 트여 있던 맹자 • 57

　　인문보다 인간에 대한 지극한 관심 • 66

제3장 **인간은 누구나 자신을 경영한다 • 78**

　　도덕적 선택으로 자신감을 얻다 • 80

　　인간경영은 하늘의 뜻이지만, 하늘의 뜻은 내가 정한다 • 85

孟子 人間經營

제4장   견문과 사유를 통해
       인간경영의 틀을 만들다 • 98

       첫 번째 : 인간경영의 토대를 닦은 공자 • 99

       두 번째 : 감성적 접근의 묵자 • 103

       세 번째 : 인간에 대한 인식이 먼저다, 『노자』 • 107

       이성주의로 인간경영을 실천한 맹자 • 112

제5장   경영의 관점에서 바라본
       개인과 집단의 관계 • 122

       종교 및 정치적 성향이 짙은 묵자 • 122

       자기를 완성하는 자가 천하를 완성한다 • 128

제6장   맹자가 말하는 개인과 집단의 조화 • 146

       결과와 함께 과정도 중요시한 인간경영의 현자 • 149

       묵자 : 많은 사람들의 이익이 우선이다 • 155

       훌륭한 인간경영을 위해선 채찍보다 당근이 우선이다 • 160

       인간경영은 이성적 욕구를 채워 준 다음에 가능하다 • 167

제7장 이상적인 인간경영은
독단을 갖지 않아야 한다 • 176

맹자가 바라본 이론의 선구자 • 178

인간경영의 실천은 독단적이지 않아야 한다 • 185

제8장 인간경영의 현실과 이상, 과거에서 배운다 • 196

어떤 경영이든 항상 비판이 따른다 • 196

문명의 발달에 따른 경영의 변화 • 203

이상적 경영은 결국 과거에 있다 • 206

제9장 인간경영은 곧 인격의 경지에 이르는 것 • 212

좋은 경영자란 지혜와 자애를 함께 갖춰야 한다 • 212

경영을 통해 인격이 드러난다 • 219

경영자는 끊임없이 도덕적인 자세를 견지하여야 한다 • 225

내면이 아름다워지는 방법 • 230

孟子 人間經營

제10장 맹자가 말하는 완전한 인간 • 236

　　　　인격의 경지를 끌어올리는 내면 경영 • 236

　　　　인격을 함양하여 이상적인 경영을 실천하다 • 251

제11장 역사 속 이상주의 경영가 맹자 • 264

　　　　유학자에서 성인의 경지에 이르다 • 265

　　　　도덕과 이상경영을 강조한 맹자의 사상이 미친 영향 • 277

부록

제1편	양혜왕 장구 상 • 308	양혜왕 장구 하 • 312
제2편	공순추 장구 상 • 315	공순추 장구 하 • 319
제3편	등문공 장구 상 • 322	등문공 장구 하 • 325
제4편	이루 장구 상 • 328	이루 장구 하 • 333
제5편	만장 장구 상 • 339	만장 장구 하 • 341
제6편	고자 장구 상 • 344	고자 장구 하 • 348
제7편	진심 장구 상 • 356	진심 장구 하 • 360

孟子人間經營

제 1 장

맹자, 공자의 후계자로 인간경영의 맥을 잇다

한 시대를 풍미했던 인간경영의 아버지 공자. 그의 뒤를 잇는 맹자는 곧잘 공자와 비교될 정도로 문화 사상에 커다란 획을 그었다. 또한 맹자가 주창한 도덕적 인간경영은 많은 사람들에게 전하는 바가 크다.

춘추전국 시대에 추와 노 지역은 줄곧 인문의 중심지였다. 공자가 기원전 551년 노나라에서 태어난 지 1세기가 지나 노나라와 이웃한 추나라에 또 한 명의 문화 거인이자 이상경영의 대가인 맹자가 태어난다.

인간을 소중히 여기는 맹자의 소년 시절

맹자는 이름이 가다. 그의 구체적인 생존 시기를 둘러싼 많은 가설들이 역대로 존재한다. 그러나 『맹자』에 실린 사적을 보면 그의 생존 연대는 기원전 385년에서 304년까지로 추정된다.

맹자의 선조는 노나라의 귀족이었다. 노나라 환공의 서자인 중손씨.숙손씨.계손씨를 "삼환"이라고 일컬었는데 중손씨는 맹손씨라고도 불렀다. 맹자는 이 맹손씨의 후손이다.

전국 시대로 접어들자, 노나라에 군림했던 삼환의 지위도 예전만 못하게 된다. 이 무렵 맹자의 아버지 역시 노나라에서 추나라로 집을 옮겨야 했다.

맹자는 귀족의 후손이다. 하지만 그가 아직 어렸을 때, 가세는 이미 기울어 있었다. 어려서 아버지를 여읜 맹자와 과부가 된 그의 어머니는 서로 의지하며 살았다. 여기서 우리는 어린 시절 맹자가 겪었을 어려움을 짐작할 수 있다. 남편의 이른 죽음 때문에 맹자의 어머니는 집안 생계와 자식교육이라는 이중 책임을 떠맡게 되었다.

맹자의 어머니는 아들에 대한 기대가 매우 높았고, 맹자를 키우는 데 적지 않은 노력을 기울였다. 맹자의 전기에는 어린 시절 그의 집이 묘지 근처에 있었다고 적혀 있다. 집 주위로 늘 장례 행렬이 지나갔고, 장례식도 자주 볼 수 있었다. 그래서 동네 아이들은 그 모습을 흉내내곤 하였다. 장례 의식을 자주 접하다 보면 자연스럽게 그것을 모방하게 된다. 어린 맹자도 늘 장례식 놀이를 하며 놀았다.

맹자의 어머니는 이대로 두면 아들이 건강하게 자라는 데 해롭지 않을까 근심하였다. 그래서 외진 묘지 근처에서 시장 근처로 이사했다. 그러나 시장은 상인들이 활동하는 곳인지라, 물건 파는 소리가 종일 끊이지 않았다. 주위의 영향 탓에 맹자도 차츰 물건 파는 소리에 관심을 갖는 일이 잦아졌다. 맹자의 어머니는 그런 맹자를 보고 상인들이 활동하는 곳 역시 아들의 성장에 좋은 환경이 못 된다는 것을 깨닫는다. 그래서 다시 이사를 결심한다. 고심해서 고른 끝에 학교 근처에서 살기로 결정한다. 당시 학교는 지식을 전달할 뿐만 아니라 예의범절 훈련도 중시하였다. 이런 환경에서 지내자 맹자도 자연스럽게 그 영향을 받아 점차 예의에 흥미를 갖게 된다. 그래서 탁자 위에 여러 예식 용품을 올려놓고 제사놀이를 하거나 절하고 사양하는 예절을 흉내내는 등, 제법 규범에 맞는 행동을 했다. 세 번의 선택 끝에 맹자의 어머니는 아들을 가르치는 데 이상적인 환경을 찾아낸 것이다. 역사에서는 이 일을 "맹모삼천"이라고 일컫는다.

맹자의 나이가 교육을 받을 정도가 되자, 어머니는 아들을 위해 당시로서는 체계적인 교육 방법을 마련하였다. 처음에 맹자는 별로 노력하지 않았다. 그는 항상 배운 것을 한쪽 구석에 밀쳐 두고 나가서 놀곤 했다.

어느 날 맹자가 밖에서 놀다가 집으로 막 돌아왔을 때의 일이다. 그는 집 안에서 한창 베를 짜고 있던 어머니와 마주쳤다. 어머니는 맹자에게 열심히 공부하지 않는 까닭을 물었다.

그러자 맹자는 생각나는 대로 이렇게 대답했다.

"제 물건이 하나 없어졌습니다. 방금 나갔다 온 것은 물건을 찾고자 함입니다."

맹자의 어머니는 이 말을 듣고 몹시 화가 났다. 어머니는 짜던베를 가위로 잘라 버렸다. 맹자가 놀라 급히 물었다.

"어인 일로 짜던 베를 자르십니까?"

맹자의 어머니가 천천히 말했다.

"네게 글공부를 시킨 것은 너를 쓸모있는 사람으로 키우고자 함이다. 그런데 지금 너는 노는 데만 정신이 팔려 앞으로 나아갈 생각은 하지 않는구나. 그건 마치 내가 잘라 버린 저 베가 쓸모없는 물건이 된 것과 같다. 앞으로도 네가 이렇게 허송세월을 한다면 너는 그저 몸으로 먹고사는 처지에 머물고 말 것이다."

어머니의 이런 간곡한 당부가 맹자에게 큰 자극이 되었다. 이후 맹자는 경전 공부에 몰입해서 학식과 예의를 두루 익히는 정도를 걷는다. 이 이야기를 역사에서는 "베를 잘라 아들을 가르친 일"이라고 부른다. '맹모삼천'과 '단저교자'라는 사건이 실제로 있었는지 그 여부는 확인할 수 없다. 하지만 맹자가 어려서부터 엄격한 가정 교육을 받고 어머니의 지도 아래 경전 공부를 했던 것은 사실일 것이다. 『맹자』 첫 번째 장에는 맹자와 양나라 혜왕이 의리에 관해 나눈 대화가 실려 있다. 여기에 나타난 맹자의 기본 관점은 이런 것이다.

"왕께서는 하필 '이로움'을 말씀하십니까? 오직 인의가 있을 따름입니다."

이 말에서 우리는 맹자가 유년 시절에 겪은 체험의 영향을 어렵지 않게 찾아볼 수 있다. 맹자가 공리를 낮게 평가한 까닭을 찾아본다면, 우리는 그의 어머니가 시장 상인의 이익 추구 노력을 경원한 일까지 거슬러 올라갈 수 있을 것이다. 만약 맹자의 어머니가 끝까지 상인들이 모이는 곳에 살 곳을 마련했다면, 또한 맹자가 상인들이 물건 파는 소리를 들으며 청소년 시절을 보냈더라면, 훗날 맹자의 시각과 사고는 크게 달라졌을지도 모른다. 그리고 맹자가 놀이에만 몰두하던 생활을 크게 뉘우치지 않았더라면 그가 성인의 기상을 이루기는 쉽지 않았을 것이다.

인간을 사랑하는 마음으로 유학을 일으키다

엄격한 가정교육 때문에 맹자는 어려서부터 유가 사상의 영향을 받았다. 어린 맹자가 '절하고 사양하는' 예절을 흉내낸 일에서 이 점을 어렵지 않게 찾아볼 수 있다. 조금 성장한 후 맹자는 자사 계열의 유가 문파에 들어가 체계적인 유가 교육을 받기 시작한다. 자사는 공자의 손자다. 사승관계로 보면 맹자는 공자가 창시한 유가 학파와 명백한 계승 관계를 맺고 있다. 맹자가 직접 자사에게서 배웠다고 주장하는 기록도 있다. 그러나 맹자와 자사의 활동 시기는 120년 넘게 차이가 나서 자사가 맹자를 직접 가르치는 것은 불가능하다. 비교적 믿을 만한 것은 『사기』의 주장이다. 맹자는 일찍이 자사의 문인에게서 배워 자사의 재전 제자가 되었다는 것이다. 사상적 경향에서 볼 때 맹자와 자사는 많은 유사점을 갖고 있다. 이런 점을 고려해서 후세에는 두 사람을 '사맹'으로 합쳐 부르기도 했다.

맹자는 자사의 문하에서 배웠지만 그의 포부는 자사를 사숙하는 데 그치지 않았다. 그는 한 걸음 더 나아가 공자를 계승하고자 했다. 공자에 대한 맹자의 추앙은 매우 극진하다. 우리는 맹자가 공자를 찬미한 것을 『맹자』 곳곳에서 찾아볼 수 있다. 맹자는 인류가 생겨난 이후로 공자에 버금가는 인간은 한 명도 없다고 보았다. 맹자 자신의 소망은 공자를 본받는 것이었다. 맹자는 항상 공자를 '사숙'한 후학임을 자처했다. 소박하게 말하면, 맹자 역시 공자 사상의 계승자로 볼 수 있을 것이다.

한 시대의 대유학자로서, 맹자는 공자가 창시한 유학의 이론을 완전하게 만드는 일에 힘을 기울였으며 유학을 빛내는 일에도 남다른 노력을 하였다. 춘추 시대 말기에 유가는 이미 현학이라 불렸다. 그러나 여러 사상가가 출현하고 많은 논쟁이 벌어지면서 점차 현학의 지위도 도전받게 된다.

맹자 시대에는 '처사들이 마구 의론을 내세우는' 것이 이미 보편적인 현상이 되어 있었다. 그 가운데 묵자와 양주 학파가 특히 주목받았는데 "천하의 언론은 양주에게 돌아가지 않으면 묵적에게 돌아가고 있었다." 묵가 학파는 춘추 시대 말기에 이미 유가와 더불어 현학으로 불렸다.

그들은 '두루 사랑하는 것'과 '서로 이로움을 나누는 것'을 토대로 본연의 인도 원칙과 현실의 이익 원칙을 결합할 것을 주장하였다. 이런 주장은 사람들이 가진 인애에 대한 욕구를 채워 주었고 이익을 추구하는 욕망에도 잘 들어맞았다. 그래서 그 이론은 흡인력이 매우 컸고 위세 역시 점차 유가를 압도해 나갔다.

양주 학파는 이기를 원칙으로 하면서 개인의 권리 의식을 강조하였다. 이런 주장은 주체가 자기 운명을 알기 힘든 전란 시절에는 사람들의 마음을 움직이게 마련이다.

법가 학파도 이 무렵에 생겨났다. 그들은 농사일과 전쟁을 장려하고 폭력을 높이 평가했다. 이 학설은 유가의 인도 원칙에 비해 제후들의 입맛에 더 잘 맞았을 것이다.

양주와 묵자의 주장이 이론 면에서 유가에 도전했다면, 당시 장의 등의 종횡가가 보여 준 정치적 권모술수는 실천 면에서 '성인의 경지에 도달한다'라는 유가의 인격적 이상을 부정하고 있었다. 그들은 '합종'을 주장하였다. 곧 개별 약소국들이 연합하여 하나의 강대국에 맞서야 한다는 것이다. 또 '연횡'을 주장하기도 하였다. 이것은 한 강대국에 밀착해서 다른 약소국을 공격하는 것이다. 그리고 이런 일의 수단은 모략과 술수에서 벗어나지 않았다. 권모술수로 종횡가는 강력한 지위를 얻게 된다.

유가에서 받드는 성인·군자와 종횡가는 전혀 다른 인격이다. 유가의 성인과 군자는 완전한 덕성을 갖추고, 덕성의 힘으로 정치가를 감화시키는 것을 중시한다. 종횡가는 자신들의 정치적 목적을 이루기 위해서는 수단과 방법을 가리지 않는다. 심지어 인격이나 염치까지도 팽개치고 돌보지 않기도 한다. 그런데 현실의 정치 무대에서 주인공 노릇을 한 것은 안팎으로 균형 잡힌 유가의 군자가 아니라, 권모 술수에 뛰어난 종횡가였다. 『맹자』에서도 이런 현상을 볼 수 있다. 맹자와 동시대 사람인 경춘이 맹자 앞에서 종횡가를 칭찬한다.

"공손연합종을 주장한 사람과 장의연횡을 주장한 사람가 어찌 진정한 대장부가 아니겠습니까? 그들이 한번 노하면 제후들이 두려워하고 그들이 편안히 들어앉아 있으면 온 천하가 잠잠해집니다."

종횡가가 득세하였다는 것은 유가가 이미 역사의 푸대접을 받고 있었음을 분명히 보여 준다. 백가쟁명이 유가에 충격을 주고 유가가 현실 정치에서 주변으로 밀려나면서, 어떤 의미에서 유학은 역사의 낮은 골짜기로 떨어지게 된다. 어떻게 유학을 다시 일으킬 것인가? 이것이 맹자가 마주했던 중요한 시대적 문제였다. 맹자의 학문이 유학의 변천 과정에서 차지하는 지위도 이 문제와 관련되어 있다.

맹자 자신은 이 문제를 늘 염두에 두고 있었다. 당시 사람들은 맹자가 논쟁을 좋아한다고 생각했다. 맹자의 제자 공도자가 맹자에게 어째서 사람들과 논쟁하기를 좋아하는지 묻는다.

이 질문에 대해 맹자는 이렇게 해명한다.

"내가 어찌 논쟁하기를 좋아하겠느냐? 어쩔 수 없어서 그런 것이다. 천하에 사람이 생겨난 지는 오래되었고, 세상은 한 번 다스려지고 한 번 혼란해지기를 되풀이해 왔다. … (중략) … 공자 이후로 세상에는 성왕이 나오지 않아 제후는 방자하고, 처사는 마구 의론을 내세우고, 양주와 묵적의 언론이 세상에 가득 차서 천하의 언론은 양주에게 돌아가지 않으면 묵적에게 돌아간다. … 양주와 묵적의 도가 없어지지 않으면 공자의 도는 드러나지 않으니, 그것은 사설이 백성을 속여 인의를 꽉 막아 버리기 때문이다. … 나는 이 때문에 두려워하여, 돌아가신 성인들의 도를 지키고, 양주와 묵적을 막으며, 방자한 말을 몰아내서 사설을 내세우는 자가 나오지 못하게 하려는 것이다. … 나는 사람들의 마음을 바로잡아 사설을 없애고, 치우친 행동을 막고, 방자한 말을 몰아내 세 분의 성인우 임금·주공·공자을 계승하려고 한다. 내가 어찌 논쟁하기를 좋아하겠느냐? 어쩔 수 없어 그런 것이다."

맹자가 일생 동안 이 일을 위해 끊임없이 노력한 것은 분명하다.

맹자가 유학을 다시 일으킨 것은 구체적으로는 두 가지로 나타난다. 우선, 유가의 기본 관점을 드러내고 심화하는 작업을 통해 유학이 점차 완성되고 일정한 모양을 갖추도록 한 점이다. 유가의 창시자인 공자는 이미 유학의 기본적인 틀을 마련해 놓았다. 그러나 그것은 이론적인 면에서 더 발전될 여지가 있었다. 맹자는 자사를 스승으로 여기면서 사숙 등의 방식으로 유가의 기본 원칙을 받아들였다. 그리고 한 걸음 더 나아가 하늘과 사람, 집단과 개인, 주체의 자유와 외부의 천명 등의 관계를 가지고 유가 학설을 체계적으로 설명하면서 아울러 여러 방면으로 넓혀 가고 있다.

이렇게 말할 수 있으리라. 맹자를 통해서 유학은 보다 풍부한 내용을 갖추고, 보다 심오한 이론적 역량을 보여주게 되었다고. 후자 **이론적 역량**의 경우는 유학이 자기 전통을 계승하고 백가쟁명 속에서도 이론적 우세를 유지하게 해주었다.

한편 앞의 이론적 작업을 보충해 주는 것이 이른바 **'사설을 없애고'**, **'방자한 말을 몰아내는 것'**이다. 즉 논쟁을 통해 유가 이외의 학설이나 관점을 배척하는 것이다. 앞에서 맹자가 전국 시대에 논쟁을 좋아하기로 이름났음을 언급했다. 이 경우의 논쟁이란 학술·사상에 대한 논쟁이다. 맹자의 일생을 살펴보면, 그가 당시 거의 모든 학파와 각기 다른 형식의 논쟁을 벌였음을 알게 된다.

등나라에서 맹자는 농가의 인물인 진상과 사회적 분업 등의 문제를 가지고 논쟁을 벌인다. 이 과정에서 그는 "마음을 수고롭게 하는 사람은 남을 다스리고, 몸을 수고롭게 하는 사람은 남에게 다스림을 받는다"라는 이론의 합리성을 인정한다.

고자가 인성 문제에서 성선설과 다른 주장을 내세우자, 맹자는 거듭 그를 비난하면서 인성이 본래 선한 것임을 논증한다. 경춘이 종횡가에게 찬성하는 말을 듣고 맹자는 곧바로 반박한다. 그는 공손연.장의의 주장이 그저 제후의 환심을 사려는, '부인네나 따르는 도리'에 불과할 뿐, 근본적으로 그들을 대장부로 여길 수 없다고 본다. 묵자.양주 학설은 더욱 단호하게 거부한다. 결국 호변이라는 형식에 담긴 역사적 의의도 유학을 옹호하고 드높이는 것에 있었던 것이다.

선진 시기 내지 전체 중국 문화사에서 볼 때, 맹자의 일생은 언제나 유학과 밀접히 연관되어 있다. 시대가 유학에 준엄한 도전을 해오자 맹자는 적극적으로 이론을 수립하고 또한 '양주.묵적을 막고' '방자한 말을 몰아내는 것'을 통해 역사적으로 대응한다.

공자가 창시한 유학이 백가쟁명 속에서 바로 서고 아울러 계속 이어지고 발전할 수 있었던 것은 분명 맹자의 노력에 크게 힘입고 있다. 이러한 특별한 역사적 작용 덕분에 맹자는 공자와 같은 반열에 올라 유가 문화의 한 상징이 되며, 후대에는 '이성'이라는 특별한 영예를 얻게 된다.

정치적 이상 경영을 실천하기 위하여

유가의 성원들은 결코 서재에 틀어박힌 사변형 학자가 아니었다. 공자에서 시작한 유가는 나라를 안정시키고 세상을 구하겠다는 포부를 갖고 있었다. 또한 언제나 사회의 정치변동에 관심을 갖고 있었다.

공자는 일찍이 몇 번 벼슬길에 나섰다가 노나라에서 좌절을 맛본다. 그 후 다시 제자들과 함께 여러 나라를 돌아다니면서 자신의 정치적 이상을 실현하고자 제후들을 설득했다. 공자와 마찬가지로 맹자 역시 유학 이론을 설명하는 데서 그치지 않았다. 그는 유가의 기본 원칙을 구체적인 정치적 주장으로 변화시키고 더 나아가 이것을 온 세상에 실천하려 노력했다.

전국 시대에 역사는 군웅들이 각축을 벌이는 단계로 들어선다. 제후들 사이에 혹은 합종하고 혹은 연횡하여 크고 작은 전쟁이 끊이지 않았으며 엄청난 사회적 파괴가 이루어졌다. 전체적으로 보면, 당시의 각 나라는 기본적으로 노예제에서 봉건제로 넘어가는 상태에 있었다. 시대의 주류는 이미 생산 방식의 변화를 배경으로 영토 분할 전쟁을 끝내고 천하의 안정을 실현하는 쪽으로 움직이고 있었다. 어떤 의미에서 전국 시대는 이미 통일 전야에 있었다고 말할 수 있다. 사고가 명민했던 철학자 맹자는 벌써 이런 시대적 특성을 뚜렷이 인식하고 있었다.

양나라 양왕이 느닷없이 맹자에게

"천하는 어떻게 안정될까요?"

하고 묻자, 그는 이렇게 대답한다.

"천하는 하나로 통일되어야 안정될 것입니다."

어찌해야 천하의 통일을 완성할 수 있을까? 이런 시대적 문제를 둘러싸고 당시의 제자백가는 서로 다른 주장을 내놓는다. 그 가운데 주요 대립점은 유가와 법가 사이에 존재하였다. 법가는 폭력을 높이 평가하고 농사와 전쟁을 장려하였는데, 이와 관련된 것이 '**패도**'다. 유가의 계승자인 맹자는 법가의 패도에 대해 매우 불만스러워하며 온갖 비판을 퍼부었다. 그는 천하를 하나로 통일시키는 근본적인 길은 왕도를 실행하는 것이라고 보았다. 여기서 왕도라는 것은 인정을 구체적으로 실현하는 것이다. 맹자는 이런 정치적 주장을 가지고 중년 이후 여러 나라를 돌아다니기 시작한다. 그는 제후들 사이를 오가며 자신의 인정 사상을 실현하려 노력했다.

맹자가 여러 나라를 돌아다니던 시절, 그는 이미 상당한 사회적 명망과 지위를 얻고 있었고 따르는 제자들도 많았다. 맹자의 제자 팽경의 묘사에 따르면, 맹자가 길을 떠날 때 뒤쪽에는 언제나 수십 대의 마차가 뒤따랐으며, 수백 명의 수행원이 줄을 지어 참으로 장관이었다고 한다. 이런 묘사에는 어느 정도 과장이 있게 마련이다. 하지만 맹자가 여러 나라를 돌아다닐 무렵, 그는 더 이상 가난하고 보잘것없는 선비가 아니었다는 것은 아마도 사실일 것이다.

  기원전 320년, 맹자는 처음으로 위나라에 오게 된다. 당시 위나라는 거듭된 패전으로 위기에 처해 있었다. 기원전 353년 계릉 선투에서 위나라의 군대는 제나라에게 패하였다. 몇 년 뒤인 기원전 341년 위나라가 조나라 정벌에 나서자 조나라는 한나라와 동맹을 맺었는데, 처음에는 위나라의 진군이 제법 순조로웠다. 그러나 나중에 한나라가 제나라에 구원을 요청하자 제나라 군대는 위나라 군대를 포위해서 조나라를 구원하게 된다. 그리하여 제나라는 마릉에서 다시 위나라 군대를 크게 무찔렀고, 위나라의 태자와 대장 방연은 피살된다. 다시 몇 년이 지나 기원전 330년에 진·제·조 세 나라가 연합해서 위나라를 정벌한다. 상앙은 진나라 군대를 이끌고 위나라 군대와 싸웠다. 그 결과 진나라는 위나라의 성 8곳을 점령한다.

  계속 타격을 입자, 위나라는 책략의 도움을 빌려 다시 한번 나라의 위세를 떨칠 수 있기를 갈망하게 되었다. 맹자의 방문은 바로 이런 변화된 현실을 배경으로 이루어졌다. 그래서 혜왕은 처음에 그에게 큰 기대를 가졌다. 그런데 몇 번의 대화에서 맹자는 혜왕에게 열심히 인의만을 주장했다.

  혜왕이 맹자에게 여러 해에 걸친 패전의 치욕을 씻을 방법을 물었을 때, 맹자의 대답은 "인정을 베풀라"고 하는 것이었다. 그리고 그 구체적 내용은, 형벌을 감면해 주고 세금을 경감해 주어 백성들이 부모에게 효도하고 윗사람이나 어른들을 공경할 수 있도록 한다거나, 백성을 위해 몸과 마음을 다해야 백성들이 충성을 바치고 신의를 지키기를 기대할 수 있다는 것 등에서 크게 벗어나지 않았다.

맹자는 이 모든 것을 해낼 수만 있다면 나무 방망이로도 두꺼운 갑옷과 예리한 칼로 무장한 진.초의 군대에 맞설 수 있다고 보았다. 맹자에 따르면 인자는 천하에 대적할 자가 없기 때문이다. 공리에 대한 기대가 절실했던 위나라 혜왕의 입장에서 맹자의 '인정'이라는 방안은 분명 매력이 없었다. 그는 적당한 대접을 하는 척하였으나 한 번도 맹자의 말에 주의를 기울이지 않았다.

맹자가 위나라에 간 지 2년이 되어 혜왕이 죽는다. 왕위를 이은 자는 아들 양왕이었다. 맹자는 그를 한 번 만난 적이 있다. 맹자는 양왕을 만나고 나와서 다른 사람에게 이렇게 말했다.

"그 분이 멀리서 가는 모습을 보면 임금 같지도 않고, 만나도 위엄을 느낄 수 없다오."

이런 이유로 얼마 지나지 않아 맹자는 위나라를 떠나 제나라로 간다.

당시 제나라의 정권을 쥐고 있던 사람은 선왕이었다. 그는 선비들을 좋아하였다. 그는 특별히 제나라 수도 임치에 직하학궁을 세워 천하에 이름난 선비들을 널리 초빙하여 거처를 마련해 주고 대부의 녹봉을 주었다. 그리하여 추연·신도·전병·환연 등이 모두 직하로 왔다. 최고로 번성할 때 직하학궁에는 천 명이 넘는 사람들이 모여들었다.

맹자가 제나라에 처음 도착하자 제나라 선왕은 그를 최고의 빈객으로 맞았고, 예우도 훌륭했다. 제나라는 환공이 살아 있을 때는 춘추오패의 하나이기도 했다. 선왕은 지난날의 패업을 회복하기를 갈망했다. 그래서 그는 맹자를 만나자마자 제나라 환공과 진나라 문공이 춘추 시대에 어떻게 패업을 이루었는지를 물었다. 맹자의 대답은 이러했다.

"중니공자의 제자들 중에는 환공과 문공의 일을 이야기한 사람이 있었습니다. 그래서 그 일이 전해지지 않았습니다. 저는 아직 그 일에 관해 들어본 적이 없습니다. 이야기를 그만두지 말라고 하신다면 왕도에 대해 말씀드리겠습니다."

그리고 계속해서 선왕에게 백성을 보호하여 성왕이 되기를 권유하고, 왕도의 내용을 구체적으로 소개한다.

맹자는 이보다 앞서 선왕이 차마 소를 죽여 종묘에 제사 지낼 수 없다고 하는 말을 듣고, 만약 이 '안쓰러워하는마음'을 일반 백성에게 적용하면 결국 왕도 정치를 이룰 수 있다고 말한 적이 있다. 맹자는 치밀하게 논증하였고 논리는 철저했다. 그렇지만 패업을 추구하는 선왕이 보기에 인정은 훌륭하기는 해도 현실에는 맞지 않는 것이었다. 인정을 실현하려는 맹자의 희망은 다시 한번 좌절하고 만다.

제나라에서 맹자는 5, 6년 동안 머물렀다. 원래 맹자는 제나라에 큰 희망을 갖고 있었다. 그는 제나라가 큰 나라이므로 그곳에서 왕도 정치나 인정을 실행하기란 손바닥 뒤집듯 쉬운 일이라고 생각했다. 하지만 현실은 도리어 맹자가 다시 한번 좌절의 벽에 부딪히도록 만들었다. 선왕은 맹자를 몹시 존경하는 것처럼 보였으나, 끝내 그의 주장을 수용하지 않았다. 그는 맹자에게 경의 지위를 주었지만, 이것도 모양새를 갖추는 것에 지나지 않았다. 가령 다른 나라에 맹자를 조문객으로 보낼 경우, 부사 한 명을 딸려 보내는데, 사신의 권한은 완전히 부사의 손아귀에 있다. 그래서 맹자는 상당히 난처한 입장에 처하곤 하였다.

맹자를 더욱 실망시킨 것은 제나라가 연나라를 정벌한 일이다. 기원전 316년, 연나라 왕 쾌는 재상인 자지에게 왕위를 넘겨 주었다. 2년 후, 연나라에는 내전이 일어나 수만 명이 죽고 백성들의 원성이 자자했다. 그러자 제나라가 군대를 동원해 연나라를 쳐서 30일 만에 연나라를 전부 점령한다. 연나라 왕 쾌는 전란 속에 죽고 사시는 행방을 알 수 없었다. 그리고 얼마 지나지 않아 진·조·초 같은 나라들이 군대를 동원하여 제나라를 칠 준비를 한다. 제나라 선왕은 이를 알고 매우 긴장해서 맹자에게 어떻게 할지를 물었다.

그러자 맹자는 왕에게 곧장 군대를 철수하고, 연나라 백성들과 의논해서 연나라에 새 군주를 세우라고 권했다. 그러나 선왕은 맹자의 건의를 받아들이지 않는다. 결국 연나라 사람들이 들고 일어나 제나라 군대를 나라 밖으로 내쫓아 버렸다. 이런 사변을 겪자 맹자는 이제 선왕에게는 자신의 정치적 주장을 밀고 나갈 의지가 없음을 알게 된다. 제나라에서 할 일이 없어지자 맹자는 제나라를 떠나기로 한다. 떠날 때가 되자 맹자의 심정은 모순되면서도 침통했다. 여러 해 동안에 걸쳐 노력한 결과는 고독 속에 제나라를 떠나는 것이었다. 제나라 국경에서 멀지 않은 곳에서 맹자는 꼬박 3일을 머문다. 그 이유는 마음에 한 가닥 환상을 품고 있었기 때문이다. 그것은 선왕이 크게 깨달아 사람을 보내 그를 붙잡으리라는 것이었다. 하지만 이 환상도 그의 일방적인 생각에 불과했다. 마지막 환상이 깨지자 맹자는 여러 해 동안 빈객으로 지낸 제나라를 아쉬움 속에 떠나게 된다.

맹자는 제나라를 떠나 먼저 송나라로 갔다. 송나라는 규모가 작은 나라로, 땅은 협소하고 인구가 적었다. 게다가 이웃한 강국들의 위협 때문에 나라가 처한 환경은 위태로웠다. 그러나 송나라의 임금은 분발해서 강국이 되려 하지 않고 온종일 술과 여자에 파묻혀 지냈다. 또한 그의 주위에는 온통 아첨하는 소인배들뿐이었다. 이런 모습을 보고 맹자는 송나라도 오래 머물 곳이 못 된다는 것을 깨달는다. 그는 송나라 임금에게 작별을 고하고 떠난다. 송나라 임금은 그에게 70일_{1일은 약 20냥}의 금을 여비로 준다. 맹자는 이번 여행길이 매우 먼 길이 될 것이라고 본 데다 경제 형편도 좋지 않았던 탓에 그 돈을 받는다.

맹자는 여러 해를 밖으로 분주하게 돌아다니다 보니 고향에 돌아갈 기회가 없었다. 게다가 정치적으로 뜻을 이루지 못한 것이 실망감과 더불어 더욱 향수를 자극하였다.

송나라를 떠나 맹자는 여러 해 동안 떠나 있던 추나라로 돌아가 잠시 그곳에 머문다.

기원전 309년, 맹자는 다시 등나라 문공의 초청을 받아들여 추나라를 떠나 등나라로 향한다. 등나라는 송나라와 마찬가지로 작은 나라였다. 영토는 사방 50리가 채 못 되고, 제와 초라는 두 강대국 사이에 놓여 있어서 지리적 위치가 몹시 불리했다. 하지만 흐리멍덩했던 송나라 임금과는 달리 문공은 왕도를 지향하는 군주여서 나라 안에 인정을 배풀고자 했다.

일찍이 태자 시절 문공은 송나라에서 맹자와 한 번 만난 일이 있다. 맹자는 그에게 요임금과 순임금을 칭송하면서 사람의 본성은 본래 선하다는 이치를 말해 주었다. 맹자는 문공에게 비록 나라는 작아도 사방 50여 리의 땅이 있으니 열심히 다스리기만 하면 완전히 '예의가 지배하는 나라'로 만들 수 있다고 격려하였다.

이 첫 번째 대화가 문공에게 매우 깊은 인상을 남긴다. 그는 다른 사람에게 이렇게 말한 적이 있다.

"맹자가 송나라에서 내게 해준 말은 평생 잊지 못할 거요."

부친 정공이 세상을 뜨자 문공은 즉시 추나라로 사신을 보내 맹자에게 장례 치르는 법을 물었다. 맹자는 이런 정성스런 태도를 칭찬하며 3년상을 치를 것을 건의했다. 사신이 등나라로 돌아가 맹자의 뜻을 전하자 등나라의 나이 든 신하와 오래 관직에 있었던 자들은 모두 반대하였다. 그들은 등나라의 선왕들이 여태껏 그런 상례를 치른 적이 없다고 여겼다. 문공은 어쩔 수 없이 다시 사신을 추나라에 보내서 맹자에게 물어보도록 하였다.

맹자는 이렇게 답변했다.

"이런 일은 다른 사람들이 말하는 대로 할 수는 없습니다. 임금께서 좋아하시면 신하들은 반드시 본받기 마련이니, 이번 일은 문공이 직접 결정해야 합니다."

사신이 등나라로 돌아오자 문공은 맹자의 뜻을 받아들이기로 결심한다. 장례식을 거행하는 날, 모든 백성들이 장례식을 보러 왔다가 문공의 안색이 슬프고 우는 소리가 애통한 것을 보았으며, 조문객들도 흡족해했다. 예법을 실행한 것이 가져온 이런 좋은 반향 때문에 문공은 인정을 펼치려는 결심을 더욱 굳힌다. 그는 맹자에게 등나라로 와 달라고 세 번이나 요청한다. 그는 맹자에게 더 많은 도움을 얻고 싶어했다. 맹자는 인정을 실현할 수 있으리라는 희망을 품고 기쁜 마음으로 등나라에 간다.

맹자가 등나라에 도착하자 문공은 서둘러 그에게 치국의 법도를 물었다. 맹자의 생각은 이런 것이었다. 지금 시급한 것은 일반 백성에게 마음을 쓰는 일이다. 곧 백성들이 편히 지내며 생업에 즐겁게 종사할 수 있도록 해 주는 것이다. 이를 위해 우선 백성들에게 일정한 생업을 갖도록 해주고, 또한 그들에게 일정한 크기의 토지를 주어 위로는 부모를 봉양하고 밑으로는 자녀를 기를 수 있도록 해 주어야 한다. 이런 바탕 위에 다시 학교를 세우고 백성들을 가르쳐 백성들 모두가 사람과 사람 사이의 관계 및 행동 규범을 이해할 수 있도록 만들어야 한다. 마지막으로 맹자는 다음과 같이 문공을 격려하였다.

"이대로 하기만 하면 등나라는 반드시 면모를 일신할 수 있을 것입니다."

이 말을 듣고 매우 고무된 문공은 다시 필전이라는 대신을 맹자에게 보낸다. 그리하여 정전제와 관련된 상황에 대해 가르침을 구하였다. 맹자는 문공의 성의 있는 태도에 매우 기뻐하며 필전에게 말하였다.

"당신네 임금이 어진 정치를 실천할 준비를 하고, 특별히 당신더러 내게 물어 오라고 명령하였으니 당신이 잘 해야 하오!"

그리고 계속해서 이렇게 주장하였다. 어진 정치를 펴기 위해서는 토지의 경계를 확실히 나누고 정하는 데서 출발해야 한다. 농경지 사이의 경계가 바르게 정해지면 백성들이 일정한 생업을 갖게 되고, 공적.사적 책임을 정하는 일이 매우 쉬워진다. 그리고 구체적인 실행 방법은 문공이 직접 정하게 하였다.

등나라에 온 첫 날, 맹자의 가슴에는 다시금 희망의 불길이 타오르기 시작한 듯하다. 비록 벌써 나이 예순을 넘은 노인이었지만, 등나라에서 이루게 될 미래의 모습이 그에게 노경이 다가온 것도 잊게 만든 것 같다. 그런데 이런 희망도 그리 오래 가지는 못하였다.

등나라는 결국 전쟁이 일어날 땅이었다. 강대국의 틈바구니에 자리 잡고 있어서 호시탐탐 기회만 엿보는 제나라와 초나라의 위협을 의식해야 했다. 문공에게 인정을 실천할 참된 소망이 있었다 해도, 현실의 압력은 그로 하여금 먼저 등나라의 생존 문제에 관심을 갖게 만들었다. 집권 초기의 정치적 열정이 사그라들면서 문공에게는 등나라의 안전이 가장 중요한 관심사로 등장했다.

제나라가 등나라와 인접한 설 땅에 성을 쌓으려 하자, 문공이 이 소식을 듣고 긴장해서 맹자에게 물었다.

"어찌해야 하겠습니까?"

그런데 문공은 이보다 앞서 맹자에게 이렇게 물은 적이 있다.

"등나라는 제나라와 초나라 사이에 놓여 있습니다. 우리는 제나라를 따라야 할까요, 아니면 초나라를 따라야 할까요?"

약소국인 등나라의 입장에서 이것은 매우 현실적인 문제였다. 하지만 이런 구체적인 문제 앞에서는 맹자도 어쩔 수 없이 무력해진다. 맹자는 단지 소박하게 대답할 수밖에 없었다. 이 문제는 맹자 역시 해결할 길이 없었고, 그가 할 수 있는 유일한 건의는 이런 것뿐이었다. 곧 성 둘레에 하천을 깊이 파고 성곽을 견고하게 쌓고 백성들과 생사를 같이한다는 것이다. 이것은 분명 공론으로, 실제로는 별 도움이 되지 않는다.

문공이 구체적인 가르침을 요구할수록 맹자의 대답은 더욱 비현실적인 것이 되곤 했다. 그는 주나라의 선조 태왕에서 이야기를 시작한다. 태왕이 반 땅에 있었을 때 끊임없이 이적의 침입을 당했다. 왕자가 모피·명마·보석으로 화친을 청하였으나 적인은 여전히 침입을 계속하였고 그 결과 반 땅에서 기 땅으로 옮겨 가 새로 도시를 세울 수밖에 없었다. 반 땅의 백성들이 모두 그를 따라왔으니, 이것은 태왕의 사람됨이 인자하고 덕이 있었기 때문이다. 최종적으로 맹자는 결론을 내린다. 문공이 인정을 실행하기만 한다면 반드시 인접한 강국과도 맞설 수 있다는 것이다. 이런 이론은 백성들과 존망을 함께 해야 한다는 종류의 공허한 의론보다도 더 비현실적이다. 그것은 등나라의 시급한 일을 해결하는 데는 실제적 의의가 전혀 없는 것이다. 여기서 맹자의 인정 사상과 현실 사이의 역사적 괴리가 드러나는 것을 어렵지 않게 찾아볼 수 있다. 인정이라는 이상이 훌륭하기는 해도 당시의 역사적 요구에 부응하기는 어려웠던 것이다. 현실의 곤경 앞에서 인정이라는 이상은 갈수록 추상성.비현실성이라는 내부 약점을 드러내고 있었다.

어떤 정치적 주장이 현실의 도전에 부응하기 어려워지면 그 가치가 문제시된다. 문공이 인정을 실행할 방법을 찾는 대신 현실의 어려움을 해결할 구체적인 책략을 탐색하게 되는 현상 변화의 배후에는 그의 기호 변화가 존재한다. 이러한 변화는 인정이라는 이상이 문공에게는 더 이상 매력이 없게 되었음을 보여 준다. 맹자 역시 이 점을 간파한다. 그는 등나라에서 한두 해 더 머물다 다시 우울한 심정으로 추나라의 고향으로 돌아간다. 등나라에 머문 시간은 길지 않았지만, 이 기간은 맹자의 인생 역정에서 중요한 시기였다. 이 기간은 어떤 의미에서 맹자가 인정 사상을 실현시키고자 마지막 노력을 기울인 시기라고 볼 수 있다.

위나라로 가서 혜왕을 설득한 일에서 등나라에 머물며 문공의 인정 실천을 격려하기까지, 10년이 넘도록 맹자는 자신의 정치적 이상을 실현하고자 여러 나라에서 애를 쓴다. 그는 거듭 좌절하면서도 강한 의지를 거두지 않았다. 이것은 맹자의 강한 사명 의식과 열정을 잘 보여 준다.

이처럼 나라를 안정시키고 백성을 구하려는 정신은 유가의 숙세 관념을 보여 주는데, 그것은 위로는 공자의 홍도 정신의 전통을 계승하고 밑으로는 천하의 일을 자기 임무로 여기는 경세 사상으로 이어진다. 그러나 공자와 마찬가지로 맹자의 정치적 실천은 전체적으로는 성공하지 못하였다.

비록 겉으로는 가는 곳마다 예우를 받은 것처럼 보이고 심지어 경이나 대부의 반열에 오르기도 했지만, 사실상 맹자는 거듭해서 냉대를 당하거나 늘 현실 정치 무대의 주변에 놓여 있었다. 제후들에게 그는 정치적 장식품에 지나지 않았다. 제나라 선왕이 맹자를 대하는 태도가 이 점을 가장 전형적으로 보여 준다. 그는 수도에 맹자가 거처할 곳을 내주고 만 종1종은 6석이다의 양식을 맹자와 그의 제자들에게 제공하면서 그들이 제나라의 관리와 백성들의 모범이 되게 하였다. 이러한 그의 의도는 분명했다. 곧 맹자의 도덕적 명망을 빌려 자신의 위상을 높이려는 것이었다.

당시 맹자는 자신이 정치에서 뜻을 얻지 못했음을 깊이 의식하고 있었다. 맹자는 자신의 정치적 고난과 불우함은 다른 사람이 그렇게 만든 것이 아니라, 하늘의 뜻이 그렇게 만든 것이라고 보았다.

한 번은 노나라 평공이 직접 맹자를 만나고 싶어했다. 마차까지 다 준비가 되었는데, 평공의 총애하는 신하 장창이 맹자를 두고 험담을 하였다. 그러자 평공은 계획을 취소한다. 이 일을 전해 듣고 맹자는 다음과 같이 해석하였다

"내가 노후를 만나지 못하는 것은 하늘의 뜻이다. 장창 그가 어찌 나로 하여금 만나지 못하게 할 수 있겠느냐?"

맹자는 자신의 정치 이상이 실현되지 못한 참된 이유가 천명에 있는 것이 아니라, 이상 자체의 추상성역사의 참된 필요를 반영하지 못하는에 있다는 점에는 거의 주의하지 않은 것 같다.

물론 맹자는 통일이라는 시대적 추세를 의식하고 있었다. 그는 인정을 시행하는 것으로 이 역사적인 목표를 달성하고자 했다. 또한 왕도 정치의 실현을 통해 당시의 전란과 폭정을 끝내고자 하였다. 하지만 당시에는 이것이 훌륭한 환상에 불과하다고 여겨졌다. 맹자의 비극은 그가 끝내 이 점을 분명히 알지 못한 데서 비롯된다.

온갖 불우한 처지를 겪었던 맹자는 마침내 현실의 정치 무대와 이별한다. 이때 그는 이미 나이 예순을 넘긴 늙은이였다. 공자처럼 맹자 역시 만년에는 주로 가르치고 배우는 일에 힘쓴다. 대부분의 시간을 음악 연주와 독서로 보낸다. 제자들을 가르치는 것 외에 그가 했던 일은 공손추, 만장 등 마음이 맞는 몇몇 제자들과 함께 여러 해에 걸친 자신의 강론을 정리해서 『맹자』를 펴내는 것이었다.

『한서.예문지』의 기록에 따르면, 『맹자』는 모두 11편으로 되어 있고, 그 중 내서가 7편, 외서가 4편이다. 하지만 후대 사람의 연구로는 외서는 맹자의 작품이 아니며 남송 때 벌써 사라졌고 지금 전하는 것은 『맹자』 7편이라고 한다. 그 속에는 맹자의 주요 사상이 담겨 있고 그의 평생의 발자취가 적혀 있기에, 맹자의 인간과 사상을 연구하는 데 으뜸가는 자료가 되고 있다.

이상경영의 실천은 남의 말을 잘 듣는 것부터

맹자는 한평생 문화 건설에 힘썼으며 숙세 정신을 갖고 정치적 실천에 몸을 바쳤다. 그는 제자백가의 논쟁과 온갖 정치적 풍파를 몸으로 겪으며 풍부하고도 독특한 세계를 만들어 냈다. 이 점을 두고 맹자는 스스로 평가를 한 일이 있다.

맹자의 문하에서 배운 공손추가 맹자에게 물었다.

"감히 여쭈어 보겠습니다만, 선생님은 어떤 것에 능하십니까?"

맹자는 자기 특징을 두 가지로 요약한다.

"나는 남이 하는 말을 알고 내 호연지기를 잘 기른다."

이 두 가지는 확실히 맹자의 개성을 집약해서 보여 준다.

맹자에게 양기는 우선 독립된 인격을 기르는 것으로 나타난다. 유가의 창시자인 공자가 사람들에게 주는 인상은 매우 인자한 웃어른의 모습이다. 이것과 비교해서 맹자의 경우는 자존적이고 매우 엄해서 침범할 수 없는 형상으로 세상에 우뚝 서 있다. 왕공·귀족이라도 예의를 다하지 않으면 맹자는 거기에 상응하는 반응을 하였고, 결코 그들에게 굴복하지 않았다.

한 번은 제나라 왕이 맹자를 만나러 가려다가, 나중에 병 때문에 바깥바람을 쐴 수 없다는 핑계를 대면서 사람을 시켜 맹자에게 알렸다. 그리고 맹자가 조정에 나와 왕을 만나기를 원한다고 전했다. 맹자는 그 정도라면 자기 한 몸은 다스릴 만하다고 생각하였다. 그래서 찾아온 사람더러 돌아가서 왕에게 알리도록 했다. 맹자 자신도 병이 있어서 조정에 나갈 수 없다는 것이었다. 제나라 왕은 자신이 예의를 어겼다는 것을 알았기 때문에 특별히 의원을 보내 맹자를 찾아가게 한다. 하지만 맹자는 여전히 조정에 나가기를 거부하였다. 그러자 나중에 경추라는 자가 맹자를 비난한다. 그는, 신하는 임금을 대할 때 공경하게 행동해야 마땅한데도 맹자는 불손에 가깝게 행동하고 있으니 이것은 예의에 맞지 않는다, 라고 말했다.

맹자는 이렇게 대답한다.

"천하에는 보편적으로 존중되는 것이 세 가지 있으니, 작위가 그 하나이고, 연령이 그 하나이며, 덕망이 그 하나요, 존경받기로는 조정에서는 작위만한 것이 없고, 향리에서는 연령만한 것이 없고, 세상을 돕고 백성들의 어른 노릇 하는 데는 덕망만한 것이 없는데, 어찌 그 중의 하나를 가지고 나머지 두 가지를 소홀하게 할 수 있겠소? 그러므로 장차 큰 일을 하려는 임금은 반드시 불러서 보지 않는 신하를 갖기 마련이며, 그와 의논하고 싶은 일이 있으면 자기가 찾아가오. 덕을 존중하고 도를 즐기기를 이와 같이 하지 않으면 함께 큰 일을 하기에는 부족한 거요."

이 말에서 우리는 맹자가 독립적 인격을 추구했음을 잘 알 수 있다. 실제로 맹자는 공손연.장의 등의 무리가 제후에게 의지하는 것을 보면서 그들의 주장은 '부인네가 따르는 도리'에 불과하다고 비판했다. 역시 인격의 독립성에 대한 맹자의 뚜렷한 인식을 엿볼 수 있다. 권력에 의지해 영예를 구하는 말류 문사들에 비해 우리는 맹자에게서 '선비'의 존엄을 느낄 수 있다. 이러한 자존.독립 의식은 후세의 지식인에게 중요한 영향을 끼친다.

자아의 존엄을 지키는 일과 관련하여, 맹자는 다른 사람과 사귈 때 언제나 인격의 존중을 재물이나 돈보다 앞세웠다.

맹자가 추나라에 있을 때의 일이다. 계자가 임나라의 유수로 있으면서 일부러 예물을 보내 맹자와 교유하려고 하였다. 그러나 맹자는 예물을 받고도 바로 회답하지 않았다. 그 후 맹자가 평륙에 갔을 때, 저자가 마침 제나라의 경상이 되어 예물을 보내 맹자와 교유하고자 했다. 예물을 받은 맹자는 이번에도 회답하지 않았다. 얼마 후 맹자는 추나라에서 임나라로 가서 조정에 나가 계자를 만난다. 그러나 평륙에서 제나라로 가서는 저자를 만나지 않았다. 그의 제자 옥려자가 이를 알고 '따질 것이 생겼다'고 기뻐하며 맹자에게 묻는다.

"선생님께서 임나라에 가서는 계자를 만나시고, 제나라에 가서는 저자를 만나시지 않은 것은 저자가 재상이었기 때문입니까?"

맹자가 대답한다.

"아니다. 서경에 이르기를 '윗사람을 대접하는 예절에는 여러 의법이 있다. 만약 예의를 갖추는 것이 예물을 갖춘 것보다 못할 경우, 이것을 두고 제대로 접대하지 못한 것이라고 한다. 대접하는 일에 마음을 제대로 쓰지 않은 것이다'라고 하였다. 이것은 대접하는 일이 제대로 이루어지지 않았기 때문이다."

이 말을 듣고 옥려자가 기뻐하였다. 어떤 사람이 그 일에 관해 묻자, 그는 이렇게 말했다.

"계자는 추나라로 갈 수 없었지만, 저자는 평륙으로 갈 수 있었던 것이지요."

이 일화를 통해 우리는 맹자가 교제 과정에서 평등의 원칙을 중시했음을 알 수 있다. 곧 상대방에 대한 예의가 세밀하고 태도가 진지하면 나도 거기에 보답한다. 그와 반대로 나를 피상적으로 대하면 나도 그를 진지하게 대할 필요가 없다는 말이다.

정중함을 너무 의식하다 보면 남들에게 두려움을 주기도 한다. 이 점은 스승과 제자의 관계에서도 찾아볼 수 있다. 공자의 경우, 스승과 제자의 관계는 가깝고도 자유분방했다. 제자가 때로는 스승에게 다른 의견을 내놓기도 하고 심지어 스승을 비판할 수도 있었다. 이와는 달리 맹자는 엄격한 스승의 모습을 보여 준다.

맹자의 제자인 악정자가 자오를 따라 제나라에 갔다. 악정자가 맹자를 찾아왔을 때, 맹자는 이렇게 말했다.

"자네는 나를 만나러 왔는가?"

"선생님께서는 왜 그런 말씀을 하십니까?"

"자네, 여기 온 지 며칠이나 되나?"

"여러 날 되었습니다."

"여러 날 되었다면 내가 그 말을 한 것도 합당하지 않은가?"

"숙소가 정해지지 않아서 그랬습니다."

"자네가 듣기로는 숙소가 정해진 후에야 어른을 찾아 본다고 하던가?"

"제가 잘못했습니다."

이 대화에서 맹자의 태도는 기세로 다른 사람을 누르고 있다. 여기서 우리는 맹자가 제자에 대한 관용과 관심보다는 스승과 웃어른에 대한 존경심을 더 옹호하고 있음을 어렵지 않게 볼 수 있다. 그 인격적 자태를 볼 때, 맹자는 친밀하다기보다는 존경의 대상으로 나타나는 것 같다.

인격의 존엄성을 강조한 것 외에 호연지기를 기르는 일도 정신의 수준을 높이고 정신의 힘을 기르는 것으로 나타난다. 전국 시대 초기에 명성을 얻으면서 맹자는 각국의 제후들과 가깝게 왕래하고 언제나 최고의 빈객으로 대접받았다. 그러므로 명성과 지위만으로

도 그는 쉽게 부귀영화를 손에 넣을 수 있을 것이다. 하지만 맹자는 왕공이나 귀족들과 어울려 지내면서도 부귀를 얻기 위해 권력에 영합하지는 않았다. 오히려 그는 위정자들에게 대담한 비판을 던지곤 했다. 그의 비판은 예리하였으며, 심지어 왕공들을 궁지에 몰아넣기도 하였다.

언젠가 맹자는 제나라 선왕과 이야기를 나누다가 이렇게 말했다.

"왕의 신하 가운데 처자를 친구에게 맡기고 초나라를 돌아다닌 사람이 있는데, 그가 돌아와 보니 그의 친구가 자기 아내와 자식을 추위에 떨고 굶주리게 하고 있다면 어떻게 하겠습니까?"

선왕이 말했다

"그와 절교하지요."

그러자 맹자가 다시 묻는다.

"사사가 사를 다스리지 못하면 어떻게 하시겠습니까?"

"파면시키지요."

"사방의 국경 안이 다스려지지 않는다면 어떻게 하시겠습니까?"

그러자 왕은 좌우에 있는 사람들을 둘러보며 다른 말을 하였다.

이 질문에 담긴 뜻은 분명하다. 질문의 창끝은 바로 선왕을 겨누고 있다. 선왕도 이 점을 알고 있었다. 그래서 그는 매우 난처해져서 '좌우에 있는 사람들을 둘러보며 다른 말을 할' 수밖에 없었던 것이다. 이처럼 위정자를 향한 거리낌없는 직언을 담은 비판은 분명 용기가 필요한 것이다. 이런 용기야말로 호연지기가 겉으로 나타난 것이다. 그것은 천하의 일을 중시하는 정신의 경지를 보여주며 또한 내면의 정신적 역량을 보여 주는 것이기도 하다.

맹자는 일찍이 장의.공손연 등이 군주에게 뜻을 굽히고 추종하는 것을 비판하면서 그들을 근본적으로 사대부라고 부를 수 없다고 여겼다. 맹자는 진정한 사대부는 언제나 인의라는 품성을 갖고 있어야 한다고 보았다. 뜻을 얻으면 천하의 백성들과 함께 대도를 따라 나아가고, 뜻을 얻지 못해도 자기 원칙을 지킬 수 있어야 한다. 부귀도 그의 마음을 혼란시키지 못하고, 빈천도 그의 마음을 바꾸지 못하며, 무력의 위세도 그를 굴복시킬 수 없다. 이런 대장부의 모습은 어쩌면 맹자 자신의 인격을 묘사한 것으로 볼 수도 있을 것이다.

맹자가 지닌 또 하나의 특징은 '남의 말을 아는 것'이다. 호연지기를 기르는 일이 주로 자아의 함양으로 나타난다면, '남의 말을 아는 것'은 주로 타인의 관점을 분석하고 비판하는 것이다.

전국 시대는 그야말로 백가쟁명의 시대였다. 여러 학파가 일제히 출현하여 자기 주장을 내세우고 상대방의 주장을 반박하였다. 유가의 학설을 변호하고 지키기 위해 맹자는 당시 각 학파의 관점을 여러 면에서 비판한다. 그가 '호변으로 이름난 것도 여기서 유래한 것이다.

『맹자』에는 맹자와 사상가들이 나눈 많은 논쟁이 기록되어 있다. 이들 사이에 오고간 논청의 단편들에도 이른바 '지언'의 재미있는 예가 많이 남아 있다. 그 가운데 비교적 유명한 것으로 맹자가 농가인 진상 그리고 고자 등과 벌인 논쟁이 있다.

맹자의 시대에는 농가가 이미 번창했다. 허행은 맹자와 동시대 인물로, 농가의 대표자이다. 그에게는 수십 명의 추종자들이 있었다. 그들은 모두 거친 베로 짠 옷을 입고, 멍석을 만들고 자리를 짜는 일로 생업을 삼았다.

맹자가 등나라에 있을 때의 일이다. 허행의 추종자 진상이 일부러 맹자를 찾아와 맹자에게 허행의 관점을 소개한다. 농가의 기본 주장은 이런 것이다. 모든 사람이 직접 농사를 짓고 옷을 짜 입어야 한다. 군주 역시 일반 백성들과 함께 농사를 지으면서 자급자족해야 한다.

그러나 맹자의 입장은 달랐다. 그것은 "마음을 수고롭게 하는 자는 남을 다스리고, 몸을 수고롭게 하는 자는 남에게 다스림을 받는다"라는 것이다. 그러므로 그는 당연히 허행의 관점에 찬성하지 않았다. 그래서 맹자는 진상과 많은 논쟁을 벌인다.

맹자가 먼저 진상에게 물었다.

"허행은 반드시 곡식 농사를 지어서 먹습니까?"

진상이 대답한다.

"그렇습니다."

"허행은 반드시 천을 짜서 옷을 입습니까?"

"아니올시다. 저희 선생님은 갈옷을 입습니다."

"허행은 관을 씁니까?"

"관을 씁니다."

"무슨 관을 씁니까?"

"흰 관을 씁니다."

"그것을 자기가 직접 짭니까?"

"아닙니다. 곡식으로 바꿔 씁니다."

"허행은 왜 자기가 그것을 짜지 않습니까?"

"농사짓는 데 방해가 되기 때문입니다."

"허행은 솥과 시루로 취사를 하고, 쇠로 만든 쟁기로 농사를 짓습니까?"

"그렇습니다."

"자기가 그것을 만듭니까?"

"아닙니다. 역시 곡식과 바꿔 씁니다."

"곡식을 가지고 쟁기와 기물을 바꿔 쓰는 것은 도공과 대장장이를 괴롭히는 일이 아니며, 도공과 대장장이 역시 그들의 쟁기와 기물을 가지고 곡식과 바꿔 먹는 것이 어찌 농부를 괴롭히는 것이 되겠습니까? 또 허행은 왜 도공과 대장장이의 일을 하지 않는 것입니까? 모든 것을 자기 집에서 만들어 쓰지 않고 무엇 때문에 귀찮게 여러 장인들과 교역을 하는 겁니까? 어떻게 허행은 그리도 귀찮은 것을 꺼리지 않습니까?"

"여러 장인들의 일이야 본래 농사를 같이 할 수는 없는 노릇이지요."

"그렇다면 천하를 다스리는 일만은 농사를 지으며 같이할 수 있다는 것입니까?"

이 대목에서 진상은 대답할 말을 잃는다.

이 논쟁에서 맹자는 하나의 타당한 주장을 펴고 있다. 즉 그는 정신노동과 육체노동의 분업이 합리적임을 논증한 것이다. 이 대화에서 '남의 말을 아는 것'과 '훌륭한 변론'은 완전히 하나가 되고 있다. 맹자는 농가가 분업을 부정한다는 핵심 주장을 틀어쥐고 힘 있는 논리로 공격한다. 그리하여 상대방이 이론에서 자꾸 후퇴하게 만들기 때문에, 좀처럼 당해 내기 힘들다.

그런데 '남의 말을 아는 것'과 '훌륭한 언변'이 합쳐지면서 때로는 관점의 분석 비판이라는 의미를 잃어버리기도 한다. 묵가에서 겸애를 주장하자, 맹자는 '부모도 모르는 짐승의 논리'라고 배격한다. 이런 주장은 이미 인신공격에 가까운 것으로, 포용의 정신이 부족하다. 맹자는 자신과 다른 관점을 대할 때, 확실히 화약 냄새를 너무 강하게 풍기고 있다. 그의 논쟁 태도는 논쟁 당사자들의 이해와 소통을 자주 방해한다. 게다가 그의 '훌륭한 주장'도 정치 영역에서는 아주 쉽게 억지스러운 말이 논리를 억누르곤 했다. 연나라 정벌 문제에 대한 맹자의 변론에서도 이런 면을 엿볼 수 있다.

제나라의 대신 심동이 개인적으로 맹자에게 물었다.

"연나라를 쳐도 좋겠습니까?"

맹자가 대답한다.

"쳐도 좋겠지요. 자쾌는 남에게 연나라를 내줄 수 없었던 것이고, 자지는 자쾌한테서 연나라를 받을 수 없었던 것이지요. 여기 선비가 하나 있다고 합시다. 당신이 그를 좋아해서 왕에게 고하지도 않고 마음대로 당신의 봉록과 작위를 그에게 주고, 그 역시 왕의 명령도 없이 사사로이 당신에게 그것을 받는다면 괜찮겠습니까? 어찌 이것과 다르다고 하겠습니까?"

제나라 사람들이 연나라를 쳤다. 그러자 누군가가 맹자에게 물었다.

"선생님이 제나라에게 연나라를 치도록 권하셨다는데, 그런 일이 있나요?"

맹자가 대답한다.

"아닙니다. 심동이 제게 '연나라를 쳐도 좋겠습니까'라고 묻기에, 저는 '좋겠지요'라고 대답했습니다. 그가 그 말을 옳다고 생각하고서 친 것이지요. 그가 만약 '누가 칠 수 있겠습니까?'라고 묻는다면 '하늘의 일꾼이라면 칠 수 있겠지요.'라고 대답할 것입니다. 지금 살인자가 있다고 합시다. 누가 제게 '그를 죽여도 좋겠습니까?'라고 물으면, 저는 '좋겠지요.'라고 대답할 것입니다. 그가 만일 '누가 죽일 수 있을까요?'라고 묻는다면, 저는 '사사라면 죽일 수 있겠지요.'라고 대답할 것입니다. 그러나 지금은 연나라로 연나라를 치는 격인데 무엇 때문에 제가 치라고 권하겠습니까?"

이런 변명은 공격할 만한 논리적 허점은 별로 없다. 그렇지만 사람들의 마음을 기꺼이 납득시키기는 매우 어렵다. 이 때문에 맹자는 철학자의 모습과 더불어 변사의 풍모도 함께 지니게 되었다.

맹자의 일생은 전체적으로 볼 때 다중적이다. 그는 사상가이면서도 오랫동안 경세의 영역에 발을 담그고 있었다. 또한 그의 이론적 사고와 정치적 실천은 항상 교육 활동과 결부되어 있다. 한 사람의 문화 거인인 맹자가 끼친 역사적 영향은 유학 사상에서 더욱 크게 나타난다. 어떤 의미에서 맹자의 유학 사상은 바로 그의 인격의 이론적 표현이라고 말할 수도 있겠다.

孟子 人間經營

제 2 장

이상주의 경영가 맹자가 말하는 인간과 하늘

> 맹자가 말하는 하늘은 운명과 자연을 상징하는 것이라 볼 수 있다. 그러나 그 안에서 살아가는 인간이 단순한 수동적 존재란 말은 아니다. 스스로를 경영하고 타인과 긴밀한 관계를 맺으며 도덕적 삶을 살아간다면 인간과 하늘 또한 어울려 살 수 있다고 한다.

사람과 하늘의 관계는 유가에서 관심을 기울인 중요한 문제였다. 맹자도 자신의 유학 체계를 수립하면서 천인관계론을 언급하고 있다. 넓은 뜻에서는 일반적으로 하늘은 자연을 가리키며 사람은 자연에 상대되는 인문문화의 창조와 문화적 성과을 가리킨다. 맹자는 하늘과 사람의 구별에 각별한 지위를 부여한다. 이 둘의 차이는 우선 인간과 짐승의 구분으로 나타난다. 인간은 문명화한 존재이고, 짐승은 언제나 자연 상태에 놓여 있다. 둘의 관계는 어떤 측면에서는 인문과 자연의 관계를 보여 준다. 그 본질적 내용을 보면 천인관계론은 천노관과 연결되고, 인도관가치관을 포함한과도 관련된다. 맹자는 인간과 짐승의 구분을 천인관계를 설명하는 논리의 출발점으로 삼는다. 맹자는 가치관에서 하늘과 사람의 변별이 갖는 의미를 중시했다. 그리고 구체적인 이론 탐구에서는 공자를 역사적 선구자로 보았다.

역사적 가치관이 트여 있던 맹자

맹자가 계승한 유가의 전통은 공자가 창시했다. 공자는 이미 천인관계를 진지하게 고찰하고 있다. 그는 문명 시대의 주체인 사람은 자연 상태로 되돌아갈 수 없으며, 문명이라는 토대 위에 일정한 사회관계를 맺을 수 있다고 보았다. 장저와 걸익이 나란히 밭을 갈고 있었다. 공자가 지나가다가, 자로에게 나루터가 있는 곳을 물어보도록 하였다. 장저가 자로에게 물었다.

"저기 말고삐를 잡고 있는 사람은 누구요?"

"공구이십니다."

"노나라의 공구 말이오?"

"그렇습니다."

"그렇다면 나루터 있는 곳을 아실 거요."

자로가 다시 걸익에게 묻자, 걸익이 말했다.

"선생은 누구시오?"

"중유라고 합니다."

"노나라 공구의 제자군요?"

"그렇습니다."

"큰 물이 도도히 흘러가듯 온 천하가 가고 있는데, 누가 그 방향을 바꾸겠소? 당신도 사람을 피해 다니는 선비를 따라다니는 것보다는 차라리 세상을 피해 사는 선비를 따르는 편이 낫지 않겠소?"

그리고 뿌린 씨를 덮는 일을 멈추지 않았다.

자로가 돌아와 공자에게 이 일을 알리니 공자는 언짢은 듯이 말했다.

"새나 짐승들과 어울려 살 수는 없다. 이 세상 사람들이 아니라면 누구와 어울리겠는가? 천하에 도가 행하여지고 있다면, 나는 바꾸려 들지 않을 것이다."

공자와 동시대 인물인 걸익 같은 은사들은 사회의 폐단에 주목했다. 하지만 그들의 태도는 적극적으로 사회의 폐단을 없애고 사회를 보다 합리적으로 만드는 것이 아니었다. 오히려 소극적으로 사회를 벗어나 자연으로 돌아가자는 것이었다. 이런 관점을 가지면 분명 문명의 가치를 부정하게 된다. 이에 반해 공자는 사회가 비록 인간의 의도와 완전히 일치하지는 않더라도 문명화한 인간이 이런 이유로 자연 상태로 돌아갈 수는 없다고 여겼다.

문화의 창조는 사람들이 일정한 사회관계를 맺는 데서 나타날 뿐 아니라, 역시상의 제도에서도 나타난다. 일찍이 은대와 상대에 중국은 비교적 잘 갖추어진 예의 제도_{정치.문화 제도}를 만들었으며, 주대에는 이를 한층 더 발전시켰다. 이러한 예의 제도는 일정한 역사 단계에서는 문명 진보의 징표로 볼 수 있다.

공자는 몹시 들떠 이렇게 말했다

"주나라는 하·은 두 나라를 본받았으되, 문물 제도가 더욱 찬란하구나! 나는 주나라를 따르겠다."

여기서 공자는 구제도를 그리워하는 보수적인 심리태도를 드러내고 있다. 하지만 그 뒤편에는 더 깊은 가치 취향이 담겨 있다. 주나라의 예의 제도는 과거의 역사적 흔적일 뿐 아니라 문명의 표지이기도 하다. 그렇기 때문에 주나라 예법을 따른다는 것은 인류의 문화 창조가 갖는 역사적 의의를 긍정하는 것이 된다. 동일한 전제에서 출발해서 공자는 관중을 몹시 칭찬하며 이렇게 말했다.

"관중이 아니었다면 나도 머리를 풀어 헤치고 옷섶을 왼편으로 여미는 오랑캐가 되었을 것이다."

관중은 춘추 시대 사람이다. 그는 제나라 환공이 패자가 되는 것을 돕고, 주변의 낙후된 민족들이 중원을 침범하는 것을 막았다. 공자는 오랑캐 낙후된 민족를 막는 것은 문명을 지키는 일이기도 하며, 관중의 공은 바로 여기에 있다고 본 것이다.

문명 사회가 자연 상태보다 낫다고 보는 입장 자체는 무엇으로 보증할 것인가? 공자는 인도라는 원칙을 내놓고 있다. 그의 유학 사상에서 인이 핵심이라는 것은 이미 보편적으로 받아들여지는 견해이다. 선진 시기에 이미 공자의 '인을 중시한다' 라는 주장이 나타났던 것이다. 그렇다면 '인'은 무엇을 가리키는가?

제자 번지가 인에 대하여 묻자, 공자는 이렇게 대답하였다

"남을 사랑하는 것이다."

우리는 이 말을 인의 가장 기본적인 뜻으로 간주할 수 있다. 인을 두고 남을 사랑하는 것으로 이해하는 데서 소박한 인문의 관념이 드러난다. 그것은 우선 사람이 천지 만물 가운데 가장 존귀함을 인정하는 것을 뜻한다. 『논어』에 이런 기록이 있다.

"공자의 집 마구간에 불이 났다. 공자가 조정에서 퇴근해서 돌아와 물으셨다. '불 때문에 사람이 다쳤더냐?' 그리고 말에 대해서는 묻지 않으셨다."

이 말 속에는 인간에 대한 배려가 나타나 있다. 여기에 담긴 공자의 생각은 이런 것이다.

'소나 말에 비해 사람이 더 중요하다. 그렇기 때문에 사람과 짐승소나 말 가운데 관심을 가져야 할 것은 사람이지 짐승이 아니다.'

물론 이런 주장은 결코 소나 말이 쓸데없다고 말하는 것이 아니다. 다만 소나 말은 자연적 존재로 외재적 가치만 가질 뿐이며 도구나 수단에 불과하다, 사람만이 내재적 가치를 지닌다는 것 그 자체가 목적이다을 강조하는 것이다.

사람 그 자체를 목적으로 대함에서 가장 필요한 것은 '사람을 존중하는 일'이다. 공자는 제자인 자유에게 이렇게 말하였다.

"요즘의 효라는 것이 부모를 잘 부양하는 것만을 이르지만 개나 말이라 하더라도 모두 기를 수는 있다. 공경하지 않는다면 무엇으로 구별하겠는가?"

이 말은 생활만 보살피고 인격을 존중하지 않는 것은 사람을 짐승개나 말의 수준으로 낮추는 것을 뜻한다고 주장하는 것이다. 사람은 문명화한 존재이지 결코 생명을 가진 물질에 불과한 것이아니다. 사람에게는 항상 자연물과는 다른 사회적 본질이 있다. 이런 본질은 우선 사람과 사람 사이의 상호 존중에서 나타난다. 공자는 '존중'을 통해 사람부모과 맺는 관계를 짐승개나 말과 맺는 관계와 구별하기를 요구했다. 그는 분명히 이 점을 주목했던 것이다.

남을 사랑하는 것, 사람을 존중하는 것을 내용으로 하는 인도의 원칙은 무엇을 토대로 할까? 공자는 인의 뿌리가 효와 제에 있다고 본다. 효는 자식이 부모를 대하는 태도와 행동 방식이고, 제는 동생이 형을 대하는 윤리적 관계이다. 친자관계부모와 자식의 관계와 형제관계는 우선 혈연으로 맺어진다. 그렇기 때문에 자연스러운 성질을 갖는다. 그런데 이런 관계가 효와 제라는 형식으로 전개되면, 더 이상 단순한 자연적 관계가 아니라 인문적 의미를 갖게 된다. 공자는 효와 제를 인의 토대로 삼기를 요구하였다. 이 주장에 담긴 뜻은 바로 혈연을 유대로 하는 자연적 관계를 사회화된 윤리적 관계로 승화시킨다는 것이다. 동시에 한편으로는 인도 원칙이 자연적 성격을 초월한다는 점을 강조하고 있기도 하다.

공자의 학설을 토론하면서 우리는 한 가지 견해를 만나게 된다. 그것은 공자가 '사랑에는 차별이 있음'을 주장했다고 보는 것이다. "사랑에는 차별이 있다"는 말은, 공자가 언급한 사랑이 등급의 구분을 포함하고 있음을 가리킨다. 이런 구분은 동시에 인도 원칙을 제한하게 된다. 이런 관점이 전혀 근거 없는 것은 아니다. 왜냐하면 공자는 효제를 인의 근본으로 보면서 어느 정도는 친자부모와 자식와 형제의 사랑을 앞자리에 두고 있기 때문이다. 그러나 이 점 때문에 공자가 내세운 인도 원칙의 보편성을 부정하는 것은 근거가 없어 보인다. 공자가 효제를 인의 토대라고 한 말의 참뜻은 결코 좁은 혈연관계로 인도 원칙을 제한하는 것이 아니다. 오히려 그 말에 들어있는 의도는 이런 자연적인 혈연관계에 문명의 형식을 부여한다는 것이다.

문명이 구현하는 것은 인간의 보편적인 유적 본질이다. 이 점에 맞게 효제를 인의 토대로 여기는 것과 인도원칙의 보편성을 인정하는 것 사이에는 내적 긴장이 전혀 존재하지 않는다. 우리는 공자 자신의 논의에서 이 점을 어렵지 않게 찾아볼 수 있다.

공자는 이렇게 말했다.

"젊은이들은 들어와서는 효를 다하고 나가서는 윗사람에게 공손해야 한다. 신의를 지키고, 널리 사람들을 사랑하고 인자를 가까이 해야 한다."

　여기서 효제는 문명화의 원칙으로, 인류의 보편적 교류의 출발점이 되고 있다. 부모와 자식 간, 형제 간의 애정에서 출발해서 집단에 대한 애정널리 대중을 사랑하는 것에 이르는 것이 하나의 합리적 전개 과정으로 나타난다. 그리고 유가의 인도 원칙은 이런 과정에서 보편적 규범으로 승화되고 있다.

　공자는 인도 원칙이 원시의 자연적 관계를 초월하더라도 결코 자연 밖으로 벗어나지 않는다고 보았다. 어떻게 3년상을 치를 것인가 하는 물음에 답하면서 공자는 자기 의견을 밝히고 있다. 부모가 세상을 떠난 뒤로 자식은 맛있는 음식을 먹어도 맛이 좋다는 것을 모르고, 음악을 들어도 즐거움을 모르며, 집 안에서 지내도 편안하지가 않다. 이것은 부모를 그리워하는 마음이 자연스럽게 밖으로 드러나는 것이 3년상을 치르는 것은 바로 이런 자연스러운 심리 상태에 바탕을 두는 것이다. 공자는 3년상을 천지의 법이라고 보았다. 이런 생각은 진부하긴 해도 공자가 복상을 인간의 자연스러운 감정과 연결시킨 대목은 눈여겨볼 필요가 있다.

　자식이 부모를 위해 복상하는 것은 효를 보다 잘 나타내는 것이다. 또한 효는 인도의 바탕이기도 하다. 3년 동안의 복상이 인간의 자연스러운 감정을 내적 근거로 삼는다면, 효제가 바탕이 되는 인도 원칙도 마찬가지다. 그것은 인간 심성의 자연스러운 요구에 들어맞는 것이지, 어떤 인위적인 강제로 나타나는 것이 결코 아니다.

이상의 견해와 관련해서 공자는 인간의 행위는 자연을 초월하면서도 자연의 요구에 순응해야 한다고 주장한다. 자연에 순응한다는 것은 문명 사회에서 자연 상태로 돌아가는 것이 아니다. 그것은 인문 규범을 가지고 인간을 억압하는 율령으로 변질시켜서는 안 된다는 것이다. 『논어』에서 우리는 이런 기록을 볼 수 있다.

한 번은 자로·증석·염유·공서화 네 사람이 공자를 모시고 앉아 있었다. 공자가 제자들에게 물었다.

"만약 너희들을 알아주는 이가 있다면 어떻게 하겠느냐?"

자로가 불쑥 나서며 대답했다.

"제후의 나라가 강대국 사이에 끼여 있어 군대로 침략당하고 기근까지 겹친다 해도, 제가 다스리면 3년이면 백성들을 용감하게 만들고 또한 올바른 길을 알도록 하겠습니다."

공자는 이 말을 듣고 빙긋이 웃었다. 그리고 다시 물었다.

"구야, 너는 어떠하냐?"

그러자 염유가 대답하였다

"사방 육칠십 리 또는 오륙십 리 정도 되는 나라를 제가 다스리면, 3년 정도면 백성들을 풍족하게 만들 수 있습니다. 예악 같은 것은 군자를 기다려야 하겠습니다."

"적아, 너는 어떠하냐?"

공서화가 대답한다.

"능히 할 수 있다고 말할 수 없으니, 배우고자 합니다. 종묘의 제사나 임금들이 모일 때, 검은 예복과 예관을 착용하고, 작은 일을 돕게 되기 바랍니다."

"점아, 너는 어떠하냐?"

증석은 슬거문고을 타는 속도를 늦추더니 뎅그렁하는 소리와 함께 슬을 밀어 놓고 일어나 대답하였다.

"저는 앞의 세 사람이 말한 것과는 다릅니다."

공자가 말했다.

"무슨 상관이 있겠는가? 그저 각자 제 뜻을 말하는 것인데."

"늦은 봄에 봄옷을 지어 입고 대여섯 명의 성인과 육칠 명의 아이들과 기수에서 목욕하고, 무우에서 바람을 쐬고, 읊조리며 돌아오는 것입니다."

공자는 이 말을 듣고 크게 한숨을 쉬며 말하였다.

"나도 점의 생각과 같다."

자로·염유·공서화의 주장은 어떤 사회적 포부를 나타낸다. 이에 반해 증석이 가고자 하는 곳은 자연의 경지이다. 물론 이런 경지는 짐승들과 어울리는 것이 아니다. 그것은 자연 속에서 유유히 노닐면서 정감을 닦고 펼치는 것이다. 여기에는 인간과 자연의 관계가 잘 나타나고 있다. 이것은 자연 상태에서 문명을 지향하면서도 동시에 문명 사회의 규범과 원칙을 자연에서 완전히 분리시켜서는 안 된다는 것을 뜻한다. 바꾸어 말하면 하늘과 인간이 통일되어야 한다는 것이다.

천인관계를 대하는 공자의 기본적인 사유는 인문의 가치를 강조하는 것이다. 이것은 바로 인문에 관심을 두는 것이다. 이 점에서 그는 다른 학파와 구별되는 특징을 유가에 부여하였으며 맹자의 사상에서도 역사적 선구자 노릇을 하고 있다.

인문보다 인간에 대한 지극한 관심

유학의 전승자인 맹자는 천인관계론에서는 대체로 공자의 생각을 계승하면서도 여러 면에서 자기 주장을 드러내고 있다.

앞에서 언급한 것처럼 맹자는 인간과 짐승을 구분하는 것에 각별한 중요성을 부여하고 있다. 여기서 다루는 것은 실제로는 인문과 자연의 관계이다. 짐승은 자연적인 존재다. 만약 어떤 사람이 자연 상태에 머문다면, 그와 짐승 사이에는 아무런 구별도 없게 된다. 구체적으로 말해서 결국 무엇이 인간으로 하여금 자연을 넘어서게 만드는가? 이 문제를 두고 공자는 많은 설명을 하지 않았으나, 맹자는 이론적 해석을 시도하였다. 맹자는 모두 문명사회에서 인간은 누구나 보편적 심리 구조를 갖고 있다고 보았다. 이런 심리 구조에는 네 가지 형식이 있다. 곧 측은지심·수치지심·공경지심 그리고 시비지심이다. 이런 심리들이 선의 싹_{선의 실마리}을 이룬다. 아울러 인간을 자연의 존재와 다르게 만들고, 인간의 문명화_{인문화}를 이루게 해 준다.

  맹자는 순임금을 예로 들어 인간이 짐승과 다른 내적 특징에 대해 구체적으로 설명한다. 순임금은 유가의 눈으로 보면 성군이자 인문화의 완벽한 상징이기도 하다. 순임금이 깊은 산에서 살 때, 주위에는 온통 나무와 돌뿐이고 밖으로 나가도 만나는 것은 사슴, 돼지 같은 동물뿐이었다. 겉모습만 보면 이때의 순임금은 아직 문명사회에 들어서지 못한 원시인과 아무런 차이도 없는 것 같다. 그러나 둘 사이에는 약간의 차이가 존재한다. 이 차이는, 문명화한 사람인 순 임금은 처음부터 측은지심, 수치지심 같은 선의 싹을 갖고 있다는 점이다. 그리고 이 선이라는 심리적 요인이야말로 순임금이 깊은 산에 살면서도 인간이 가져야 할 본질적인 특징을 지니게 해 주며 문명사회의 도덕 현상에 공감하도록 해 준다. 예컨대 순임금은 도덕규범에 맞는 말 한 마디를 듣거나 선한 행위 한 가지를 보면, 곧바로 이것을 수긍하고 적극적으로 실행하였다. 이처럼 선을 추구하는 힘은 마치 장강이나 황하의 제방이 터진 것과 같아서 어떤 힘으로도 막아 낼 수가 없다.

  맹자는 인간과 짐승, 자연 상태와 문명 사회를 구별하였다. 또한 사람들에게 자연 상태를 초월하여 문명 단계로 올라서기를 요구했다. 이런 주장에는 공자가 토대를 닦은 유가의 인문주의 전통이 드러난다. 공자의 인문주의 추구 노력은 인도 원칙을 분명히 밝히는 데서 잘 드러난다. 그러나 맹자는 짐승과는 다른 인간의 본질적 규정을 인간의 본성에서 찾고 있다. 그리하여 그는 인도 원칙과 인간의 내적 심리 구조를 연결시킨다. 맹자는 문명 사회의 기본 규범인 인도 원칙에서 인간의 내적 심리 구조가 출발점이 된다고 본다. 그는 '측은해하는 마음이 인의 바탕임'을 분명히 지적하고 있다.

공자는 효가 인도의 기본 형식 가운데 하나이며, 자녀가 부모를 생각하는 감정이 그 바탕이 된다고 생각했다. 그는 이런 감정에는 자연스럽게 드러나는 특징이 있다고 생각하였다. 그러나 맹자가 말한 측은해하는 마음, 수치를 아는 마음 같은 것들은 사람에게 특별한 도덕적 감정이다. 그래서 문명화의 색채를 더 강하게 띤다. 이런 점에서 맹자는 인도와 자연의 구분을 더욱 강조하는 것으로 보인다.

측은지심 같은 것은 인간의 감정이다. 이것은 주로 주체 의식으로 나타난다. 그렇다면 맹자가 측은지심 등을 인도 원칙의 근원으로 보는 것은 인도의 추구를 주체 의식 수준으로 제한하는 것을 뜻할까? 맹자의 견해는 부정적이다. 그는 문명의 상징이 되는 인도 원칙은 개인의 내부 의식을 넘어서서 보편적 사회 규범이 되어야 한다고 보았다. 바로 이런 관점에 바탕을 두고 한 걸음 더 나아가 그는 '차마 남에게 잔악하게 굴지 못하는 마음어진 마음'에서 '차마 남에게 잔악하게 굴지 못하는 정치어진 정치'를 이끌어 낸다.

맹자가 말했다.

"사람마다 모두 남에게 잔악하게 굴지 못하는 마음이 있다. 선왕들은 차마 남에게 잔악하게 굴지 못하는 마음을 지니고 있었다. 그래서 차마 남에게 잔악하게 굴지 못하는 정치가 생겨났던 것이다. 차마 남에게 잔악하게 굴지 못하는 마음을 가지고 차마 남에게 잔악하게 굴지 못하는 정치를 실시한다면 천하를 다스리는 일은 그것을 손바닥 위에서 움직이는 것같이 할 수 있을 것이다."

맹자는 인정의 내용을 구체적으로 설정한다. 이것은 대체로 다음 두 가지로 요약할 수 있다. 첫째, 백성들에게 일정한 생산 수단을 만들어 주는 것이다. 이것은 소생산자들이 일정한 토지를 소유해서 충분히 부모를 부양하고 자녀를 기를 수 있도록 하는 것이다. 또한 풍년에는 의식을 풍족하게 누리고, 흉년에도 기아와 추위에서 벗어날 수 있도록 하는 것이다. 둘째, 덕치를 실천하는 것이다. 이것은 도덕적 교화 등의 방식으로 백성을 편하게 하는 것이다. 폭력적 수단으로 백성을 복종시키는 것이 결코 아니다.

이상의 목표를 실현하기 위해 맹자는 다음과 같은 구체적인 조치들을 내놓는다. 도덕을 갖춘 사람을 존중하고 능력 있는 사람을 기용한다. 뛰어난 인재가 정부에서 자기 능력을 충분히 발휘하도록 한다. 시장에서는 상인들이 물건을 저장할 수 있게 장소를 제공하고, 세금을 지나치게 걷지 않는다. 물건이 팔리지 않으면 공공 기관에서 사들여 물건이 너무 오래 쌓여 있지 않도록 한다. 관문을 설치해도 검사만 하고 세금은 걷지 않는다. 농사짓는 백성에게는 정전제를 실시해서 공전의 경작을 돕게 할 뿐, 세금을 따로 걷지 않는다.

당시의 역사적 조건에서 맹자가 주장한 인정은 현실과 어긋나는 부분이 있었다. 그는 정전제를 백성에게 일정한 생업을 마련해 주는 형식으로 삼으려 했다. 그러나 이것은 당시의 역사 발전 추세를 거스르고 있는 것이다. 왜냐하면 전국 시대에는 이미 정전제가 토지의 사유화로 대체되기 시작했기 때문이다. 그러나 맹자는 피지배자의 안정된 삶을 자신의 정치적 이상으로 삼았으며, 덕치로 폭정을 물리치려 했다. 이런 점에서 다시 한번 그의 인도 정신이 드러난다. 어쩌면 공자의 '대중을 널리 사랑한다'라는 생각을 맹자가 사회, 정치 영역에서 펼쳐 놓았다고 볼 수도 있다.

이처럼 우리는 공자의 인도에서 맹자의 인정에 이르기까지, 유가의 인문주의 원칙이 심화되는 과정을 볼 수 있다. 또한 그것은 일반석인 윤리적 요구가 사회. 정치적 삶의 법칙으로 승화되는 것이기도 하다.

맹자가 주장한 성선설사람은 모두 측은지심을 갖고 있다과 인정설은 인간 내부의 심리 구조와 외부의 사회 관계로 서로 구별된다. 이것은 공자가 바탕을 마련한 인도 원칙을 더 발전시킨 것이다. 또한 인도 원칙이 보다 넓은 역사적 내용과 보편 규범의 기능을 갖도록 만들었다. 맹자의 설명과 언급을 통해 유가의 기본 가치 취향은 고정된 형태로 변모한다. 후세에 공자와 맹자의 이름을 나란히 부르는 것도 상당 부분 이와 같은 유학의 발전 과정에 바탕을 두고 있다.

맹자는 인정이 덕치의 형식으로 '왕도'를 구현한다고 보았다. 그것은 폭력을 숭상하는 '패도'와 함께 대립하는 양극을 구성한다. 맹자는 전국 시대에 살았다. 당시에는 법가가 이미 번성하고 있었다. 유가에서는 인도를 중시하고 도덕적 교화를 주장한다. 그러나 법가는 달랐다. 그들은 경전입국을 주장하고, 형법을 사회 질서를 유지하는 기본 수단으로 보았다.

이처럼 나라 밖에서는 전쟁이 나라 간의 충돌을 해결하는 주요 형태가 되고 있었다. 또한 나라 안에서는 사람 사이의 관계를 형법으로 조절하고 있었다. 전쟁과 형법은 서로 표현 형태는 달라도 공통된 특징을 가지고 있다. 둘 다 폭력적 수단이라는 점이다. 사실 법가의 패도는 폭력을 기초로 만들어진다. 훗날 법가의 집대성자로 일컬어지는 한비자는 다음과 같이 분명하게 개괄하고 있다.

"오늘날에는 기력을 가지고 다툰다."

맹자도 법가의 이런 경향에 주의하면서 패도의 실제 내용이 '힘

으로 남을 복종시키는 것'에 있다고 보았다. 맹자가 인정을 강조한 것은 법가가 내세운 폭력의 원칙을 부정한 것으로 볼 수 있다. 그는 폭력으로 타인을 굴복시키는 가치관에 반대한다. 그리고 인간을 존중하는 모습을 보여 준다.

하지만 맹자는 왕도를 강화하면서 동시에 범도덕주의의 경향을 보여 준다. 맹자는 도덕의 역할은 아무리 높이 평가해도 지나치지 않으며, 인도는 사회 정치 생활을 결정짓는 원칙이 될 수도 있다고 본다. 또한 하.상.주 3대가 천하를 얻은 까닭은 주로 인도를 실천했다는 데서 찾을 수 있고, 이들 왕조 말기의 임금들이 천하를 잃은 근본 원인도 인도를 저버린 데 있다고 보았다.

한 나라의 흥망성쇠도 마찬가지다. 즉 인도 원칙에 맞게 일을 하는지 그 여부와 관련된다. 천자가 어질지 못하면 천하를 보존할 수 없고, 제후가 어질지 못하면 자기 영토를 보존할 수 없고, 경대부가 어질지 못하면 사당을 잃게 되며, 선비와 백성이 어질지 못하면 자기 한 몸이 위태롭게 된다.

따라서 결코 성곽이나 담장이 견고하지 않은 것, 군비가 불충분한 것이 국가의 근본 문제가 아니다. 농지가 황폐하고 재정이 넉넉하시 못한 것도 국가의 재난이 될 수 없다. 윗사람이 예의를 모르고 아랫사람도 도덕 규범을 제대로 못 갖추면 나라를 해치는 백성들이 생겨나 망할 날이 따로 없게 된다. 이런 점에서 도덕의 힘은 사회

각 단위로 스며들어 개인의 안위와 국가의 흥망을 결정한다.

또한 인도라는 무적의 신의 위세 앞에 모든 물질적 요인은 보잘 것없는 것으로 나타나며 심지어 거의 무시해도 좋을 지경이 된다. 맹자 자신의 말을 빌리면, 역시 "천하에 인의를 당할 것이 없다."라는 것이다. 이 경우, 도덕은 자신을 뛰어넘어 추상적인 초경험적 힘으로 변모하기 시작한다. 이러한 범도덕주의 관점은 어떤 의미에서는 도덕 외부의 요인을 도덕화하는 것이다. 동시에 경제.정치 등의 비도덕적 힘을 경시하는 경향이 생겨난다. 그것은 공자가 창시한 유가 인문주의를 다소 온정의 빛깔로 물들이고, 상대적으로 그 역사적 깊이를 약화시킨다.

천인관계를 보면 인정설과 왕도설에는 자연하늘보다 인문문명에 대한 관심과 존중이 더 많이 나타난다. 하지만 이것이 자연과 인문 사이의 단절이나 대립을 뜻하지는 않는다. 맹자는 하늘과 사람이 내적 연관을 가질 경우, 이런 연관을 중개하는 것을 성이라고 보았다. 성은 우선 하늘의 도지만, 동시에 인간이 추구하는 대상이기도 하다. 성을 통해 사람과 하늘은 하나로 융합된다. 본체론에서 보면, 성의 기본 뜻은 진실되고 망령되지 않은 것이다. 윤리학적으로 말하면, 성의 기본 뜻은 성실하고 거짓 없는 것이다. 자연으로서의 천은, 무엇보다 진실한 존재이다. 이처럼 진실한 존재로서의 성은 또한 마땅함의 근거이기도 하다. 이렇게 하늘과 사람의 하나됨은 바로 진실함과 마땅함의 통일로 나타난다.

이와 같은 맹자의 관점에서 인도가 되는 마땅함이 천도인 진실함을 초월하더라도 이 둘은 결코 서로 대치되는 것이 아니다. 마땅함문명사회의 규범은 결국 진실함자연의 도의 제약에서 완전히 벗어날 수 없는 법이다.

하지만 맹자가 성을 천인합일의 중개자로 보는 데는 또 다른 사유 경향이 들어 있는 것 같다. 곧 천도와 인도의 경계를 모호하게 하는 것이다. 성은 진실한 것으로, 본래는 마땅함이라는 법칙문명의 사회 규범의 근거였다. 그러나 둘의 경계가 모호해지면 진실함이 때로는 마땅함과 같아질 수 있고, 천도 역시 윤리화하기 쉽다.

사실상 맹자에게 있어 천인합일은 때로 범도덕주의 사유와 함께 묶이곤 한다. 그는 이렇게 지적한 적이 있다.

"인간 내면의 정신 세계를 충분히 반성하면 인간의 본성을 파악할 수 있다. 인간의 본성을 파악하면 또한 천도를 깨달을 수 있다."

여기서 인간의 본성은 천인합일의 중간 고리가 되고 있다. 또한 인간 본성에 맞서는 하늘은 분명히 윤리적으로 규정되고 있다. 이것은 사실상 하늘의 윤리화라는 전제 아래 하늘과 사람을 통일시키는 것이나.

이러한 견해 속에는 신비주의로 향하는 계기가 들어 있다. 또한 그는 자연의 원칙을 경시하고 있기도 하다. 자연이 완전히 윤리화

되면 인간의 자연적 욕망 내지 자연적 요구는 마땅한 지위를 얻기 어렵게 된다. 아울러 맹자의 이런 견해를 공자가 자연의 경지를 포용하고 긍정한 것과 비교해 보면, 맹자의 생각이 한쪽으로 치우쳐 있음을 알 수 있다.

지금까지의 내용을 요약하면 다음과 같다.

사람과 자연의 관계는 유가에서 해결하고자 했던 기본 문제의 하나이다. 공자 이후로 자연을 초월하여 문명을 지향하는 것이 유가의 최고 목표였다. 공자처럼 맹자 역시 인문의 가치를 의식적으로 긍정하였다. 또한 그는 인도를 문명 사회의 기본적인 가치 원칙으로 보았다. 이런 전제에서 나아가 그는 인도 원칙을 두고 인간 심성과 인간 외부의 사회 정치가 맺는 관계라는 측면에서 다방면의 주장을 펴고 있다. 그는 성선설과 인정설을 내놓았다. 아울러 법가의 폭력의 원칙을 부정하였다. 그러나 인도 원칙을 주장하면서 동시에 도덕의 작용을 지나치게 강조하여 유학을 일정 정도 범도덕주의로 끌고 가기도 하였다.

孟子人間經營

제 3 장

인간은 누구나 자신을 경영한다

이상주의 경영을 실천하는 맹자는, 도덕적 선택을 통해 인간 개개인의 주체가 강해진다고 했다. 여기서 말하는 도덕은 철저한 자기 경영과 타인과의 관계 맺기를 통해 이뤄질 수 있는 성질의 것이다.

맹자에게는 평생 동안 이루지 못한 만남이 적지 않았다. 노나라 평공을 못 만난 일이 그 가운데 하나이다.

평공이 밖에 나가려고 하자, 총신 장창이 평공에게 청한다.

"다른 날 임금님께서 나가실 때면 반드시 유사에게 가시는 곳을 말씀하셨습니다. 지금 수레에 말을 매어 놓았는데도 유사가 아직 임금님께서 가시는 곳을 모르고 있습니다. 부디 저에게 말씀해 주십시오."

평공이 말했다.

"맹자를 만나려는 것이다."

"무엇 때문입니까, 임금님께서 스스로를 가볍게 여기시고 필부에게 먼저 찾아가시는 것은 그 사람이 현명하다고 생각하시기 때문입니까? 예의는 현자에게서 나오는 것인데, 맹자는 뒤의 모친 상례를 앞의 부친 상례보다 지나치게 잘 치렀습니다. 임금님께서는 그를 만나지 마십시오."

"그렇게 하지."

장창의 이야기가 순전히 지어 낸 것만은 아니다. 그렇지만 맹자가 예법을 어겼다는 것을 인정한다면, 그에게 누명을 씌우는 셈이 된다. 맹자의 아버지가 그의 어머니보다 먼저 세상을 떴을 때, 맹자는 아직 보잘것없는 선비였기 때문에 장례 절차도 '사'의 법도에 따라 할 수밖에 없었다. 그런데 그의 어머니가 세상을 떴을 때, 맹자는 이미 대부가 되어 있었다. 그래서 장례식도 이에 걸맞게 한 단계 격상되었던 것이다.

장창은 이 일을 예로 들면서도 구체적인 설명은 하지 않았다. 그에게는 다른 속셈이 있었던 것이 분명하다. 그의 의도는 평공과 맹자가 만나는 것을 저지하는 데 있었다. 평범하고 아둔한 평공은 사태의 진실을 파악하지 못하고 장창의 말을 쉽게 믿어 버린다. 나중에 맹자의 제자들이 평공이 맹자를 만나려 했지만 장창이 중간에서 일을 방해하여 그르치게 되었음을 알고 맹자에게 알린다. 맹자는 길게 탄식하며 이렇게 말했다.

"내가 노후를 만나지 못한 것은 하늘의 뜻이다. 장창 따위 소인이 어찌 나로 하여금 만나지 못하게 할 수 있겠느냐?"

맹자가 노나라의 평공을 만나지 못한 것 자체는 있을 수 있는 일이다. 여기서 중요한 것은 이 사건에 대한 맹자의 해석이다. 그는 자신이 평공을 만나지 못한 것은 다른 사람이 그렇게 만든 것이 아니라, 인간 외부의 천명이 그렇게 만든 것으로 보았다. 맹자는 이 대목에서 실제로 인간의 힘주체의 능력과 운명외부의 천명의 관계를 예리하게 이끌어 낸다. 어떻게 인간의 힘과 운명의 관계를 설명할 것인가? 이것이 바로 맹자가 해결하려고 했던 또 다른 문제였다.

도덕적 선택으로 자신감을 얻다

힘과 운명의 관계는 논리상으로 볼 때 천인관계와 내적으로 연결된다. 하늘의 초경험적 변화가 운명으로 나타나는 것이다. 전통 유학에서는 천과 명을 항상 '천명'으로 합쳐서 불렀다. 유가에서 말하는 명 또는 천명은 상당히 복잡한 개념이다. 그 속에는 원시 종교은.주 시대 이래의 종교적 천명론의 자취가 남아 있고, 또 철학적 내용이 담겨 있기도 하다. 철학적으로 보면 명또는 천명은 대체로 필연성에 가깝다. 하지만 천명의 형식에서 필연성은 종종 초자연적 색채를 부여받는다. 이에 반해 천에 상대되는 인간은 처음부터 주체의 힘 또는 주체의 능동 작용 등의 규정을 갖고 있다. 이처럼 천인관계에 대한 논의는 언제나 '힘과 운명의 관계'의 분석으로 귀결된다.

인간은 필연의 운명을 파악하고 제어할 수 있을까? 필연의 운명은 주체의 선택에 가능성을 제공할까? 힘과 운명에 대한 논의는 언제나 이런 문제를 피해 갈 수 없다. 운명을 파악하고 지배하는 것, 그리고 주체의 선택에서는 종종 이성과 의지의 관계를 언급하기도 한다. 이런 까닭에 힘과 운명에 대한 논의는 동시에 지향^{의지}과 앎의 논의와 교차하기도 한다.

좀 더 넓은 역사적 시야에서 보면, 힘과 운명의 관계를 탐색하거나 의지와 이지의 관계를 논의하는 것은 결국 근본적인 문제 — 인간의 자유 문제 — 로 향하게 된다. 인류는 자연에서 떨어져 나온 후 자유를 향한 힘겨운 걸음을 걷기 시작한다. 이 과정은 언제나 필연성의 제약 속에 점진적으로 실현되는 것이다.

노나라 평공을 만나지 못한 원인을 분석하면서 맹자는 천명이라는 관념에 호소하고 있다. 하지만 이것이 결코 주체의 작용을 완전히 부정하는 것은 아니다. 그는 중년 이후에 인정이라는 정치 방안을 가지고 제후들에게 유세한다. 그리고 왕도라는 사회적 이상을 실현하고자 온 힘을 기울였다. 그의 이런 노력은 '누가 나를 버리겠는가!' 라는 자신감을 토대로 하고 있다.

맹자가 제나라를 떠날 때 제자들은 그가 침묵하거나 말이 줄어든 것을 보고 걱정스러운 낯빛으로 묻는다.

"선생님께서 언짢아 보이시는데 무슨 까닭인지요?"

맹자로서는 제나라 왕에게 냉대를 받고 자신의 정치적 포부를 펼칠 기회를 얻지 못한 직후라서 자연히 기분이 우울했을 것이다.

그러나 비록 역경에 놓여 있어도 정치적 신념을 이루고자 노력하는 맹자의 모습은 여전히 확신에 차 있다. 그는 이렇게 대답한다.

"하늘이 아직 천하가 평화롭게 다스려지도록 하지 않는 것이다. 만약 천하를 평화롭게 다스리고자 한다면 지금 같은 세상에 나를 버리면 누가 그 일을 감당하겠는가? 내가 무엇 때문에 기분 나빠하겠는가?"

맹자의 이 말은 개인의 자기과시나 어리석음이 아닌, 역사에 대한 깊은 자각을 보여 준다. 천하의 안정은 주체 밖의 힘만으로 정해지는 것은 아니다. 그것은 결국 주체의 노력을 통해 실현되는 것이다. 이런 신념을 바탕으로 그는 '개인'을 천하와 국가의 근본으로 본다. 그는 이렇게 말한다.

"사람들이 늘 하는 말이 있으니, 다들 천하와 국가와 가정을 이야기한다. 천하의 근본은 나라에 있고, 나라의 근본은 집 안에 있으며, 집 안의 근본은 개인에 있다."

여기서 말하는 개인은 결코 생물학적 의미의 육신이 아닌 사회학적 의미에서의 개체이다. 집 안.나라에서 천하에 이르기까지, 개별 단위가 연결된 하나의 사회 구조를 만들어 낸다. 이 구조의 최종 담당자는 바로 무수한 개인이다. 바꾸어 말하면, 주체의 활동은 역사의 진행 과정에 영향을 준다. 또한 사회천하와 국가가 존재하는 토대가 된다. 여기서 우리는 사람의 작용과 힘이 이전에 없던수준으로 높아졌음을 알 수 있다.

　맹자에 앞서 공자는 사람의 작용을 여러 면에서 살피고 있다. 앞에서 이미 공자가 인도 원칙을 문명 사회의 기본 규범으로 보았음을 언급하였다. 공자는 개별 주체는 누구나 인에 맞게 행동할 능력을 갖고 있다고 보았다. 인도를 실천하는 것은 주체 자신에게 달려 있다. "인을 실천하는 것은 나 자신에서 비롯된다"라는 말이 강조하는 것이 바로 이 점이다. "나 자신에서 비롯된다"라는 말에는 어떤 독립된 의지가 나타나 있다. 공자는 의지가 갖는 품격을 중시했다. 그는 이렇게 말한 적도 있다

　"삼군의 장수를 빼앗을 수는 있어도, 필부의 뜻은 빼앗을 수가 없다."

　주체의 역량을 보여 주는 의지 작용은 무엇보다도 도덕적 선택으로 나타난다. 주체가 진정 인도로 자신을 규율하기로 결심하면, 반드시 인덕에 도달할 것이다. 주체의 능력은 도덕적 선택과 도덕적 결정에서만 드러나는 것이 아니다. 사람과 도의 관계를 말하면서 공자는 이렇게 지적한다.

　"사람이 도를 넓힐 수 있는 것이지, 도가 사람을 넓히는 것은 아니다."

　여기서 말하는 도는 일반적인 사회적 이상이나 원칙을 모두 가리킨다. 공자는 사람이 사회적 이상을 주장하고, 그것을 자신의 노

력으로 현실화할 수 있다고 생각했다.

이상의 견해를 토대로 공자는 '임무는 무겁고 길은 멀다' 라는 말로 스스로 힘쓰고 제자들을 격려했던 것이다. 여기에는 깊은 사명감이 나타난다. 그것은 넓은 문화적 배경에서 주체의 역사적 책임을 강조하고 있다. 주체가 마주하는 것은 개인의 도덕적 선택만이 아니라, 사회적 이상을 실현하는 것이기도 하다. 그런 사명감은 자아에게 행위의 부담을 요구하고, 개인을 넘어선 역사적 중책을 맡기를 요구하기도 한다. 이렇게 주체의 사회적 책임을 강조하는 것의 배후에서 우리는 개인의 능력에 대한 깊은 확신을 어렵지 않게 볼 수 있다.

'사람이 도를 넓힌다' 라는 신념을 정신의 지주로 삼아, 공자는 여러 나라를 돌아다니며 자신의 정치적 포부를 실현하고자 한평생을 노력한다. 그의 정치적 이상은 시대적 요구에 들어맞지 않아 처음부터 실현될 가능성이 거의 없었다. 그러나 어려움을 알면서도 앞으로 나가는 굳센 의지로 '임무는 무겁고 길은 멀다' 라는 역사적 사명을 몸소 실행한다. 또한 비극적인 형태로 주체의 능력에 강한 자신감을 표현하고 있기도 하다. 여러 번의 좌절상이 거의 스러져 가는 상황에서도 공자의 격언은 여전히 다음과 같았다.

"하늘을 원망하지도 않고, 사람을 탓하지도 않는다."

결국 공자는 외부의 힘이 아닌, 주체 자신의 능동적 행위에 깊은 확신을 가졌던 것이다.

우리는 여기서 공자의 사상에는 자유에 대한 낙관적 태도가 깊이 자리 잡고 있음을 알 수 있다. 이러한 자유는 주체적인 도덕적 선택으로 표현된다. 동시에 넓은 의미의 문화 창조로 전개된다. 이상과 같은 공자의 관점이 대체로 유가 철학의 주된 흐름을 이룬다. 맹자는 주체의 역량을 확신하고 인정하였다. 이것은 사실상 공자의 사상을 계승하고 있는 것이 분명하다. 다른 각도로 보면, 맹자에 와서야 자유에 대한 공자의 학설이 더욱 발전하고 풍부하게 되었다고 볼 수도 있다.

인간경영은 하늘의 뜻이지만, 하늘의 뜻은 내가 정한다

맹자는 인간이 역사의 진행 과정에 참여하고 거기에 영향을 주기도 하지만, 동시에 인간의 작용은 자신이 다스릴 수 없는 힘의 지배를 받기도 한다고 보았다. 물론 천하의 안정 문제는 주체와 뗄 수 없다. 하지만 이 과정의 완성에는 사람의 힘을 뛰어넘는 역사가 전제로 설정된다.

맹자는 그의 제자에게 이렇게 말했다.

"오백 년마다 반드시 왕업을 이루는 자가 생겨나고 그 사이에 반드시 세상에 이름을 떨치는 사람이 나오기 마련이다. 주나라가 흥성한 이래로 칠백 년이 되었으니 그 햇수를 가지고 본다면 그 시기가 지난 것이다. 그 시기를 가지고 본다면 때가 되었다."

이런 가설을 토대로 맹자는 자신 있게 '누가 나를 버리겠는가'라는 결론을 이끌어 낸다. 솔직히 말하자면, 오백 년마다 반드시 왕업을 이루는 자가 나온다는 설정은 역사를 숙명론으로 규정하는 것이다. 숙명적으로 결정된다는 것은 어떤 의미에서는 초경험적 지배자를 설정하는 것으로 표현되기도 한다. 이런 지배자는 결코 인격화된 신은 아니라고 하더라도 사람이 마음대로 할 수 없음도 분명하다. 순임금이 제위를 이어받은 일을 논의하는 대목에서 우리는 이 점을 찾아볼 수 있다.

맹자의 제자 만장이 물었다.

"요임금이 천하를 순에게 주었다는 것이 사실입니까?"

맹자가 답한다.

"아니다. 천자가 천하를 남에게 주지는 못한다."

"그렇다면 순이 천하를 차지했는데, 누가 준 것입니까?"

"하늘이 준 것이다."

"하늘이 주었다는 것은 소리를 내어 명령한 것입니까?"

"아니다. 하늘은 말하지 않는다. 행위와 현상으로 그 뜻을 보여 줄 따름이다."

요임금이 순에게 제위를 넘겨 준 것은 일종의 사회.정치적 권력 이양이다. 맹자에 따르면 이런 권력 이양은 인간의 활동으로 완성되지만, 주체가 선택할 수 있는 것은 아니다. 인간 활동의 배후에는 보다 근본적인 힘_{하늘}이 존재한다. 하늘의 힘은 본래 인격의 형태를 갖지 않는다. 그러나 인간의 역사 활동을 지배하고 좌우한다. 여기서 말하는 하늘은 일종의 형이상학적_{신비화된} 필연성이다. 오백 년마다 반드시 왕업을 이루는 자가 출현한다는 숙명의 설정은 초경험적 운명이 역사과정에 구현된 것이다. 맹자는 하늘의 결정을 역사 활동의 전제로 본다. 이것은 처음부터 인간 행위에 한계를 정해 두는 것을 의미한다.

맹자의 입장은 이러한 천명의 제약에 대해 주체가 저항하거나 거부하기 어렵다는 것이다. 또한 주체는 집안.나라.천하를 이루는 바탕이 되지만, 천명 앞에서는 늘 힘을 쓰지 못한다.『맹자』에서 우리는 "어쩔 수 없다"라는 탄식을 자주 보게 된다. 앞에서 언급한 것처럼, 그는 인정이라는 정치적 이상을 내걸고 그 실현을 각 나라의 제후에게 의지했다. 그런데 그의 기대는 좌절을 거듭했으니, 이것은 비극이었다. 이런 결과를 해석하면서 그는 항상 그 원인을 명이나 천명에 돌렸다. 그는 제나라 왕의 지지를 얻어 자신의 정치적 포부를 펼치고자 하였다. 그러나 결과는 오히려 냉대를 받고 우울하게 제나라를 떠나야 하는 것이었다. 이러한 정치적 불운을 두고, 맹자는 결코 사람의 힘이 그렇게 만든 것이 아니라 천명에 의한 것으로 보고 있다.

요컨대 온갖 노력을 할 수는 있지만 그 성공 여부는 인간 외부에 존재하는 힘이 결정한다는 것이다. 무정한 천명의 지배 밑에서 주체의 의지가 소망만큼 보상받기란 어려운 법이다.

여기서 우리는 힘주체의 작용과 역량과 명신비화된 필연성 사이의 긴장과 충돌을 보게 된다. 한편으로 주체는 역사적 사명을 떠맡고 있으므로 역사의 진행 과정에 참여하고 영향을 준다. 다른 한편으로 주체의 선택, 주체의 작용은 곳곳에서 천명에게 유린당하기도 한다. 주체의 정치적 이상을 실현할 수 있는지의 여부는 주체의 외부에 존재하는 힘에 의해 결정된다. 힘과 운명의 관계에 대한 이런 생각은 공자에게까지 소급될 수 있다. 앞에서 언급한 것처럼, 공자는 "위인유기", "인능홍도"라는 주장을 내놓았다. 인간에게는 도덕적 선택 능력 및 넓은 의미의 문화 창조력이 있다고 본 것이다. 그런데 공자는 주체가 가진 이런 힘도 본래 어떤 초월적 근거에서 나온다고 믿고 있다.

언젠가 공자가 송나라에 도착해서 제자들과 함께 큰 나무 밑에서 예의를 논의하고 있었다. 그런데 송나라의 사마인 환퇴가 공자를 몹시 싫어했다. 그는 그 큰 나무를 베어 공자를 죽이고자 하였다. 제자들이 서둘러 달아나자고 공자를 재촉하였다. 그러나 공자는 조금도 두려워하지 않고 제자들에게 말했다.

"하늘이 내게 덕을 부여해 주셨거늘, 환퇴가 나를 어찌하겠느냐?"

여기서 공자는 철인다운 여유 있는 태도를 보여 주고 있다. 그런데 이런 태도의 뒤편에는 하나의 내재적 관념이 들어 있다. 그것은 주체의 도덕 역량덕성이 초경험적인 하늘에서 나온다는 것이다. 초경험적인 하늘이 주체에게 외부의 강제폭력을 포함한 속에서도 동요하지 않을 수 있게 해 준다. 도덕의 영역이 이러하며, 넓은 의미의 문화 창조 역시예외가 아니다. 한 번은 공자가 위나라를 떠나 진나라로 가는 길에 광이라는 지역을 지나게 되었다. 광지역의 백성들은 이전에 노나라의 양화양호에게 속은 적이 있어서 양화에 대해 몹시 분개하고 있었다. 그런데 양화의 외모가 공자와 매우 흡사하였다. 그리하여 광 지역 사람들이 공자를 양화로 오인하고 공자 일행을 포위한다. 이런 위급한 상황에서도 공자는 태연히 이렇게 말한다.

"주나라 문왕께서 돌아가신 뒤로, 문화가 여기에 전해져 있지 아니한가? 하늘이 이 문화를 없애려 했다면, 후세에 태어난 내가 이 문화에 참여할 수 없었을 것이다. 하늘이 이 문화를 없애려 하지 않을진대, 광 사람들이 나를 어찌할 수 있겠느냐?"

공자는 문화의 창조와 지속은 인간의 노력으로 실현되지만 인간이 문화를 창조하고 지속시키는 능동적 행위 역시 결국에는 하늘에 근원을 두고 있다고 이해한다. 일단 천명들 따르면 어떤 힘도 문화 창조의 행위를 막을 수가 없다.

주체의 힘의 형이상학적 근거인 천명은 주체의 활동을 제약하기도 한다. 곧 인간의 자유로운 창조에 어떤 한계를 긋는 것이다. 인간은 본래 도를 넓힐 수 있는 능력을 갖고 있으나, 도의 실현 여부는 운명이 결정하는 것이다.

"도가 장차 행해질 것인가? 명에 달려 있다. 도가 장차 사라질 것인가? 역시 명에 달려 있다."

일단 천명을 어기면 반드시 천명의 무자비한 제재를 받는다. 위나라의 대신 왕손가가 공자에게 물었다.

"방 아랫목에 아첨하느니 차라리 부엌 아궁이에 아첨하는 게 낫다고 한 것은 무슨 뜻입니까?"

"그렇지 않소. 하늘에 죄를 지으면 빌 곳도 없게 되오."

천명은 본질적으로 형이상학적인 필연성이다. 위에 나타난 공자의 견해는 사람의 자유는 필연을 무시할 수 없다는 데 주의하고 있다. 이 말은 동시에 천명의 작용을 강화하는 경향을 나타낸다. 천명에 비해 주체의 힘과 운명은 거의 종속적 지위에 놓인 것처럼 보인다. 여기에는 이미 운명 결정론을 이끌어 내는 계기가 내포되어 있다. 공자는 군하에게 세 가지 두려운 것이 있다고 주장했다. 그 가운데 첫 번째가 바로 천명을 두려워하는 것이다. 인간을 마음대로 움직이는 힘인 천명은 두려워할 수 있을 뿐, 저항할 수는 없다.

여기에서 우리는 사람의 자유라는 문제를 보는 공자의 사유 경향에 이중성이 있음을 알 수 있다. 한편으로 그는 주체의 도덕적 선택, 문화 창조 등에서 누리는 자유에 대해 낙관적인 확신을 나타내고 있다. 다른 한편, 공자는 주체의 역량의 현실적 기원을 전혀 이해하지 못하고 천명 같은 초경험적 영역에서 그 기원을 찾는다. 그 결과 운명 결정론에 매달리게 된다. 힘과 운명의 관계 앞에 긴장하고 주저한 것을 보면, 맹자 역시 공자의 길을 계승하고 있는 것이 분명하다. 그러나 유학의 전승자인 맹자는 이런 충돌을 이론적으로 해결하고자 노력한다.

맹자가 '내게 있는 것'과 '외부에 있는 것'을 구분하는 데서 우리는 이 점을 어렵지 않게 볼 수 있다. 맹자는 사회 생활에서는 어떤 것들은 주체의 적극적인 노력을 통해 비로소 얻을 수 있다고 보았다. 왜냐하면 찾고자 하는 것이 '내게 있는 것_{인간이 미칠 수 있는 범위 안에 있는 것}'이기 때문이다.

어떤 것은 일정한 방식으로 찾아도 그것의 실현 가능 여부는 천명으로 결정되기도 한다. 왜냐하면 찾고자 하는 것이 '외부에 있는 것_{인간의 능력 범위 밖에 있는 것}'이기 때문이다. 결국 일정한 영역에서는 주체의 활동이 주체 자신 때문에 제한되기도 하고, 또한 미리 기대한 결과에 도달할 수도 있다. 그런데 이 영역을 넘어서면 행위의 결과를 주체가 결정할 수 없다. 모든 것이 천명으로 귀결될 따름이다.

맹자가 말한 '내게 있는 것'은 주체의 덕성의 함양과 더 많이 관련된다. 곧 주체가 도덕에서 이상적 경지에 도달할 수 있느냐 하는 것은 천명이 좌우하는 것이 아니라 주체 자신에 의해 결정된다는 것이다. 맹자는 이 점을 이렇게 설명한다.

가령 한 개인이 스스로 자신을 방임해 버리면 그에게 말해 줄 것은 아무것도 없게 된다. 한 개인이 직접 노력하지 않으면서 완성을 추구하면, 어떤 성취도 이루기 어렵다. 자포자기라는 것은 도덕적 타락이다. 이런 타락은 결코 외부의 힘 때문에 그렇게 되는 것이 아니다. 순전히 주체가 직접 선택한 결과인 것이다. 맹자가 포와 기라는 글자 앞에 '자'를 덧붙여 강조한 것이 바로 이 점이다. 이를 뒤집어 생각해 보면, 만일 주체가 실제 활동에서 도덕 규범을 지킬 수 있다면 인의 품성에 점차 이를 수 있다는 것이다.

"노력하여 용서하는 마음으로 일을 해나갈 것이다. 인자함을 구하는 데는 그보다 가까운 길이 없다."

이런 점에서 인간은 어느 정도는 자유로운 주체로 이해된다. 이 자유는 의지의 자유로운 선택으로 나타난다. 또한 구체적인 행위 과정으로 전재되기도 한다.

'내게 있는 것'과 상대되는 것이 바로 '외부에 있는 것'이다. 넓은 의미에서 외부에 있는 것은 도덕 바깥의 모든 영역을 가리킨다.

부귀와 빈천에서 수명의 장단, 감성적 욕구, 정치적 이상까지 모두 서로 다른 수준에서 외부에 있는 것에 넣을 수 있다. 정해진 수명을 채우느냐 또는 단명해서 요절하느냐가 모두 운명으로 결정된다. 개인은 운명이 찾아오길 가만히 기다릴 수밖에 없고, 이 운명은 바꿀 수가 없다. 눈이나 귀 등의 감성적 욕구가 만족을 얻느냐 하는 것도 마찬가지다.

맹자는 예를 들어 설명한다.

"입은 훌륭한 맛을 좋아하게 마련이고, 눈은 아름다운 색을 좋아하게 마련이며, 귀는 듣기 좋은 소리를 좋아하게 마련이고, 코는 향기로운 냄새를 좋아하게 마련이며, 몸은 편안함을 좋아하게 마련이다. 이것들은 모두 천성에서 비롯된 것이다. 하지만 이런 감성적 욕구를 만족시킬 수 있는가 없는가는 운명이 결정한다."

사회.정치 영역에서 이상을 실현하고 권력을 바꾸는 것 등은 천명의 주재를 벗어나기가 훨씬 더 어렵다.

맹자는 '내게 있는 것'과 '외부에 있는 것'을 구분하여 사람의 작용과 외부의 천명 사이의 충돌을 어느 정도 해결하고 있다. '외부에 있는 것'은 본래 천명의 왕국이다. 사람은 거기에 대항할 수 없다. 그러나 도덕의 영역 '내게 있는 것'에서는 인간이 주체적으로 선택하고 활동할 수 있다. 그것이 인간의 자유를 구성한다.

어떤 의미에서 맹자는 경계를 나누어 사람의 자유에 비교적 안정된 토대를 찾아내고자 한 것이다. 그런데 그의 이런 노력이 성공적인 시도였다고 보기는 힘들다. 주체의 힘과 외부 천명의 경계 속에 힘과 운명의 분별은 서로 다른 서열에 놓이게 된다. 이것은 실제로는 문제를 이동시킬 뿐, 결코 문제를 해결하는 것이 아니다. 또한 공자가 처음으로 그 단서를 드러낸 힘과 운명 사이의 긴장 역시 진정으로 해결하지 못하였다. 오히려 한 걸음 더 나아가 두 계열은 대립하게 된다.

동시에 맹자는 사람의 자유를 '내게 있는 것'자아의 덕선'과 연계시키는데, 그것은 또한 자유를 내면화하는 것을 의미한다. 주체가 천하를 안정시키는 작용을 인정하는 것에서 '내게 있는 것을 구하는 일'에 이르기까지, 확실히 우리는 주체의 자유가 개인의 도덕적 실천 및 심성 함양과 긴밀히 연결되는 것을 볼 수 있다.

맹자가 인간의 자유를 사유하는 경향을 좀 더 구체적으로 파악하고자 우리는 맹자의 논점을 순자와 비교해 볼 수 있다. 순자는 선진 시기에 맹자와 이름을 나란히 했던 대 유학자다. 그가 살았던 연대는 맹자보다 조금 나중기다. 맹자와 마찬가지로 순자의 사상은 여러 면에서 공자가 창시한 유가 전통에 기원을 두고 있다. 이런 사실을 근거로 후대에서 항상 공자 · 맹자 · 순자의 이름을 나란히 들고 있는 것이다.

이렇게 이론에서는 모두 하나의 기원에서 나왔지만, 순자가 유학을 설명하는 것은 맹자와는 사뭇 다르다.

힘과 운명의 관계에서 순자는 결코 사람의 자유를 부인하지 않는다. 그가 보기에 주체 의지의 단련, 덕행의 순후함 같은 것은 모두 '내게 있는 것'들이다. 역시 주체가 결정할 수 있다. 바꾸어 말하면 도덕의 영역에서 주체는 근본적으로 자유로운 존재다. 이런 견해는 맹자와 다를 바 없다.

그런데 인간의 자유는 '단지' 도덕의 영역에만 제한되는가? 이 문제에 대한 순자의 견해는 맹자와 다르다. 『순자』의 「천론」에는 그의 유명한 주장이 들어 있다.

"하늘을 위대하게 여기고 그 생성의 힘을 고맙게 생각하는 것과, 사물로 여기고 길러서 사용하는 것은 어느 쪽이 더 낫겠는가? 하늘을 따르면서 그것을 기리는 것과 하늘로부터 타고난 것을 파악하면서 그것을 활용하는 것은 어느 쪽이 더 낫겠는가?"

이 말의 핵심은 '천명을 파악하면서 그것을 활용하는 것'이다. 순자가 말하는 운명은, 더 이상 신비한 모습이 아닌 자연 내부의 필연적 추세이다. 객관적 필연성인 운명은 더 이상 파악할 수 없는 초경험적 힘이 아니다. 인간은 그것을 움켜쥐기만 하면 자신의 목적을 실현하는 데 쓸 수 있다. 순자가 말한 '천명을 파악하는 것'은 근본적으로는 자연 규칙을 지배하고 더 나아가 자연을 정복하는 과정으로 전개된다. 바로 이 과정에서 주체는 자연의 주인이 되고, 아울러 자유의 이상을 실현하게 된다.

맹자와 비교하면 순자가 자유를 이해하는 방식에는 분명히 새로운 특징이 있다. 맹자의 입장에서 주체의 작용은 인륜의 영역에 제한된다. 하지만 순자는 자유의 영역을 천인관계에까지 확대시킨다. 그는 주체의 작용을, '스스로 존재하는 사물'을 '나를 위한 사물'로 변화시키는 과정으로 폭넓게 이해한다. 그 결과 자유는 보다 깊은 역사적 함의를 얻게 된다.

순자는 외재하는 역사의 진행 과정을 가지고 힘과 운명의 관계를 해결하는 토대로 삼았다. 맹자는 어느 정도 내성을 지향하는 모습을 보여 준다. 이후 유학의 전개 과정에서는 맹자로 대표되는 '내성의 노선'이 점차 주류가 되었다. 반면에 '천명을 파악하여 활용한다'라는 순자의 생각은 항상 정통 유학에서 인정받기 힘들었다. 이 점은 송·명 시대의 성리학에서 더욱 뚜렷이 나타난다. 어떤 면에서는 맹자와 순자가 내놓은 '힘과 운명에 관한 학설'들이 겪는 서로 다른 운명이 유학의 내부 성격을 규정했던 것이다.

孟子 人間經營

제 4 장

견문과 사유를 통해 인간경영의 틀을 만들다

배움과 생각은 풍성한 자아를 만들어 준다. 맹자는 그 중에서도 견문을 넓힐 수 있는 감각기관보다는 사유를 할 수 있는 '마음이라는 기관'에 더 큰 가치를 두었다. 하지만 그 둘의 조화를 통해 인간경영의 틀을 만들어간다는 것은 변함없는 사실이다.

맹자는 '나에게 있는 것' 과 '외부에 있는 것' 을 구분한다. 이 구분을 통해 그는 도덕 등의 영역에서 주체가 누리는 자유를 확인한다. 공자에서 시작된 유가는 자유를 이해하면서 일종의 이성주의적 경향을 보여 주고 있다. 마찬가지로 맹자도 이런 전통을 보여준다. 맹자의 주장은 이러하다.

"자유는 의지의 충동만으로 나타나는 것이 아니다. 자유는 항상 이성의 제약을 받기 마련이다."

그렇다면 궁극적으로 이성의 본질은 무엇인가? 이성은 인간의 인식에서 어떤 자리를 차지하는가? 이런 것이야말로 맹자가 선구적으로 규명하고자 애썼던 문제들이다. 이 문제들은 또한 인식 활동 및 인식 과정에 대한 견해와도 연관된다. 실제로 가치관에서의 자유의 문제와 인식론은 뚜렷하게 구분하기가 매우 어렵다.

첫 번째 : 인간경영의 토대를 닦은 공자

이성 문제를 고찰하면서 맹자는 공자.묵자.노자의 인식론 사상을 역사적 전제로 설정하고 있다. 선진 시기에 활동했던 공자는 비교적 초기에 인식 과정을 의식하고 반성했던 사상가였다. 그는 근대적 의미의 인식론 체계를 수립하지는 못하였다. 그러나 교육자로서 공자는 자신이 가진 교수습의 경험을 모두 동원해서 인간의 인식 과정의 한 부분을 이미 건드리고 있다.

공자는 먼저 지식의 기원 문제를 언급한다. 그는 지식에 두 가지 기원이 있다고 본다. 하나는 나면서부터 알고 있는 것, 곧 천부적으로 형성된 지식이다. 다른 하나는 배워서 알게 된 것, 곧 후천적인 학습을 통해 얻은 지식이다. 전체적으로 보면 그가 배워서 알게 된 것을 중시함을 알 수 있다. 그는 나면서부터 아는 것이 있음을 인정한다. 그러나 그는 천부적인 지식을 자부하지 않고 후천적인 노력으로 자신을 격려하고 있다.

후천적으로 이루어지는 과정인 '배워서 알게 되는 것'의 출발점은 무엇인가? 공자는 이렇게 규정한다.

"아는 것을 안다고 하고, 모르는 것을 모른다고 하는 것이 바로 아는 것이다."

일반적으로 우리는 '모르는 것'을 지식이 없는 것으로 이해한다. 하지만 공자는 모르는 상태를 아는 것도 아는 것즉 자신이 무지함을 아는 것으로 여겼다. 여기서 아는 것과 모르는 것은 서로 배제하지 않고 통일된다. 곧 모른다는 것을 인식하는 것이 실제로는 앎을 추구하는 과정의 출발점으로 이해된다. 플라톤은 인식의 발생 문제를 두고 이렇게 힐난한 일이 있다.

"주체가 완전히 무지한 상태에 있다면 인식은 생겨날 수 없다. 절대 무지라는 조건에서는 인지의 문제를 꺼낼 수 없기 때문이다. 주체가 어떤 대상을 이미 알고 있는 경우에도 인식의 문제는 나타나지 않는다. 이미 알고 있는 것은 더 이상 인식을 친행할 필요가 없기 때문이다."

이처럼 무지 또는 유지라는 조건에서 인식은 생겨날 수 없다. 플라톤은 이런 주장을 가지고 자신의 회고설즉 인식을 선천적 지식의 회고로 여기는 것을 논증한다. 이러한 추론에서 플라톤의 기본 전제는 아는 것과 모르는 것을 나누고, 이 두 가지를 대립시키는 것이다. 플라톤과 비교해서 공자가 '스스로 무지함을 아는 것'을 지식 추구의 출발점으로 본 것은 훨씬 더 합리적인 견해임에 틀림없다. 현실에서의 인식 과정은 절대 무지의 상태에서 시작할 수는 없다. 또한 겨우 아는 것을 전제로 여기지도 않는다. 겨우 아는 상태에서 인식은 스스로 동력을 갖지 못한다. 그리고 절대 무지의 조건에서도 주체는 인식을 요구할 수 없다. 무지한 상태가 출현하고 주체가 이런 무지 상태를 의식하면서 비로소 인식 활동이 생겨난다. 공자가 지와 무지의 통일을 인식의 출발점으로 규정한 것은 이 점에서 꽤 일리가 있다.

지식을 추구하는 활동이 전개되면 결국 견문과 사유의 관계가 제기된다. 공자는 감성적 인식인 견문에서 이성적 인식인 반성·사유과정으로 인식이 발전해 간다고 보았다. 감성적 인식인 견문을 풍부하게 축적한 후 이성적 인식인 사색을 해나가야 한다는 것이다. 물론 전체적으로 보면 공자는 이성적 사유를 보다 중시한다. 그는 "묵묵히 새겨 둘_{이성의 반성 작용}" 것을 강조한다. 도덕 행위에는 일관되게 충실하고 관대할 것을 주장하였다. 그리고 그 기본 내용은 '나의 처지를 바탕으로 타인을 이해하는 것'이다. 그것은 본질상 이성적 추론의 과정으로 나타난다.

공자는 이성적 사유를 강조하면서 동시에 생각과 배움의 관계도 논의하였다. 그는 배움과 생각은 분리할 수 없다고 본다. 배우기만 하고 생각하지 않으면 혼란에 빠져 아무런 성과도 얻지 못하기 쉽다. 마찬가지로, 생각만 하고 배우지 않아도 역시 위태롭다. 공자가 말한 배움은 이미 있는 지식의 성과를 파악하는 것이고, 생각은 이성적 추론으로 새로운 지식을 얻는 것이다.

배움과 생각의 관계는 실제로는 인식 과정에서의 수용과 창조의 관계에 닿아 있다. 일반적으로 개인에게 앎은 두 가지 형태로 구분될 수 있다. 하나는 사회가 이룩한 인식의 성과를 받아들이는 것이다. 이 과정은 배움의 과정이기도 하다. 이 과정에서 개인은 새로운 지식을 얻게 된다. 그러나 사회 전체로는 새로운 인식 성과를 늘릴 수 없다. 다른 하나는 창조적인 사고를 통해 새로운 인식을 만드는 것이다. 이런 인식은 개인에게만 새로운 것이 아니라 사회 전체에도 새로운 인식 성과로 나타난다.

수용과 창조는 의미가 다르다. 그러나 이 두 가지는 서로 관련이 있다. 창조적 성격의 인식은 항상 기존 지식의 수용을 바탕으로 해야 한다. 기존 지식을 받아들이는 취지는 새로운 창조를 추진하는 데 있기 마련이다. 보다 중요한 점은 이 두 가지가 결국 이성적 사유의 토대 위에 만들어진다는 것이다. 공자가 말한 배움과 생각이 인식 과정에서의 수용과 창조에 완벽히 대응하지는 않는다. 그렇지만 그것과 비슷한 점이 있는 것은 분명하다. 배움과 생각의 통일을 강조한 것은 이성 원칙을 중시하는 시각을 잘 나타내고 있다.

물론 공자가 말한 앎은 윤리적 이성이다. '앎', '생각' 등의 범주에 대한 공자의 해석을 통해 우리는 이 점을 어렵지 않게 알 수 있다. 제자인 번지가 앎에 대해 물어보자, 공자는 이렇게 대답한다.

"남을 알아보는 것이다."

여기서 남을 알아보는 것은 인간 자체를 잘 파악하는 것이다. 또한 인간과 인간 사이의 윤리관계를 잘 파악하는 것이기도 하다. 그리고 앎의 작용은 '충실함'·'공경'·'올바름' 등의 도덕 행위에서 구체적으로 나타난다. 바꾸어 말하면, 앎은 인간관계에서 도덕 규범을 실천하는 수단으로 이해된다. 사실 공자의 인식론은 자주 두꺼운 윤리학의 베일을 걸치곤 한다. 이러한 사유 양식은 한편으로 인식 과정과 주체의 자아 인식.자아 실현과도 연관된다. 그리하여 인식론이 사변으로 흐르는 것을 벗어나게 한다. 그러나 동시에 인식 과정과 덕성 함양 과정이 하나로 융합되는 경향도 갖게 한다. 후자 때문에 인식론 연구는 윤리학의 굴레를 쓰게 되거나 순수한 형식으로 전개되지 못하며, 그 결과 인식론 자체의 심화를 방해하기도 한다.

두 번째 : 감성적 접근의 묵자

묵가는 선진 시기에 존재한 또 하나의 현학이다. 이 학파의 창시자는 묵자다. 공자가 이성의 원칙을 강조한 것과는 달리 묵자는 경험주의 원칙을 강조한다. 묵자는 구체적인 대상에 대한 지식은 먼저 감각을 통해 주어진다고 보았다. 예컨대 어떤 사물이 존재하는지 알고 싶으면 반드시 여러 사람의 감각에 의지해야 한다. 사람들이 그 대상을 듣고 보거나 감지하는 것으로 그것이 존재한다는 것을 밝힐 수 있다. 반대의 경우를 통해 우리는 그것이 존재하지 않는다는 것을 설명할 수 있다. 여기서 감성적 지각은 인식의 출발점이 된다.

지식이 감성적 경험에서 나온다는 점을 인정하는 것은 물론 경험론 원칙의 한 부분일 따름이다. 이것과 연관되는 문제는 감각이 제공하는 것이 진실한가 하는 점이다. 묵자는 이 점을 긍정한다. 그는 감각 기관이 제공하는 지식은 모두 객관적.확정적 내용을 갖고 있다고 본다. 우리는 이것으로 묵자가 감각을 지나칠 정도로 믿고 있었음을 알 수 있다. 일반적으로 인류의 지식을 논하면서 사람들이 처음 마주치는 문제는 감각이 객관적 실재를 제공할 수 있는가 하는 것이다. 이 문제의 해결은 전체 인식의 토대와 관련된다. 묵자는 감각이 어떻게 참된 존재를 제공할 수 있는지 자세히 논증하지는 않았다. 그러나 그가 이런 문제에 긍정하는 답을 내놓은 것은 경시할 수 없는 이론적 의의가 있다.

묵자는 감각이 참된 존재를 제공할 수 있음을 전제로 하여 그 유명한 삼표설을 내놓는다. 삼표라는 것은 인식을 검증하는 세 가지 표준이다. 구체적으로는 다음과 같은 것들이다. 선왕의 역사적 행적, 사람들의 감각적 지각 그리고 나라를 다스리는 정치적 실천. 묵자는 어떤 관점이 바른지 또는 그른지를 판단하려면 반드시 그것을 이상의 세 가지 측면에 연결시켜 살펴보아야 한다고 보았다. 이런 주장에도 경험론의 원칙이 드러난다. 이른바 선왕의 역사적 행적은 이전 시대 사람들의 역사적 경험간접 경험으로 볼 수 있다. 감각적 지각은 직접 경험이다. 중국 철학사에서 묵자는 시비의 원칙을 진지하게 고찰한 철학자다. 그는 감각을 중시하는 관점을 삼표에 끌어들여 경험론을 더욱 확장시키고 있다.

주목할 점은 묵자가 특별히 나라를 다스리는 정치적 실천을 삼표의 하나로 들고 있고, 덧붙여 정치적 실천이 낳는 효과로 지식.학설을 검증하기를 요구한 것이다. 묵자는 실천에서 실효를 거두지 못하는 이론은 모두 부정해야 한다고 보았다. 이런 시각에서 묵자는 인간의 자각적 활동을 통해서 한 개인이 참된 지식을 갖고 있는지 판단하자고 주장했다. 예컨대 그는 이렇게 말한다.

"지금 장님이 말하기를 백색은 흰 것이고, 흑색은 검은 것이라 한다면, 비록 눈이 밝은 사람이라 하더라도 그것에 딴 말을 할 것이 없다. 흰 것과 검은 것을 섞어 놓고 장님에게 그 가운데 한 가지만 집게 한다면 알 수가 없을 것이다. 그러므로 내가 장님은 희고 검은 것을 모른다고 말한 것은 그 명칭을 두고 말한 것이 아니라 그 분별 능력을 두고 말한 것이다."

흰 것 또는 검은 것을 취하는 것은 주체가 외부 대상을 대하는 활동으로 나타난다. 삼표를 주체의 활동과 연관지은 것이 묵자의 경험론을 일반 감각론과 구별짓는다고 말할 수 있다.

결국 중국 철학사에서 묵자는 최초로 경험론 체계를 수립하였다. 어떤 의미에서 우리는 이 체계를 공자가 이성 원칙을 강화한 것에 대한 도전으로 볼 수도 있다. 물론 이 체계에는 어쩔 수 없이 이론적 결함이 나타난다. 그 결함은 무엇보다 묵자가 감각 경험을 절대적으로 의지해야 할 인식 형태로 본 것에서 나타난다. 감각은 물론 우리에게 객관적 실재를 전달해 준다. 그러나 이것은 초보적 수준의 반영 형식 가운데 하나다. 감각 자체도 올바른 감각_{정확한 감각}·환각·착각 등으로 구별된다. 올바른 감각만이 인식론적 의미에서 신뢰성을 가질 수 있다. 그래서 감각의 참과 거짓을 분명히 정하려면 결국 감각자의 숫자_{많은 사람}만 살필 수는 없다. 왜냐하면 착각이나 환각은 일정 조건에서는 많은 사람이 공유할 수 있기 때문이다. 만약 모든 견문이나 감각적 지식을 구별하지도 않고 믿을 수 있는 지식으로 본다면, 종종 잘못된 결론에 이를 수 있다. 묵자는 이런 폭이 좁은 경험론을 출발점으로 해서 귀신의 존재를 판정하고 있다.

    동시에 묵자는 경험을 인식을 검증하는 궁극의 표준으로 보고 있는데, 이것 역시 일면적 견해이다. 일반적으로 경험은 조건적·우연적이다. 거기에 포함되는 것은 정해진 범위 안에 있는 사실들이다. 인식의 성과, 특히 이론적 성격의 인식에는 언제나 보편·필연의 특징이 있다. 그래서 단순히 제한된 경험에 의지하면 일반적인 지식이 정확한지 그 여부를 결코 판별할 수 없다. 묵자는 경험을 지식 검증의 기준으로 보았다. 그렇지만 이 점은 미처 주의하지 못했던 것이 분명하다. 묵자 철학에 들어 있는 이러한 이론적 결함은 객관적으로는 이후의 철학자들 맹자를 포함한에게 '어떻게 경험론을 지양할 것인가' 라는 문제를 내놓고 있다.

세 번째 : 인간에 대한 인식이 먼저다, 『노자』

선진 시기 제자 가운데 중요한 영향력을 가진 또 하나의 학파가 도가다. 이 학파의 창시자는 노자다. 학계에서는 노자라는 인물과 『노자』라는 책의 성립 시기를 놓고 많은 논란이 있어 왔다. 여기서 이 점을 상세히 고증하지는 않겠다. 다만 다음과 같은 견해를 취하려 한다. 『노자』에는 춘추 시대의 인물인 노자의 사상이 들어 있다. 그러나 이 책이 만들어진 시기는 대략 전국 시대이다. 『노자』의 관점은 상당 부분 공자나 묵자를 비판하는 데서 출발하고 있다. 그러므로 이 책은 분명 공자와 묵자 이후 그리고 맹자 이전에 만들어졌을 것이다.

묵자는 경험을 중심으로 자신의 인식론을 전개하고 있다. 이에 반해 『노자』에는 다른 사유 경향이 나타난다. 그는 먼저 '위학'과 '위도'를 구분한다. 이른바 '위학'이란 것은 경험의 범위 내에서의 인식에 상응하는 것이다. 그것이 파악하는 것은 온갖 감성적 대상들이다. '위도'는 경험의 범위를 넘어서는 본체를 지향한다. 또한 개개의 구체적 대상이 아닌, 전체 세계의 통일성을 파악하고자 한다. 『노자』에서 애써 논의한 것은 주로 후자의 과정이다. 『노자』는 인식의 대상을 도라고 규정한다. 도는 어떤 감성적 실체가 아닌, 경험을 초월한 존재다. 『노자』에서는 도를 여러 가지로 묘사하고 있다.

도는 자세히 보아도 아무것도 볼 수 없고, 귀 기울여 보아도 아무 소리도 들을 수 없다. 손으로 만져 보아도 역시 아무것도 느낄 수 없다. 결국 그것은 소리도 없고 형체도 없다. 그래서 사람의 귀나 눈 등의 감지로는 파악할 수가 없다.

묵자가 감각을 신뢰한 것과 비교해 보면, 이상과 같은 『노자』의 사고 방식에는 분명히 묵자와 다른 점이 있다. 언뜻 보면, 감각을 대하는 『노자』의 견해에는 부정적 의미만 있는 것 같다. 그러나 실제로는 꼭 그렇지만도 않다. 인식의 초보적 형식인 감각의 기능은 결코 무한하지 않다. 거기에는 분명히 자체의 한계가 있다. 이런 한계를 완전히 무시하면 종종 이론적 오류를 낳게 된다. 묵자는 이런 점에서 하나의 전형이 된다. 『노자』에서는 형이상학적인 도와 인간의 잠성 활동을 완전히 분리한다. 그래서 다소 사변 철학의 경향이 나타난다. 그러나 『노자』에서는 인식 과정에서 감각이 갖는 한계에 주의한다. 여기서는 감각의 인식 기능을 전체적으로 이해한다. 따라서 경험론의 한계를 극복하는 데 분명한 의의를 갖고 있다.

감각으로 도에 도달할 수 없다면, 이성의 개념으로 도를 파악할 수 있을까? 『노자』의 견해는 역시 부정적이다. 『노자』에서는 도를 만물 통일의 근원이라고 여긴다. 도는 이성의 개념으로 파악할 수는 없다. "도는 언제나 이름이 없다"라는 말에는 이런 뜻이 들어 있다. 이 점에서 『노자』는 실제로 감각의 한계를 인정하고, 더 나아가 이성의 능력까지 회의한다.

공자는 인류의 이성을 확신한다. 이에 반해 『노자』에 나타나는 것은 또 다른 사유 방식임이 분명하다. 공자에게 이성은 천부적인 능력이다. 그것은 자신의 입장에서 남의 처지를 헤아리는 추론 형식으로 나타나고, 아울러 이성의 개념으로 전개된다. 이 개념은 대상을 규율하는 작용을 갖고 있기도 하다. 이와는 달리 『노자』는 이성의 개념에 대해 따져 묻는 태도를 취한다. 감성의 한계를 확인하는 것과 마찬가지로 이성의 한계를 긍정하는 것은 인식 이론에서 중요한 의의를 가진다.

일반적으로 이성적 사유는 두 가지 기본 형식으로 구분할 수 있다. 하나는 지성 사유의 형식이고, 다른 하나는 변증법적 의미의 이성 사유다. 전자가 파악하는 것은 주로 객관 대상의 어떤 한 측면, 어떤 한 단계의 상태다. 이런 사유와 관련된 것이 바로 일상에서 쓰는 언어와 개념이다.

『노자』에서는 이성 개념 자체에 한계가 있음을 지적한다. 이 경우 우선 일상적 의미의 사유 형식의 한계를 언급한다. 그것은 일정한 범위 안에서는 올바른 인식의 모습을 잃지 않는다. 그러나 종종 변증법적 의미에서의 구체적 진리에 이르기는 어렵다. 『노자』에서는 그 한계를 지적한다. 이런 지적은 사람들이 지성의 한계를 넘어 변증법적 이성에 이르도록 하는 데 분명히 도움을 줄 것이다. 물론 『노자』에서는 지성과 이성의 구분을 의식적으로 이해하지는 않고 있다. 『노자』에서는 형이상학적인 도와 이성 개념을 대립시키면서 이성개념의 일면을 다소 추상적으로 부정하고 있다.

감각 및 이성의 능력을 회의하는 데서 출발한 『노자』는 더 나아가 "그 구멍을 막는다"라는 주장을 한다. 이른바 '구멍'이란 귀나 눈 같은 감각 기관이다. 그것을 막는다는 것은 감각의 문을 잠근다는 것이다. 왜 감각의 문을 잠가야 하는가? 『노자』에서는 감각의 통로를 봉쇄해야만 주체가 '허정' 상태에 이를 수 있다고 본다.

『노자』는 보고 듣는 것과 같은 감지의 현상에는 언제나 복잡한 특성이 있다고 본다. 이런 복잡한 특성을 가진 대상 앞에서 사람들은 자주 미혹에 빠진다. 혼란한 현상을 제거하고 나서 우리는 지극한 허정의 경지에 들어갈 수 있다. 물론 허정 자체가 목적은 아니다. 허정의 참된 목적은 '현람'에 이르는 데 있다. '현람'이란 감성 및 이성과 상대되는 직각이다. 『노자』에서는 현람직각을 통해 감성이나 이성으로 이해할 수 없는 도를 이해할 수 있다고 본다.

선진 시기의 인식론의 변화 속에서 공자는 이성의 원칙을 주장하였다. 그는 모든 사람에게 이성적 추론 능력이 있으며, 이런 추론을 통해 보편적·필연적 지식을 얻을 수 있다고 보았다. 그리하여 공자는 유가의 이성주의 전통의 토대를 마련하게 된다.

한편 묵자는 감성의 원칙을 강조하고, 감각이야말로 우리에게 참된 존재를 제공해 주며 우리가 보고 듣는 것은 모두 신뢰할 수 있다고 인정한다.

이런 주장들과는 달리 『노자』에서 중시하고 있는 것은 직각이다. 『노자』가 직각을 고찰한 점은 이론적으로 분명히 주목할 만하다. 직각은 대상을 파악하는 방식의 하나로서 인식 과정에서 무시할 수 없는 고리가 된다. 대상의 본질을 통찰하고 대상 전체를 파악하는 일은 직각을 통해서만 실현할 수 있는 것이다. 이 점에서 『노자』가 '허정'을 통해 '현람직각'에 이를 것을 주장한 것은 이론적 가치가 없지 않다.

그런데 『노자』에서는 '구멍을 막는 것감각 기관의 문을 봉쇄하는 것'을 직각현람에 이르는 조건으로 보고 있다. 이런 생각은 또한 직각과 논리적 사유의 관계를 무시하는 것이기도 하다. 곧 『노자』에서는 직각을 감성적 인식이나 이성적 사유와는 완전히 단절된 과정으로 이해하는 것 같다. 이런 견해는 감성 및 이성의 한계를 강조하는 경향이 일면적으로 확대된 것으로 볼 수 있다. 사실 직각은 일반적인 논리적 사유와는 차이가 있다. 그러나 전체적으로 볼 때 직각은 감성과 지각 그리고 이성적 사유를 벗어날 수 없다. 직각이 생겨나려면 감성의 소재가 축적되고 이성적 사고가 갖추어져 있어야 하기 때문이다. 게다가 직각 과정 자체도 결코 논리적 추론과 분리될 수 없다.

직각과 다른 사유 형식의 연결이 끊어지면 종종 신비주의에 이르기도 한다. 우리는 『노자』 전체에서 신비주의 경향을 볼 수 있다. 도를 파악하는 과정은 항상 오묘하고 손댈 수 없는 것으로 묘사된다. "옛날 도를 잘하던 사람은 미묘하면서도 현묘하게 통하여 깊이를 알 수 없었다."라는 언급이 이 점을 잘 보여 준다.

묵자가 경험론으로 유가의 이성주의에 도전했다면, 『노자』는 직각을 중시하면서 신비주의로 나아간다. 이것은 유가의 이성주의에 또 다른 큰 충격을 주었다. 이성의 위기에 맞서 어떻게 이성주의를 재건할 것인가? 이것은 유가에게 피할 수 없는 문제가 된다. 맹자는 이 문제에 의식적으로 맞선 유가의 후예였다.

이성주의로 인간경영을 실천한 맹자

공자에서 『노자』에 이르는 사상의 변천 과정은 맹자가 명분과 실제 등의 관계를 해결하는 역사적 전제가 되었다. 인식론에서도 맹자는 공자가 창시한 유학의 전통을 계승하고 있다.

그러나 공자의 사상에는 미처 분화되지 않은 특성들이 있다. 공자는 이성 원칙을 강조하면서도 다른 관념도 함께 받아들이고 있다. 가령 배움과 생각의 통일을 강조하면서 풍부한 견문을 강조한 것에서 우리는 공자가 감성 경험에 상당히 너그러웠음을 알 수 있다. 공자 이후 이성 원칙은 묵가나 도가 등의 학파들에게 거듭 도전을 받는다. 그리하여 유가의 이성주의 전통을 지키고 다시 세우는 일이 시급하게 되었다. 이런 역사적 배경 하에서 맹자는 이성 원칙을 더욱 높은 자리에 올려놓는다. 이런 노력은 이론에서는 큰 편향성을 나타내기도 하지만, 동시에 인식론의 심화를 뜻하기도 한다.

맹자는 먼저 인간의 인식 능력을 구체적으로 살펴보았다. 그는 인간이 가진 인식 기능을 두 가지로 구분했는데, 하나는 귀와 눈 등의 감각 기관을 매개로 하는 것이며, 다른 하나는 '마음이라는 기관'을 바탕으로 하는 것이다. 전자는 감성적 인식에 해당하고, 후자는 이성적 사유에 해당한다.

맹자는 귀나 눈 등의 감각 기관에는 사유 능력이 없어서 자주 외부의 힘에 의해 막힌다고 보았다. 그래서 사람들이 혼란한 상태에 빠져들게 된다는 것이다. 이와는 달리 마음이라는 기관에는 사유 능력이 있다. "이성적 사유를 떠나면 사물을 분별할 수 없다."

여기서 맹자는 이성적 사유를 주목할 만한 위치에 올려놓는다. 이성적 사유는 감각 기관과 '마음이라는 기관'의 우열을 가리는 기준이 된다. 귀나 눈 등의 감각 기관이 '마음이라는 기관'보다 못한 이유는 사유 기능이 없다는 점에 있다. 한편 이성적 사유는 정확한 인식을 얻는 데 필요한 유일한 조건으로 규정된다. 이른바 "생각하면 사리를 알게 되고, 생각하지 않으면 사리를 알지 못한다"라는 말은 이 점을 분명히 보여 준다. 그리하여 이성은 인식 과정 전체에서 결정적 요인이 되고, 감성적 지식은 기본적으로 정확한 인식 과정 밖으로 밀려나는 것으로 보인다. 공자가 감성을 받아들인 데 반해 맹자의 이성주의 원칙은 더욱 '순수해진' 것처럼 보인다.

맹자가 주장한 이성적 사유는 인식의 선천적 조건으로, 당연히 독단적 성격을 갖는다. 그러나 그는 눈 귀 등의 감각 기관이 대상과 접촉하는 과정에서 이성적 사유에서 완전히 벗어날 수 없음을 인정한다. 이런 견해에는 눈여겨볼 만한 부분이 없지 않다 전체 인식 과정에서 이성적 사유는 감성 활동을 바탕에 두고 있다. 곧 감성이 없으면 이성적 사유도 뿌리 없는 나무가 된다. 그러나 인식의 단계에서는 이성 활동이 감성보다 앞서 존재할 수 있다. 또한 감성 활동이 일어나는 데 필수 조건이 되기도 한다. 다시 말하면, 인식 과정에서 특정 고리가 되는 이성적 사유는, 한편으로는 그보다 앞서는 감성 활동을 전제로 하고, 다른 한편으로는 그보다 뒤에 나타나는 감성 활동의 조건이 되기도 한다.

철학사에 나타나는 일부 직관적 반영론에서는 선험론을 부정한다. 동시에 이성적 사유가 감성 활동에 주는 제약을 종종 경시한다. 이 경우 그 인식론은 형이상학적 성격을 탈피하지 못한다. 예를 들면, 선진 시기에 나온 『관자』는 이성적 사유가 감성 활동의 지배자임을 인정하지만 동시에 이 과정을 '무위의 도'라고 규정한다. 이것은 감성적 인식을, 이성의 활동과 작용을 벗어나는 자발적 과정으로 보는 것이다. 이와는 달리 맹자는 귀나 눈 등의 감각 기관에는 이성적 사유의 제약이 없기 때문에 사람들이 미혹된 길로 들어설 수 있음을 강조한다. 이런 주장에는 분명히 어떤 합리적 요소가 있다. 우리는 맹자의 주장이 한편으로는 공자가 토대를 마련한 이성의 원칙을 확장하고, 다른 한편으로는 『관자』에서 주장한 직관론의 결함을 극복하였다고 말할 수 있을 것이다.

그런데 맹자는 이성이 감성을 제약하는 것을 인정하면서도 문제의 다른 측면, 즉 이성 자체가 감성에 의지하고 있다는 점은 무시하고 있다. 그는 '마음이라는 기관'의 기능은 사유에 있다고 보았다. 그에 따르면, 이성적 사유는 감각 기관이 제공하는 재료가 필요하지 않으며 그것은 자체의 활동만으로 지식을 얻을 수 있다. 그러나 일반적으로는 감성적 활동과 이성적 사유 사이에 서로 제약하는 관계가 있다고 본다. 곧 감성 활동은 이성의 규율을 받고, 이성적 사유도 감성 활동의 제한을 받는 것이다. 『관자』에서는 이미 후자 쪽에 주목하고 있다. 곧 이성적 사유의 주도 작용을 인정하면서도 사유 활동과 '감각의 문을 여는 것 감각 기관의 문을 열어 감성적 지식을 획득하는 것'을 연결함으로써 가공의 이성에 대한 견해에서 벗어난다.

맹자는 이성의 사유 활동이 감성에서 분리될 수 있다고 본다. 이것은 이성적 사유를 하나의 폐쇄된 과정으로 보는 것이다. 이런 시각에서 감성과 이성의 상호 제약은 이성이 감성을 제한하는 쪽으로 변질된다. 그 결과가 이성적 사유의 선험화다. 맹자와는 달리 『관자』에서는 '마음이라는 기관'의 사유 활동을 '감각의 문을 여는' 감성의 활동 과정과 연결시켜 이야기한다. 맹자는 이런 면에서 분명 후퇴하고 있다.

맹자는 이성적 사유는 감성에 앞서고 감성을 제약하며, 또한 시비 판정의 기능도 갖고 있다고 보았다. 곧 '시비를 기리는 마음은 사람이라면 누구나 갖고 있다.' 여기서 말하는 시비는 가치론적 의미의 선과 악을 가리킨다. 아울러 인식론적 의미의 참과 거짓을 가리키기도 한다. '마음'은 이성적 사유를 대표한다. 마음이 시비를 분별할 수 있다는 것은 마음에 선과 악, 참과 거짓을 판단할 능력이 있음을 뜻한다. 그렇다면 마음은 궁극적으로 무엇을 옳고 그름의 판단 기준으로 삼는가? 맹자는 이런 기준을 누구나 보편적으로 동의하는 이와 의라고 보았다. 이 두 가지는 모두 주체가 선천적으로 갖고 있는 것이다. 곧 본질적으로 선험적 이성인 것이다. 이처럼 지식이 형성에서 지식의 검증그것의 옳고 그름을 판단하는 것에 이르기까지, 항상 이성의 지배 작용이 관철된다.

맹자 이전에 묵자는 인식이 감각에서 나온다는 것을 강조하였다. 또한 감각을 인식 검증의 최종 기준으로 보았다. 그리하여 인식의 출발점과 종점에서 언제나 경험론의 원칙을 고수한다. 묵자의 주장과는 달리 맹자는 이성을 인식의 출발점이자 종착점으로 본다. 그래서 이성주의의 원칙을 분명히 강조한다. 유가의 이성주의는 맹자의 주장을 통해 더욱 완전한 모습을 갖추게 된다.

이성은 인식 과정의 결정자로서 동시에 인간의 본질적 규정을 구성하고 있다. 맹자는 사람과 짐승을 근본적으로 구별하는 것은 사람에게 이성이 있는 점이라고 본다. 가령 한 개인이 이성을 잃어버리는 것은 자신을 동물로 낮추는 것을 의미한다. 이성이야말로 사람이 사람이 되는 까닭을 내적으로 규정한다고 보는 것은 분명 어떤 면에서 인간의 본질적 특징을 반영하고 있다. 주지하듯이 인간과 동물의 근본적인 구별은 인간이 도구를 만들어 노동한다는 점에 있다. 그러나 도구를 창조하고 사용하는 과정은 사람의 자각적인 의식과 떨어질 수 없다. 이 점에서 이성은 인간의 본질적 역량을 분명히 보여 준다. 물론 이성은 하나의 정신적인 힘이다. 그리고 그 자체는 실천 과정에서 형성된다. 맹자는 인간과 짐승의 구별을 분석하면서 이 점을 가볍게 본 것 같다. 따라서 맹자가 이성이 사람의 본질을 규정한다고 본 것은 몹시 추상적이다. 그러나 사람이 사람이 되는 이유의 본질적 규정을 이성으로 간주한 점에서는 이성 원칙을 더욱 체계화했다.

이성의 원칙이 사람의 행위에서 실현되면 자각적 품격으로 나타난다. 맹자는 사람의 행위주로 도덕 행위를 두 가지 경지로 나눌 수 있다고 보았다. 첫째, 타고난 도덕적 요구를 자발적으로 지키는 것이다. 이때 주체의 행위는 형식면에서도 도덕 규범에 부합한다. 그러나 이러한 준수는 도덕 규범을 자각적으로 인식한 데서 이루어지는 것이 아니다. "평생 그것을 좇으면서도 그 길을 모른다"라는 말은 이런 현상을 가리킨다. 둘째, 스스로 깨달아 '인의에 따라 행동하는 것'이다. 곧 도덕 규범을 전제로 하여 자각적으로 행위를 도덕 원칙에 맞추는 것이다. 이 가운데 후자가 더 높은 경지이다. 맹자가 추구한 것도 후자의 경지였다. 맹자는 옛 성인들예를 들면 순임금 같은의 특징은 인의에 따라 자각적으로 행동한 점에 있다고 본다.

　　어떻게 인간의 행동을 자발적 상태에서 자각적 상태로 끌어올릴 것인가? 맹자는 그 관건이 '먼저 자신의 큰 것을 확립시키는' 데 있다고 보았다. 이른바 '큰 것'이란 바로 선천적 이성이기도 하다. 하늘이 내려준 이치를 진정으로 이해한다면, 자각적으로 행위 속에 관철시킬 수 있다. 그리하여 행위는 자발성과 맹목성을 떨쳐 버리게 된다. 의리를 파악하는 과정은 '자신의 잃어버린 마음을 찾는' 과정이기도 하다. 자신의 잃어버린 마음을 찾는다는 것은 내부를 향한 반성이다. 이 점에서 이성의 원칙과 천부라는 관념 및 자각의 원칙이 실제로는 이미 한 몸으로 융합하고 있다.

위와 같은 맹자의 논리에는 선험론의 흔적이 나타난다. 그러나 그가 자각 원칙과 이성 원칙의 통일을 긍정한 것은 일리가 있다. 이론상 주체의 행위가 자발적인 것에서 자각적인 것으로 바뀔 때는 항상 이성의 승화가 조건이 된다. 행위의 자각적 성질 자체도 이성의 힘이 나타난 것으로 볼 수 있다. 한편, 이성 원칙과 행위의 자각적 품격을 연계시키면 분명 이성주의는 내용이 확대·심화될 것이다. 결국 이성 원칙이 단순한 인식론의 영역을 넘어 보다 폭넓은 의미를 얻고 있다고 할 수 있다.

이러한 맹자의 사고는 이후 중국 철학, 특히 유가 철학에 매우 중요한 영향을 미쳤다. 중국의 철학자특히 유가들은 이성 문제를 논하면서 언제나 단순한 인지에 머물지 않고 주체의 행동을 지향하였는데 이런 전통은 맹자까지 거슬러 올라갈 수 있다.

물론 이성과 인의를 실천하는 도덕 행위가 하나로 융합되면 동시에 지식의 윤리화 경향이 나타난다. 맹자가 지식을 해석하는 데서 이 점을 분명하게 볼 수 있다. 맹자는 지식이란 인의 규범을 인식하고 유지하는 것에서 벗어나지 않는다고 본다. 이러한 이해와 관련하여, 맹자는 감성과 이성의 구별을 소인과 대인에 대응시킨다. 대체를 좇는 것이 대인이며, 소체를 좇는 것이 소인이다. 여기서 대체는 '마음이라는 기관'이다. 그것은 이성을 대표한다. 소체는 '귀나 눈 같은 기관'이다. 그것은 감성과 연결된다. 소체와 대체에 대응하는 소인과 대인은 도덕적 의미의 인격이다. 이런 맹자의 결론은 어떤 면에서 이성에 대한 존중을 나타낸다. 이성을 좇아야 '대인'의 경지에 도달한다고 보는 것은 이 점을 잘 보여 준다.

맹자가 열심히 발양한 기본 경향은 유가의 이성주의 원칙이다. 맹자 이전에 공자는 이미 이성주의의 토대를 마련해 놓았다. 그런데 묵자와 『노자』가 이성주의 원칙에 도전하고 그것을 비판하면서 이성의 위기를 만들어 낸다. 맹자가 이성주의를 변호하고 발양시킨 데는 이런 역사적 배경이 있다. 맹자의 노력은 어떤 의미에서는 이성 원칙을 재건한 것으로 볼 수 있다. 공자의 관용과 비교할 때 맹자가 이성을 강조한 것은 어느 정도 일면적이라고 할 수 있다. 그러나 이성주의의 재건이 갖는 역사적 의미를 경시할 수는 없을 것이다.

孟子 人間經營

제 5 장

경영의 관점에서 바라본 개인과 집단의 관계

개인과 집단의 우선 순위 문제는 많은 사상가들에 따라 나뉘어져왔다. 이를 경영적 관점에서 보면, 우수한 개인이 모여 발전하는 집단과 우수한 집단에서 발전하는 개인의 대립이다. 맹자는 자기 수양을 우선으로 생각했다.

맹자의 시대 이성 문제를 보는 의견들이 대립했을 뿐만 아니라 집단과 개인의 문제에서도 의견이 나뉘어 있었다. 후자의 경우, 묵자와 양주는 각각 하나의 극단을 대표한다.

종교 및 정치적 성향이 짙은 묵자

묵자가 살았던 시기는 공자보다는 나중이고 맹자보다는 앞이다. 그는 공자 이후 선진 시기에 영향력이 큰 사상가였다. 묵자가 창시한 묵가 학파는 공자가 창시한 유가 학파와 마찬가지로 선진 시기의 현학이었다. 그러나 두 학파의 성향이나 학문의 목표에는 뚜렷한 차이가 있다.

묵가 학파는 학술 집단이면서 동시에 종교 정치 결사의 성격을 띠고 있다. 묵가 집단에 참여한 사람들은 몸에는 거친 옷을 걸치고 발에는 짚신을 신은 채 종일 쉬지 않고 일했지만 배불리 먹지는 못했다. 게다가 사회적 지위도 비교적 낮은 하층민의 일부를 이루고 있었다. 묵자 집단의 우두머리를 '거자' 라고 부르는데, 그는 종교 집단의 교주에 가깝다 거자는 전대의 거자가 정하는데, 묵자는 초대 거자였다.

빈틈없는 조직을 갖춘 종교에 버금가는 성격을 지닌 학파였던 묵가는 단체 정신을 중시하고 자기 희생을 강조하였다. 묵가의 구성원이라면 누구나 집단의 이익을 위해 끓는 물이나 타는 불 속에 뛰어들 수도 있고, 죽음 앞에서도 물러서지 않았다. 이런 단체 정신이 이론으로 확대되고 향상되어 '두루 사랑하고, 서로 이로움을 나눈다' 라는 원칙으로 구체화된다.

'겸상애교상리' 는 묵가의 학설 체계 전체의 핵심을 이룬다. 묵가에서 겸애는 집단 내부를 넘어서서 사회 구성원 전체에게 적용되는 보편 원칙이다. 겸애는 각 개인에게 다른 사회 구성원의 이익을 함께 고려하고 필요하면 집단을 위해 자신을 희생할 것을 요구하기도 한다. 묵가의 구성원들은 항상 이 원칙을 몸으로 실행하였다. 예를 들면, 묵자 이후 묵가집단의 거자였던 맹승이 초나라의 성을 지키는 과정에서 그의 제자 180여 명이 그를 따라 스스로 목숨을 끊은 데서 이런 면이 잘 드러난다.

묵가는, 각 개인이 누구나 다른 사람과 집단을 중시한다면, 국가간에는 전쟁을 피할 수 있고 정치에서는 권력 찬탈 같은 현상이 생겨날 수 없으며, 또한 군신·부자·형제 간이 모두 화목해질 수 있다고 본다. 이와 같이 묵가에서는 겸애와 교리를 중시하면서 집단 원칙을 강조한다는 점을 우리는 어렵지 않게 알 수 있다.

그런데 묵가에서는 겸애라는 집단 원칙에서 더 나아가 '윗사람의 생각을 따를 것'을 요구한다. 그들은 "위로는 서로 화합하고 아래로는 붕당을 일삼지 말아야한다"라고 주장했다. 묵자는 최고 통치자를 집단 전체의 이익을 집중적으로 대표하는 사람으로 본다. 최고 통치자와 일체가 되어야 사회가 안정된다. 그는 사회·역사적 변화와 비교해 가며 이 점을 논한다. 상고 시대에는 전체의 이익을 대표할 통치자가 없었다. 그래서 세상은 혼란 상태에 빠져 있었다. 이것은 마치 짐승들이 무질서하게 흩어져 있는 모습과 같다. 나중에 이것을 알고 전체의 이익을 대표하는 통치자를 세우자 사정이 나아졌다. 전체의 이익을 보장하기 위해서는 "윗사람이 옳다고 여기는 것은 반드시 모두가 그것을 옳다고 여겨야 하며, 윗사람이 그르다고 여기는 것은 반드시 모두가 그것을 그르다고 여겨야 한다." 또한 "천하의 백성들은 모두 천자를 높이며 따라야" 한다. 이 말은 개인은 무조건 전체의 통일된 의지에 따라야 한다는 것이다. 이런 형편에서 개인자아의 자유 의지는 많든 적든 전체의 요구에 묻혀버린다. 통일된 의지와 전체의 이익 앞에 개인은 종속적 의지만 가진 존재로 보인다. 이처럼 개인을 전체의 부속물로 보는 관점에는 이미 전체주의적 편향이 깃들여 있다.

묵자와 대립한 다른 한 극단이 양주다. 전하는 말로는 양주가 노자에게 배웠다고 하는데, 이 말은 믿기 어렵다. 하지만 양주의 사상이 도가에서 나왔다는 것이 전혀 근거 없는 말은 아닌 것 같다. 묵가가 집단 원칙을 강조한다면, 도가는 개인의 가치를 중시한다. 도가의 입장에서 볼 때 사회의 온갖 규범.제도는 모두 개인을 구속하고 자아의 본성을 억누르는 것들이다. 그래서 도가는 이것을 거듭 비판한다. 가령 노자는 예의 등의 규범 제도 때문에 결국 육친이 불화하고 천하가 혼란해진다고 본다. 그에 따르면 천하를 태평하게 만들려면 개인을 얽매는 보편 규범들을 없애 버려야 한다. 노자가 지향한 소국과민의 이상 사회는 어떤 의미에서는 각 개인에게 충분한 자유를 주는 사회일 것이다. "개나 닭이 우는 소리가 들리지만 늙어 죽도록 왕래하지 않는다"라는 말은 사람과 사람이 서로 간섭하지 않고 제각기 살아가는 모습을 그리고 있다.

노자에게는 풍부한 변증법 사상이 있다. 이 사상은 상당 부분 생존의 변증법으로 전개되고 있다. 예를 들어 그는 이렇게 설명한다.

"사람은 살아 있을 때는 부드럽고 약하지만 죽으면 금세 뻣뻣하고 단단해진다. 초목도 살아 있을 때는 부드럽고 연하지만 죽으면 금방 말라비틀어진다. 그러므로 뻣뻣하고 단단한 것은 죽은 무리에 속하고, 부드럽고 약한 것은 산 무리에 속한다. 따라서 군대가 강하면 적을 이길 수 없고 나무도 강하면 꺾이게 되니, 강하고 큰 것은 밑에 있게 되고, 부드럽고 착한 것은 위에 있게 된다."

여기서 노자의 변증법 사상은 개인의 생명의 가치를 지키는 것을 중심으로 전개된다. 그리고 바로 이 전제를 바탕에 두고 노자는 "내 자신을 천하처럼 귀중히 여길 것"을 강조한다. 노자 이후 장자는 노자가 개인의 생명 가치를 중시한 데서 자아의 정신적 초탈을 추구하는 쪽으로 나아간다. '소요유'라는 것이 바로 이런 경지다. 이 경지에서는 '사람이 하늘을 멸할 수는 없다'라고 본다. 곧 인위라는 보편 규범으로 사람의 천성을 없애서는 안 되며, 자아의 천성을 자유롭게 펼칠 수 있어야 한다는 것이다.

장자가 자아의 정신적 소요를 높이 샀다면, 양주는 노자의 개인 원칙을 계승하고 강조한다. 아울러 이 원칙을 이기와 연결짓는다. 양주는 개인의 가치를 중시하는 원칙에서 출발하여 자아의 이익을 각별한 지위에 올려놓는다. 또한 집단에 유리한 모든 일은 하기를 거절한다. 그는 자신의 몸에서 털 하나를 뽑는 일조차 원하지 않았다. 왜냐하면 이것이 남에게 이로울 수는 있어도 자신에게는 해롭기 때문이다. 이른바 '털 하나를 뽑아 천하를 이롭게 할 수 있지 않는다'라는 것이다. 장자는 인의 등과 같은 보편적 사회규범을 뛰어넘어 개인의 소요에 이르고자 노력했다. 양주는 '이기'의 원칙을 더욱 강조하면서 묵자의 '이타' 원칙을 부정한다. 그리하여 전체주의와 대립되는 또 하나:으로 향한다.

묵자와 양주의 이와 같은 관점에 대하여 맹자는 분명히 부정하는 태도를 취한다. 당시 양주·묵자의 영향력은 이미 상당했다. 사람들은 묵자의 학설을 믿거나 양주의 원칙을 받아들였다. "양주와 묵적의 언론이 세상에 가득 차서 천하의 언론은 양주에게 돌아가지 않으면 묵적에게 돌아간다."라는 맹자의 말이 이 시대의 특징을 잘 보여 준다. 맹자는 이 점을 몹시 우려하였다. 그는 양주가 '나를 위하라'라고 주장하는 것을 보고, 그렇게 되면 '임금도 부정한다'라고 생각하였다. 여기서 군주는 통일된 전체를 상징한다. '임금도 주정한다'는 것은 집단 전제에 대한 자아의 사회적 책임을 완전히 부정하는 것이기도 하다. 그것은 자아 중심주의 논리를 낳는다. 이에 맞서 맹자가 양주를 비판한 것은 개인 원칙을 일방적으로 강조하는 것을 거부한다는 뜻이다.

양주를 피하는 것은 묵자를 피하는 것이기도 하다. 그러나 묵가에 대한 비판은 상황이 다소 복잡하다. 맹자는 묵자가 겸애를 주장하는 것은 아버지를 부정하는 것을 의미한다고 보았다. 왜냐하면 겸애에서 출발하면 결국 자기 아버지를 일반 사회 구성원들과 나란히 바라보게 되기 때문이다. 이러한 맹자의 비판은 한편으로는 친 자부모와 자녀간의 혈연 관계를 중시하는 생각을 보여 준다. 동시에 그 속에는 주체와 집단을 단순히 동일한 것으로 간주하는 것에 반대하는 뜻이 들어 있다.

겸애는 본래 외부사회에 대한 가치 경향을 뜻한다. 겸애는 개인의 내면 세계와 특정한 관계의 그물친자 관계 같은을 초월할 것을 요구한다. 이 요구와 상동의 주장이 결합하면 개인 자신 및 그의 특정 관계 영역을 동일시하는 것을 약화시키기 쉽다. 이런 뜻에서 '아버지를 부정하는 것'의 배후에는 '나를 부정하는 것'이 있다. 맹자가 '아버지 부정하는 것'을 비판한 것은 이에 맞서 개인나의 가치를 경시하는 전체주의를 부정하는 것을 의미한다.

자기를 완성하는 자가 천하를 완성한다

양주와 묵자는 집단과 자아의 관계에서 이론상 어느 한 쪽을 극단적 형태로 강조한다. 따라서 집단과 자아의 관계를 새롭게 설정하는 일이 피할 수 없는 문제가 된다. 맹자는 양주·묵적에 대한 비판을 토대로 집단과 자아 각각의 가치를 진지하게 사고한다. 맹자는 개인은 누구나 자아의 가치를 갖고 있으며, 또한 '자기 몸보다 고귀한 것'을 갖고 있다고 본다. 다만 이런 가치는 종종 사람들에게 주목을 받지 못할 뿐이다. 고유한 가치를 지닌 존재인 주체는 지존 의식을 가져야 한다. 자신과 타인의 관계에서 자신을 존중할 줄 모른다면 남들에게 존중받기란 어렵기 마련이다. 실제로 일상 교제에서 누군가가 남들에게 무시를 당했다면 그것은 자기 행위를 살피지 않았기 때문일 경우가 많다. 이른바 '사람은 반드시 스스로 모욕한 후에야 남이 그를 모욕하기 마련이다.' 라는 것이다. 이 말에는 다음과 같은 생각이 들어 있다. 곧 주체의 가치는 이미 정해진 타고난 것이 결코 아니다. 그것은 우선 주체의 자아 완성 과정에서 만들어지고 전개된다. 왜냐하면 자존을 지킨다는 것은 본질적으로 도덕 의식의 승화이기 때문이다.

맹자에 앞서 공자는 일찍이 '위기' 설을 주장하였다. '위기' 라는 것은 결코 개인 자신의 이익을 추구하는 일을 가리키지 않는다. 그것은 도덕적 자아의 완성을 목표로 삼을 것을 강조한다. 후자는 주체마다 자신의 잠재 가치가 있고 도덕의 함양은 이 가치의 실현을 목표로 한다는 것을 전제로 하고 있다. 공자는 도덕의 목표에서 자아의 가치를 확인한다. 그런데 상대적으로 맹자는 자아의 가치와 주체 자신의 작용을 연결짓는 데 더 주목하고 있는 것 같다.

자신을 존중하는 것과 자아를 완성하는 것이 일체가 된다는 것은, 주체가 도덕 수양과정에서 의지하는 것이 없어야 함을 뜻한다. 맹자는 예를 들어 이렇게 설명한다.

"주나라 문왕이 세상에 나온 후에 분발한 것은 평범한 백성들이다. 그러나 호걸지사는 문왕이 없더라도 스스로 분발한다."

여기서 문왕은 유가가 성인으로 설정하고 있는 인물이다. 그리고 '분발한다'는 것은 도덕적인 자기 정립을 말한다. 맹자는 자아의 도덕 정립은 주체 자신의 노력에 따라야 하는 것이지, 성인문왕 같은 외부의 힘에 의지해서는 안 된다고 보는 것이다. 바꾸어 말하면, 성인이라는 외부의 영향과 주체 자신의 노력 가운데 맹자는 후자에 더욱 주목하는 것이다. 공자는 일찍이 '인의 실천은 자신에서 비롯한다.'라는 관점을 보여 주었다. '자신에서 비롯한다.'는 것 역시 도덕 행위를 주체의 자주적 활동으로 보고 있는 것이다. 위와 같은 맹자의 견해는 이 말에 기원을 두고 있음이 분명하다.

의지하는 것이 없어야 한다는 생각을 좀 더 넓혀 보면, 외부의 권세·지위에 굴복하지 않는 것으로 나타난다. 맹자는 사회적 등급과 도덕의 관계는 동등하지 않다고 이해하였다. 사회적 등급에는 사람들 사이에 위와 아래, 높고 낮음 등의 구분이 있다. 그러나 도덕에서 개인은 누구나 자아 완성에 도달할 수 있으며 모두 자신의 가치를 가질 수 있다. 바꾸어 말하면, 덕성과 사회적 등급 사이에는 결코 대응관계가 존재하지 않는다. 임금과 신하의 관계를 예로 들어 보자. 군주는 신하보다 분명히 정치적 지위가 더 높다. 그러나 군주의 덕성이 반드시 신하보다 높은 것은 아니다. 그러므로 참으로 자아의 안성에 도달한 사람이라면, 그는 군주 앞에서 함부로 자신을 낮출 필요가 전혀 없다. 맹자는 다음과 같은 예를 들어 이 점을 설명한다.

"노나라 목공이 자주 자사를 찾아가 묻곤 했다. '옛날 제후국의 군주가 사를 벗으로 사귀는 것이 어떠했습니까?' 자사는 이 말을 불쾌하게 여기며 이렇게 대답하였다. '옛사람의 말에 '섬긴다'는 말이 있습니다. 어찌 '벗으로 사귄다'고 말씀하십니까?'"

맹자는 여기서 자사의 말에 담긴 언외의 뜻을 이렇게 설명한다.

"자사가 불쾌하게 여긴 것은 틀림없이 이런 생각 때문일 것이다. '지위로 말하자면 당신은 군주요 나는 신하인데, 어찌 감히 임금과 벗이 되겠소? 덕으로 말하면 당신은 나를 섬기는 사람인데, 어찌 나하고 벗이 될 수 있겠소?'"

맹자는 자사가 이러했고 옛날의 성인들도 이러했을 것으로 본다. 그들은 이상의 추구를 즐거움으로 여겼지, 남이 가진 권세와 부귀에는 전혀 마음이 없었다. 왕족이나 귀족들조차 예의를 다하지 않으면 만나는 것을 거절당할 수 있었다. 군주가 성인을 만나고 싶어도 마음대로 만날 수 없었거늘, 하물며 그들을 멋대로 지배하는 것이 어떻게 가능하겠는가!

여기서 우리는 맹자가 지위와 도덕, 권세와 이상을 구분하면서 인격의 독립성을 긍정하고 있음을 알 수 있다. 내면의 가치를 지닌 주체인 자아는 인격에서 독립적이다. 외부의 권세와 지위도 결코 주체의 인격을 낮출 수는 없다. 이런 견해는 '의지하지 않고 스스로 분발한다'라는 논리가 확대된 것이며 공자가 확인한 개인성의 원칙이 더욱 확대된 것이기도 하다.

공자가 내세운 "자신을 위한다.", "자신에서 비롯한다"라는 주장들은 도덕 함양의 목표 및 방식에서 자아의 내부 가치를 긍정하고, 아울러 여기에 맞게 개인의 원칙에 역사적 단초를 제공하였다. 이렇게 본다면 위와 같은 맹자의 논점은 주체의 인격이 외부의 세력이나 지위에서 독립해야 한다는 관점에서 한 걸음 더 나아가 개성의 원칙을 심화시키고 보다 구체적인 내용을 갖도록 하고 있다.

맹자 이후 자아의 존중과 인격의 독립이라는 관념은 유가의 가치 체계에서 중요한 내용이 된다. 또한 이런 생각이 중국인, 특히 중국 지식인에게 준 영향은 낮게 평가할 수 없다. "선비는 죽일 수는 있어도 모욕할 수는 없다"라는 말은 어떤 면에서 이런 전통을 보여 준다. 선진 시기 이후 무리_{집단}와 개인_{자아}의 관계론의 변천을 살펴보면, 맹자가 자아의 내면의 가치를 강조하고_{사람마다 자기 몸보다 귀한 것이 있다} 주체의 인격적 독립성을 인정한 것은, 동시에 묵가가 일면적으로 '상동'을 강조한 것을 논리적으로 지양하고 있기도 하다. 묵자가 추구한 것이 개인 의지를 전체 의지에 복종시키는 것이라면, 맹자는 개인 의지의 독립과 존엄성을 충분히 인정할 것을 요구한다.

묵자를 거부하는 맹자의 논리는 양주를 거부하는 논리와 동전의 양면을 이룬다. 앞에서 서술한 것처럼 양주는 나를 위할 것을 강조한다. 그리고 여기에서 '자아 중심'을 이끌어 낸다. 맹자는 양주의 이런 편향을 부정하고 자아와 타인의 소통에 중요한 지위를 부여한다. 그는 자아는 결코 닫혀 있지 않으며, 자아의 완성을 최종 목표로 이해해서도 안 된다고 본다. 진정으로 덕성을 갖춘 사람은 항상 자신을 완성하면서 동시에 타인의 완성에도 힘쓰게 마련이다. 수신의 최종 목적은 바로 천하의 안정이다. 실제로 자아의 가치 실현은 결국 집단의 완성을 지향한다. 이처럼 자아에서 집단으로 넘어가면서 개인의 원칙은 집단의 원칙으로 바뀌기 시작한다. 그래서 양주의 '자아 중심'은 집단 동일시(群)로 대체된다.

집단 동일시는 위와 같은 자신과 타인의 소통에 머물지 않는다. 거기에는 다양한 표현 형태가 있다. 사람과 사람의 관계에서 그것은 '화합'의 원칙으로 전개된다. 이른바 '천시가 지리만 못 하고, 지리는 인화만 못 하다'라는 것이다. 공자는 이미 "화합이 가장 귀하다"라는 견해를 제시하였다. 그러나 공자가 강조한 점은 주로 예의 협조 기능이었다. 맹자는 거기서 한 걸음 더 나아간다. 그는 동태적 작용이라는 관점에서 '화합'을 사회 역량의 근원으로 본다. 곧 충돌을 해소하고 적극적으로 힘을 모으면 사회는 강하고 큰 힘으로 응집될 수 있다. 이런 힘은 외부에 존재하는 천시, 지리와 비교할 수 없는 것이다.

집단 내부의 화해에 이르기 위해서는 반드시 남들과 함께 걱정하고 함께 즐겨야 한다. 맹자는 양 혜왕에게 이렇게 경고한 적이 있다.

"고대 성군들은 백성들과 더불어 즐겼기 때문에 제대로 즐길 수 있었습니다."

"임금이 백성들의 즐거움을 자신의 즐거움으로 여기고 즐거워하면, 백성들도 임금의 즐거움을 자신들의 즐거움으로 여기고 즐거워할 것입니다. 임금이 백성들의 근심을 자신의 근심으로 여기고 근심한다면, 백성들도 임금의 근심을 자신들의 근심으로 여기고 근심하게 될 것입니다. 온 천하 사람들과 더불어 즐거워하고, 온 천하 사람들과 같이 근심하면서도 왕도 정치를 하지 못한 사람은 지금까지 한 명도 없었습니다."

이런 언급들은 직접 통치자를 비판하면서 한 말이다. 그러나 여기에는 보다 보편적인 가치 원칙이 나타나 있다. 곧 사회 집단을 배려하는 것이 개인 행위의 출발점이 되어야 마땅하다는 것이다. 훗날 법중엄은 이 원칙을 "천하가 걱정하기에 앞서 근심하고, 천하가 즐기고 난 뒤 즐긴다"라는 말로 개괄하였다. 여기에 유가 전통의 적극적인 측면이 나타난다. 그리고 이 전통은 위에서 살펴본 맹자의 주장까지 거슬러 올라갈 수 있을 것이다.

자아의 내면 가치와 주체의 독립된 인격을 인정하는 것에서부터 집단 동일시를 강조하는 것에 이르기까지, 맹자의 생각은 대체로 공자의 주장에 바탕을 두고 있다. 앞에서 언급한 것처럼 공자는 집단과 자아의 관계를 놓고 먼저 '자신에게서 원인을 찾을 것'과 '인을 실천하는 것은 자기에게 달린 것'이라고 주장한다. 그는 주체 자신의 이상에 따라 자아를 만들어 나가야 한다고 생각했으며 아울러 주체가 가진 자아 완성 능력을 낙관하였다.

그러나 공자는 자아가 개인의 방식만으로 존재하는 것은 아니라고 본다. 자아는 집단의 일원이기도 한 것이다. 전체의 한 구성원인 자아는 개방성을 가져야 한다. 공자가 내놓은 인도 원칙을 보면, 개인은 자아를 실현하고 동시에 타인의 자아 실현의 욕구를 존중해야 한다. 이 원칙은 '충서'라는 주장에서 구체적으로 나타난다. 충이라는 것은 '자기가 뜻을 이루고자 한다면 남부터 뜻을 이루게 하는' 것이다. 서라는 것은 '자기가 바라지 않는 일은 남에게 행하지 말아야 한다'라는 것이다. 자아는 모든 행위의 출발점이다. 남을 돕는 행위도 자아 실현을 전제로 하는 것이다. 주체 역시 자아의 완성에 머물지 말고 '추기급인推己及人'해야만 한다. 곧 자아의 도덕 수준을 향상시키고, 더 나아가 남들이 도덕적으로 바로 서도록 힘써야 한다.

이처럼 공자에게 자아실현은 이미 자기 한 몸개인의 영역을 뛰어넘어 집단 동일시를 지향하는 것이다. 실제로 공자는 항상 자아 완성과 타인에 대한 관심을 연계시킨다. 공자의 제자 자로가 공자에게 무엇이 군자인지를 묻자, 공자는 이렇게 대답한다.

"자신을 닦아 남을 편안케 하는 것이다."

수기는 바로 자아 수양이며, 안인은 일반적으로 사회 전체의 안정과 발전을 가리킨다.

여기서 우리는 공자에게 도덕적 자아 완성은 결국 넓은 의미의 사회적 가치 집단의 안정과 진보를 실현하기 위한 것임을 알 수 있다. 이러한 공자의 논리는 개인의 가치를 무시하는 극단적인 전체주의와는 다르다. 또한 집단을 배척하는 극단적인 자아 중심주의와도 다르다. 공자의 입장에는 개인의 가치와 집단의 가치, 자아의 실현과 사회의 진보를 일치시키려는 사유 경향이 나타난다. 공자의 이런 생각이 맹자에게 끼친 영향은 아주 분명해서 쉽게 찾아볼 수 있다. 우리는 맹자가 양주 묵자를 배척한 것을 공자 사상의 논리적 발전으로 볼 수 있을 것이다.

공자는 '안인 집단의 안정과 발전'을 '수기 자아의 완성'의 목표로 규정한다. 여기에는 집단과 개인의 관계를 보는 치우친 시각이 들어 있는 것 같다. 그것은 곧 자아의 실현은 집단의 안정에 상대적으로 종속적인 지위에 놓인다는 점이다. 여기서 자아의 완성은 집단의 안정에 종속되며, 자아 완성의 주요 내용은 독특한 개성을 키우는 것이 아니라, 자아를 사회의 보편 규범에 들어맞도록 하는 것이다. 우리는 이 점을 공자의 극기복례 이론에서 어렵지 않게 찾아볼 수 있다. 공자는 수기 자아의 함양를 '인도원칙으로 자아를 규율하는 것'으로 보았다. 인의 내포 원칙이 바로 극기복례다. 넓은 의미에서 예는 하나의 보편적인 사회 규범이다. 이른바 극기복례 역시 자아를 단속하는 것을 통해 자아를 예가 규율하는 보편 양식 안에 집어넣는 것이다.

일반적으로 개인은 자아를 실현하면서 동시에 언제나 사회화 과정을 거쳐야 한다. 또한 개인의 사회화 사회의 규범, 요구를 주체에 내면화하고, 주체의 행위를 이 규범에 맞추는 것는 확실히 집단 동일시 사회 동일시와 관계 있다. 복례라는 요구는 틀림없이 이것에 닿아 있다. 하지만 공자는 극기복례를 자아 완성의 기본 전제로 여긴다. 이런 논리에 따르면 집단 동일시가 개성의 발전을 억누르고 있다. 우리는 이 점을 공자의 제자 증삼의 발언에서 분명히 볼 수 있다. 증삼은 이렇게 말한다.

"나는 매일 자신에 대하여 세 가지를 반성한다. 남을 위해 일하면서 불충실하지 않았는가? 친구들과 사귀면서 신의를 잃은 일은 없는가? 스승에게 배운 것을 익히지 않은 것은 없는가?"

여기서 반성하는 주체는 '나'지만 반성하는 내용은 의 외부에 있는 남들에 대한 책임이다 즉 다른 사회 구성원에 대한 책임을 다했는가 하는 것이다. 곧 개성의 함양이 기본적으로 타인에 대한 책임으로 귀결되고 있다. 이 점에서 공자는 자아와 집단을 모두 인정하면서도 집단의 원칙에 좀 더 무게 중심을 두고 있다.

공자의 이런 경향은 맹자에게도 나타나는데 맹자는 공자의 논리를 더욱 발전시키고 있다. 맹자가 묵자에 맞서서 개성의 원칙을 심화시키고, 또한 양주를 배제하면서 집단의 원칙을 제고시켰음은 앞에서 이미 언급하였다. 그렇다면 이 두 가지를 전체적으로 어떻게 자리매김해야 하는가? 이 문제에 대해 맹자는 하나의 해석을 제시한다. 그는 고대의 현자들을 두고 유명한 언급을 하고 있다.

"옛날 사람들은 뜻을 얻으면 은택이 백성들에게 가해졌고, 뜻을 얻지 못하면 스스로 덕을 닦아서 세상에 뚜렷이 나타났다. 곤궁하면 혼자서 자신을 선하게 해 나갔고, 잘 되면 천하를 모두 선하게 해 나갔다."

이른바 '혼자서 자신을 선하게 하는 것'은 주로 도덕에서의 자아 실현이다. 그 구체적 내용은 바로 의에 부합하는 것이다. 의는 보편적 규범의 하나로, 개인이 사회에 지는 보편적 책임을 나타낸다. 여기서 독선개인의 완성은 도가의 은일 . 피세와는 전혀 다르다. 오히려 그 자체가 일종의 숙세사회 개량의 방식이기도 하다. 그러므로 '혼자서 자신을 선하게 하는 것'과 '천하를 모두 선하게 하는 것'은 본질적으로 동일한 가치 취향을 나타낸다. 이 두 가지는 보편적인 사회적 책임의에 부합하는 것을 이행한다는 점에서 결코 다르지 않다. 이렇게 이해하면 도덕에서의 자아실현은 집단 완성의 수단으로 귀결된다. 이런 측면에서 맹자는 '자기 수양을 하여 남을 편안히 해 준다.'라는 공자의 전통을 잇고 있다. 더 나아가 그는 독선을 겸선에 부속시켜 유가의 집단 원칙을 더욱 강화하고 있다.

선진 시기 유가의 변천 과정을 보면, 맹자가 주장한 집단과 개인의 관계론은 어떤 의미에서는 공자에서 순자로 이어지는 과정의 중간 고리가 되고 있다. 맹자처럼 순자 역시 개인의 자아실현의 가능성 및 그것의 적극적 의의를 전혀 의심하지 않았다. 순자는 군자의 실천이 결국 '자신을 선하게 만들기자신의 완성' 위한 것이라고 보았다. 맹자는 무엇보다 개인의 도덕 가치를 중시한다. 하지만 순자의 생각은 다르다. 순자에게 있어 개인은 도덕의 주체에 머물지 않는다. 개인은 동시에 생명을 가진 존재다. 생명의 주체에게는 도덕의 주체와 마찬가지로 자신의 내면적 가치가 있다. 개인의 생명 가치를 중시하는 것을 전제로 하여 순자는 개인이 난세나 폭군 치하에서도 변화에 신중히 대처하기를 요구한다. 구체적으로 말하자면 이런 식이다. 임금 앞에서는 임금의 공덕을 칭송하는 말을 많이 한다. 임금의 잘못된 행동은 숨겨 주고 단점 등을 밖으로 나타내서는 안 된다. 간단히 말하면, 자기 의견을 굽히고 일을 잘 성취할 수 있어야 한다는 것이다. 주어진 환경의 특성을 고려하지 않고 간쟁만 하는 것은 마치 사나운 범을 데리고 노는 것과도 같아 결국은 자신에게 화가 미치게 된다. 이런 점에서 개인의 생명이라는 존재는 매우 중요한 지위를 차지하게 된다. 즉 자아의 생명 가치를 지키기 위해 주체는 폭군에 굴종하는 마음도 아랑곳하지 않는다.

일반적으로 현실의 주체인 사람은 항상 이성적 정신과 감성적 생명의 통일로 표현된다. 맹자는 이성적 정신의 관점에서 사람의 가치를 탐구하였다. 그러나 사람의 감성적 생명과 그 가치에는 별로 주목하지 않은 것 같다. 위에서 본 순자의 견해는 맹자의 주장을 보충하는 것으로 볼 수 있다.

물론 순자가 개인의 생명을 강조한 것에는 부정적인 의미가 들어 있기도 하다. '화가 자신에게 미치는 것'을 피하기 위해 주체는 심지어 폭군에게 아첨하고 그를 떠받들 수도 있다. 또한 마음에 없는 말을 하거나 마음에 없는 일을 할 수도 있다. 이런 주장 속에서 주체의 존엄성이나 주체의 인격적 독립성은 부차적 지위에 놓이기 시작한다. 생명을 지킬 수만 있다면 뜻을 왜곡하거나 남에게 굴종하는 것도 전혀 비난할 일이 못 된다. 실제로 순자는 거듭해서 임금의 명령을 따르는 것을 이치상 당연한 것으로 생각하고 있다. 그의 견해는 어떻게 보면 '향원처세에 능한 사람'에 가깝기도 하다.

맹자는 주체의 가치와 인격의 정립을 연계시키면서 홀로 우뚝 서서 외부의 권세와 지위에 굴복하지 말 것을 강조하였다. 이와는 달리 순자의 가치 취향은 집단과 개인의 관계의 변화 과정을 뒤집어 놓고 있다.

그러나 유가의 인물인 순자가 공자·맹자의 입장에서 완전히 벗어난 적은 없었다. 개인과 집단의 관계를 언급하면서 순자의 견해는 맹자에 접근하기 시작한다. 순자는 이렇게 본다. 주체인 인간은 몇 가지 자연적인 천부 능력에서 종종 동물에 미치지 못한다. 예를 들면, 사람의 기력은 소만큼 세지 못하고, 달리는 능력은 말만큼 빠르지 못하다. 그의 힘은 상당히 제한되어 있다. 개인들이 서로 떨어져 있으면 살아남기 힘들다. 하지만 서로 다른 개인이 모여 집단을 만들면_{일정한 사회 조직을 결성하면}, 자연을 지배하는_{가령 소나 말을 부리는} 힘을 만들어 낼 수 있다. 이렇게 집단은 현실에서 개인이 존재하는 데 기본 전제가 된다. 주목할 점은, 각 개인이 존재하는 데 필요한 기본 조건이 되는 집단이 개인을 넘어서는 보편적 의미를 얻기 시작한다는 것이다. 개인에서 집단으로 옮겨 가는 이런 사고 방식은 분명히 맹자와 부합되는 부분이 있다.

그러나 순자와 맹자가 집단을 이해하는 데는 어떤 차이들이 존재한다. 맹자가 강조한 집단은 하나의 윤리 구조로 표현된다. 그런데 순자가 언급하는 집단은 우선 자연을 정복하고 사람이 존재할 수 있게 해 주는 사회 조직 형태이다. 맹자가 집단을 사람의 주목을 받는 위치에 올려놓았다면, 순자는 집단의 내포를 확대.발전시키고 있다.

집단을 어떻게 구성할 것인가 하는 문제를 맹자는 더 이상 고찰하지 않고 있다. 그런데 순자는 이 문제를 의식적으로 살피고 있다. 아울러 그는 '신분의 차이를 밝혀 무리를 다스린다' 라는 관점을 제시한다. '신분'은 일종의 등급으로 표현된다. 그는 우선 사회 구성원을 서로 다른 등급으로 구분해야 한다고 보았다. 또한 서로 다른 등급에 맞는 명분을 정해 놓아야 한다. 이런 바탕 위에 비로소 안정된 사회 조직을 세울 수 있다. 이른바 '명분사군'이란 바로 이런 과정을 개괄한 것이다. 이렇게 이해할 경우, 집단은 일종의 등급 구조로 나타난다. 그리고 군주는 이런 등급 구조의 상징이다. 이런 주장을 전제로 순자는 개인자아과 집단의 관계를 구체적으로 규정한다.

곧 개인의 존재는 집단 구성의 전제가 되지만, 집단 속에 있어야만 개인은 충분히 자기 작용을 발휘하고 각자의 가치를 실현할 수 있다. 한편, 집단을 결성하는 데는 개인의 위치를 합리적으로 설정하는 것이 조건이 된다. 이렇게 되면 집단과 개인은 서로 협조하는 관계로 나타난다.

맹자와 마찬가지로 순자 역시 집단과 개인의 관계를 이해하면서, 개인과 집단의 긴장.대립을 풀고 통일을 실현하는 것을 더 중시한다. 이러한 가치 취향은 확실히 유가 전통의 적극적 일면을 보여준다. 그러나 앞에서 언급한 것처럼, 순자의 입장에서 집단은 주로 하나의 등급 구조로 이해되고, 개인은 거기에 맞게 귀천이라는 등급 속의 한 구성원으로 나타난다. 바꾸어 말하면, 개인은 기본적으로 등급 계열 속에 자리 잡을 뿐이다. 개인은 진정한 주체<mark>독립된 인격을 갖춘 자아</mark>의 모습으로 나타나지 않는다. 개인의 작용은 등급구조 속에서 구체적 기능을 발휘하는 데 지나지 않는다. 이런 관점은 실제로는 겉으로 나타난 사회적 등급 관계로 개인을 규정하는 것이다. 이렇게 되면 개인 내면에 있는 개성을 경시하기 쉽다.

순자의 이런 사유 경향과 비교하면, 맹자는 자아의 주체성의 품격에 좀 더 주목하고 있다. 맹자도 사회 등급 구조의 의의를 결코 부정하지 않는다. 그렇지만 전체적으로 그는 자아의 내면의 덕성을 함양하고 인격의 경지를 향상시킬 것을 강조한다. 그리하여 집단과 개인의 화해와 통일을 이룰 것을 주장한다. 맹자는 '<mark>개인의 집단에 대한 동일시</mark>'라는 것은 오직 선이라는 인간 내면의 품격을 기르는 것을 통해 제대로 달성된다고 보았다. 이러한 맹자의 관점은 외부적 강제의 방식으로 집단과 개인을 통일시키려는 것에서 벗어나 있다. 아마도 이런 점 때문에 맹자가 내세운, 집단과 재인의 관계를 보는 가치 원칙이 후세의 사상가들에게 거듭 인용되는 것이리라.

孟子 人間經營

제 6 장

맹자가 말하는 개인과 집단의 조화

개인은 기본적으로 스스로를 경영할 수 있는 힘을 길러야 한다. 하지만 많은 경우에 개인은 사사로운 이익과 욕구에 사로잡히기 마련이다. 이를 견제하고 인도하는 것은 집단의 힘이다. 인간경영의 경우에도 다를 것이 없다.

맹자와 같은 시대에 살았던 송경이라는 송견, 송영이라고도 부른다 사람이 있다. 그는 '침략과 전쟁을 반대하는 것'으로 이름이 났다. 한 번은 송경이 초나라로 가다가 석구라는 곳에서 맹자를 만났다.

맹자가 송경에게 물었다.

"선생은 어디로 가십니까?"

송경이 대답한다.

"진과 초 두 나라가 지금 전쟁을 벌인다고 들었습니다. 저는 초나라 왕을 만나 군대를 거두라고 권할 것입니다. 만약 초나라 왕이 제 말을 듣지 않으면 바로 진나라 왕에게 가서 진나라의 군대를 철수하라고 권하겠습니다. 두 나라 군주 가운데 어느 한쪽은 제 말을 들어줄 것입니다."

"자세한 사정은 묻지 않겠습니다만, 대강의 의도는 알고 싶군

요. 선생은 어떻게 설득할 것입니까?"

"저는 그들에게 두 나라가 싸우는 것은 이롭지 못한 일이라고 말하겠습니다."

맹자는 송경의 말이 틀렸다고 보고 자기 주장을 내놓는다.

"선생의 의도는 훌륭합니다만 방법은 옳지 않군요. 선생이 이익으로 진과 초 두 나라의 왕을 설득하고 두 나라가 이익을 생각해서 군대를 거둔다면, 이것은 군대의 관리나 병사에게 이익을 좋아하는 마음을 길러 주게 됩니다. 신하는 이익을 염두에 두고 임금을 섬기고 자식들은 이익을 생각하면서 부모를 대하게 되며, 아우 역시 이익을 생각하며 형을 대하게 됩니다. 이 경우 군주와 신하, 아비와 자식, 형과 아우 등이 모두 인의는 말하지 않고 이익만 따지며 대하게 될 것입니다. 그렇게 되면 나라는 반드시 망할 것입니다. 선생께서 인의로써 두 나라의 임금을 설득하고 그들이 인의에 마음이 움직여 군대를 거둔다면, 군대의 장교와 병사들도 인의를 좋아하는 마음을 갖게 될 것입니다. 좀 더 넓게 생각해 보면, 군주와 신하, 아비와 자식, 형과 동생 등도 더 이상 이익만 찾지 않고 인의의 마음으로 대할 것입니다. 그렇게 되고서도 왕도 정치를 이루지 못한 경우는 없습니다. 하필 이익을 말씀하십니까?"

이 대화는 다소 길지만 다루고 있는 주제는 상당히 집약되어 있다. 그것은 바로 '의리론'이다. 송경이 이익을 가장 먼저 고려했다면, 맹자는 인의를 행위의 기본 원칙으로 삼을 것을 강조한다. 이것은 논리상 앞에서 언급한 집단과 개인의 관계와 내적으로 연관되어 있다. 집단과 개인사이의 관계는 본질적으로 추상적인 도덕 관계가 아니다. 그것은 궁극적으로는 구체적인 이익을 지향한다. 사실 집단과 개인의 관계의 핵심은 집단 이익과 개인 이익의 관계이다. 어떻게 보편 규범으로 개인과 집단 사이의 이해관계를 조화시킬 것인가? 이 문제가 유학에서는 의리론으로 전개된다.

'의義'는 '의宜'와 서로 뜻이 통한다. '마땅히 그래야 한다'라는 뜻을 포함하고 있으며, 일반적인 도덕 원칙 또는 규범으로 확대 해석되기도 한다. 이는 일반적으로 이익, 효과 등을 가리킨다. 일반적인 이론 문제인 의리론은 우선 도의 원칙과 공리功利 원칙의 관계와 연관된다. 넓은 뜻에서 보면, '의'는 이성적 요구를 나타내고, '이'는 감성적 욕구의 만족으로 귀결된다. 이 때문에 의리관계는 또한 이성적 요구와 감성적 욕망의 관계와 연관되기도 한다.

맹자의 논리는 집단과 개인의 관계를 고찰하는 데서 의리관계를 해명하는 쪽으로 방향을 바꾼다. 사실상 맹자의 '의'에 부합하는 것을 '자기완성'의 내용으로 보았을 때, 그는 이미 의리관계를 언급하기 시작한 것이다. 맹자의 의리관은 전체적으로는 공자의 생각을 더욱 발전시킨 것이다. 또한 이런 발전은 공자 이후 선진 시기의 사상 변천을 전제로 하고 있다. 그러므로 의리 관계를 보는 맹자의 견해를 온전히 파악하고, 더 나아가 그 역사적 가치를 합리적으로 자리매김하기 위해서는 맹자 이전의 역사를 살펴보지 않을 수 없다.

결과와 함께 과정도 중요시한 인간경영의 현자

공자는 인을 중시했는데, 인은 의와 구분하기 힘들다. 공자는 인도의 원칙을 강조하면서 아울러 의를 중요한 위치에 올려놓고 있다. 그는, 의는 도덕 규범으로 그 자체가 절대성을 갖고 있으며 아울러 내재적 가치도 갖고 있다고 보았다. 이처럼 의는 자신의 내재적 가치를 갖고 있기 때문에 그 존재 근거를 도덕의 범위 밖에서 찾을 필요가 없다.

공자가 이해하는 외부 근거는 우선 이를 가리킨다. 의는 자체에 내재적 가치를 갖고 있으며 외부 근거가 필요하지 않다. 그렇다면 결론은 이에 밝을 필요가 없다는 것이다. 공자가 "군자는 의로움에 밝고, 소인은 이익에 밝다"라고 단언한 것도 이런 맥락에서다. 물론 공자가 여기서 이를 완전히 거부한 것은 아니다. 그는 이를 의에서 제거할 것을 강조한 것이다. 바꾸어 말하면, 그가 강조한 의는 당위의 원칙으로, 모든 외부 요인(이를 포함한)을 없애야만 자신의 가치를 온전하게 만들 수가 있다.

위와 같은 시각에서 공자는 어떤 행위의 가치는 주로 행위자체로 결정되고 행위의 결과와는 무관하다고 보았다. 만약 행위 자체가 의^{일반 규범}에 들어맞으면 설령 실제의 효과나 이익을 보지 못하더라도 선의 가치를 가질 수 있다. 군자의 행위가 바로 이러하다. 군자는 어떤 이상이 실현되기 힘들다고 여기면서도 자신의 노력을 포기하지 않는다. 왜냐하면 그는 이상을 실현하기 위해 애쓰는 행위를 '의'의 구현으로 보기 때문이다.

의에 들어맞는다는 것은 무엇보다도 행위 동기가 지닌 정당성을 가리킨다. 이렇게 행위 자체로 행위의 가치를 평가하는 것은, 한편으로는 행위 동기로 행위를 평가하는 것을 의미하기도 한다. 이 점에서 공자는 행위 자체와 행위 동기에 절대적 가치를 부여하고 있다. 그는 '의^{당위의 원칙}'를 무조건적인 도덕 명령으로 이해한다. 아울러 '의^{도덕 규범}' 자체를 실천하는 것을 행위의 목적으로 보았다. 기본적으로 행위의 결과를 젖혀두는 것이다. 이런 관점에서는 의무론의 경향이 뚜렷이 나타난다.

사회 현상의 하나인 도덕 행위에는 언제나 이중성이 있기 마련이다. 그 기원과 현실적 작용을 보면, 도덕은 사회적 이해관계를 바탕에 두고 있으며, 도구적 성격^{인간의 합리적 요구를 만족시켜 주고 인간관계를 조정하며 사회 안정을 유지하는 수단으로 나타난다}을 갖고 있다. 동시에 도덕은 사람이 지닌 존엄성과 사람의 이성 능력을 보여 주는 것으로, 자신의 내재적 가치를 갖고 있다. 도덕은 이해관계나 도구적 성격을 뛰어넘는 측면을 가지고 있는 것이다. 전자가 도덕이 현실성이라는 품격을 갖추도록 해 준다면, 후자는 도덕의 숭고성을 나타내 준다. 의무론이 강조하는 도덕의 가치는 도덕 자체에 있다. 여기서 강조되는 것은 도덕의 내재적 가치다.

중국 사상사에서 공자가 의리론에 공헌한 것은 무엇보다 그가 도덕 행위를 일반적인 공리 행위와 구별한 점이다. 아울러 그는 도덕 행위를 격상시키고, 이에 따라 도덕의 숭고성초공리성이라는 측면을 더욱 강화된 형식으로 표현하였다. 공자가 이처럼 의를 강조하고 격상시킨 것은 어떤 의미에서는 중국 문화의 도덕적 자각을 보여 주는 것이기도 하다. 이 점에서 공자는 도덕이 갖는 현실 공리의 토대를 완전히 부정한다. 그리하여 의무론적인 추상적 경향을 나타내기도 한다. 공자의 의리론은 나중에 맹자의 사상에 중요한 영향을 끼침과 아울러 맹자 사상의 기본 논조를 규정하게 된다.

앞에서 의를 규정하면서 도덕이라는 가치의 토대 문제를 언급하였다. 의리론에서는 이 문제와 연관되는 또 한 가지 문제를 다루고 있다. 그것은 어떻게 이를 조절하는가 하는 문제이다.

앞에서 군자는 이익에 밝지 않다고 말하였다. 이 말은 도덕 원칙은 '이익'을 토대로 이루어지는 것이 아님을 강조한 것이다. 하지만 이 말이 결코 '이익'을 완전히 무시한다는 뜻은 아니다. 이익이 도덕의 토대가 되는 것을 부정하는 것과 이익을 절대 배제하는 것은 전혀 다른 논리이다. 실제로 공자가 무조건 공리를 포기한 것은 아니었다. 가령 그가 위나라로 간 것은 단순히 그곳의 도덕 기풍에 관심을 가졌기 때문만은 아니다. 오히려 그는 입만 열면 위나라에 인구가 많은 것을 칭찬하였다. 한 제자가 "인구가 늘어나면 어떤 방향으로 더욱 노력해야 할지"를 물었을 때, 공자는 조금도 주저하지 않고 이렇게 대답했다.

"나라를 부유하게 하는 일이다."

많은 인구와 재부는 넓은 뜻에서 공리의 범주에 든다. 이러한 관점에서 보면 공자는 분명히 현실의 공리를 인정하고 있다. 공자는 공리를 추구하는 것이 결코 절대악이 아니라고 보았다. 사회라는 테두리에서 볼 때도 그렇지만 개인을 두고 이야기해도 그러하다. 공자 본인도 결코 이익을 언급하기를 꺼리지 않았다. 그는 이렇게 말한 적이 있다

"만약 정당한 방식으로 재물을 추구한다면 나는 시장의 문지기 노릇이라도 할 것이다."

반대로 이익을 언급하지 않으면서 정당한 공리 활동을 포기해 빈천한 처지가 되어서는 곤란할 뿐 아니라 그것은 오히려 부끄러운 일이기도 하다. 이런 논리를 토대로 공자는 백성들의 이익을 충분히 고려할 것을 거듭 요구하고 있다

사회 생활에서 이익이 갖는 의의를 인정한다는 것이 결코 무조

건 이익을 추구해도 좋다는 뜻은 아니다. 그렇다면 어떻게 적절히 이익을 조절할 것인가? 이것은 의리관계를 좀 더 깊이 다루는 것이기도 하다.

공자의 견해는 이렇다 의가 이에 바탕을 둘 필요는 없다. 그러나 이의 조절은 의와 분리될 수 없다. 만약 의에 맞지 않으면 이익이 있어도 취할 수 없다. 공자 자신의 태도가 바로 그러했다. 그는 이렇게 말한다.

"옳지 못한 일을 하면서 부귀를 얻는 것은 내게는 뜬구름과도 같다."

단지 이 자체에서 출발해 의로써 이를 제한하지 않는다면 좋지 않은 결과에 이르고, 아울러 결국 이의 부정적 측면을 지향하게 된다. 이를테면 작은 이익을 탐내다가 종종 큰 일을 그르치는 것이다. 오직 의로 이를 제한해야만 이런 결과를 피할 수 있다.

일반적으로 이익은 개인 또는 특별한 집단과 관련된다. 그런데 개인또는 특별한 집단의 이익은 종종 서로 간에 일치하지 않기도 한다. 그렇기 때문에 만약 일방적으로 이익을 유일한 행동 원칙으로 삼으면, 사회 구성원들은 이익 관계에서 불가피하게 충돌하게 된다. 이와는 달리 의에는 개인의 특수한 이해관계를 뛰어넘는 보편성의 특징이 있다. 그것이 보여주는 것은 바로 보편적인 공리다. 따라서 의는 특수한 이해관계를 조절하는 작용을 할 수 있다. 이처럼 의과 이의 관계는 특수한 이익개인의 이익과 보편적 이익의 관계로 나타난다.

그런데 의로써 이를 조절하는 것은 결코 이를 해소하기 위한 것이 아니다. 오히려 그 의도는 가장 큰 이익에 도달하는데 있다. 공자는 '큰 일을 이룰 수 없다' 라고 하는 공리의 각도에서 '작은 이익' 에 집착하는 것에 반대한다. 이것은 위와 같은 사고 방식을 실제로 보여주는 것이다. 또한 의는 보편적인 공리를 나타내기 때문에 공자는 거듭해서 '이익을 보면 의로움을 생각하고' '재물을 보면 의로움을 생각할' 것을 요구한다. 이런 견해는 의도덕 원칙의 가치를 공리와 연계시키는 것이다. 그러므로 칸트가 단지 당위의 원칙 자체에서 도덕 규범의 가치를 찾으려 한 것과는 다르다. 이러한 논리 때문에 공자의 의무론적 경향은 제약을 받게 된다. 다소 온화한 빛깔을 띠게 되는 것이다.

의로써 리를 제한한다는 공자의 주장은 그의 집단과 개인의 관계론을 구체화한 것이기도 하다. 의가 지닌 규율 기능을 중시한 것과 집단 원칙을 강조한 것은 이론상 서로 연결된다. 의는 집단 이익을 구현한 것이다. 이런 견해는 도덕 원칙이 보편적인 전체의 이익을 강조하는 작용에 주목한 것이다. 아울러 이익의 추구에 어떤 합리적 한도를 정해서 이익 충돌이 격렬해지는 것을 막는 것이기도 하다. '의로움을 최고로 친다' 라는 명제와 마찬가지로 '재물을 보면 의로움을 생각한다'라는 요구가 강조되는 것이 바로 인간이라는 종족사회의 본질이다. 그것은 사람들이 개인의 이익 다툼을 뛰어넘어 진정으로 사회 전체의 이익이 갖는 중요한 의의를 인식하게 만든다. 역사적으로 사람의 도덕적 자각의 척도 가운데 하나는 단순히 개인 이익을 추구하는 일에서 한 걸음 더 나아가 종족사회 전체의 이익을 확인하는 것이다. 이런 확인은 실제로 사회의 안정과 발전에 필요한 전제가 된다. 공자가 창시한 유가는 이러한 자각을 보여 준다.

그러나 공자가 의로써 이익을 규율할 것을 강조하는 것에는 어떤 경향이 잠재해 있다. 그것은 바로 보편적인 전체의 이익공리을 강조하는 것이다. '견리사의', '견득사의'라는 가치 원칙에서는 마치 의가 대표하는 전체 이익이 가장 높은 곳에 자리 잡는 것 같다. 이런 경향이 좀 더 발전하면 종종 의로써 이익을 억제하게 되고, 동시에 개인의 이익을 경시하기도 한다. 이후의 유가 사상, 특히 정통 유학에서 이 점을 어렵지 않게 발견할 수 있다.

묵자 : 많은 사람들의 이익이 우선이다

공자와 달리 묵자는 이에 더 많은 관심을 갖고 있다. 앞에서 서술한 것처럼 묵자는 겸애라는 원칙을 내놓고 겸애를 교리와 연결시킨다. 묵자는 진정한 사랑은 결국 이로 구현된다고 보았다. '남을

'사랑하는 것'과 '남을 이롭게 하는 것'은 동일한 문제의 두 가지 측면이다. 그 본질을 보면 겸애에는 인도의 원칙이, 교리에는 공리의 원칙이 나타난다. 공자가 인도 원칙이 공리 원칙을 뛰어넘는다는 점을 강조했다면 묵자는 인도 원칙과 공리 원칙을 결합할 것을 요구한다.

묵자의 공리 원칙은 그의 일련의 주장들에 나타난다. 공자는 '친친종법적 혈연관계'을 중시하였다. 반면에 묵자는 '상현'을 요구한다. 상현은 덕과 재능을 겸비한 사람을 쓰는 것이다. 이것은 종법적인 혈연관계를 깨뜨리는 것을 의미한다. 묵자가 상현을 요구하는 주요 근거는, 그렇게 해야만 '천하 사람이 모두 이익을 얻도록' 할 수 있다는 것이다. 바꾸어 말하면, '상현' 원칙은 무엇보다도 공리를 고려하는 것에다 마찬가지로 묵자의 다른 중요한 주장인 '상동' 역시 공리를 고려하는 데서 출발한다. 상동에서는 천자의 생각으로 천하 사람들의 의지를 통일할 것을 요구한다. 천자를 세워야 하는 이유는, 그렇게 해야 '만민의 이익을 늘리고 손해를 없앨' 수 있기 때문이다.

그 밖에도 '침략 전쟁 반대', '비용절감', '간소한 장례', '음악 반대' 그리고 '존왕', '귀신 공경' 같은 것들은 모두 공리 원칙을 바탕에 두고 있다. '비용 절감'의 경우, 그 구체적인 내용은 불필요한 지출을 줄이는 것이고, 그 목표는 '천하의 큰 이익'에 도달하는 것이다. 또한 '음악 반대'의 경우 음악은 넓은 의미에서 각종 예술 활동을 가리킨다. 예술 활동을 없애려는 까닭은 그것이 성인에게 이롭지 않고 모든 백성들에게도 이롭지 않기 때문이다. 출발점은 여전히 공리에 대한 고려이다.

물론 '남을 위한다'라고 하는 가치 취향에 어울리게 묵자가 말하는 '이익'은 집단의 이익에 무게를 둔다. 이른바 '천하의 이익을 일으키고 천하의 해로움을 없앤다'라는 요구에 이 점이 잘 나타난다. 이 점에서 묵자와 공자는 서로 통하는 것 같다. 그런데 공자가 공리를 중시한 까닭은 공리에 '의'의 법칙이 실현되기 때문이다. 사실 공자의 출발점은 무엇보다 '의'다. 이와는 달리 묵자는 '이'를 '의'의 토대로 본다. 그는 '의' 자체는 도구에 지나지 않는다고 본다.

"의로움이란 천하의 큰 그릇이다."

그 가치는 단지 '백성을 이롭게' 할 수 있고, '사람을 이롭게' 할 수 있다는 점에 있다. 이런 논리에서는 공자의 의무론 경향을 올바로 지양하고 있다. 그러나 그 자체는 이론상 또 하나의 극단을 향하고 있다. 곧 "의도덕 원칙"에 들어 있는 초공리라는 측면을 전혀 무시하고 있다. '의'가 곧 '기도구'라는 결론에서, 도덕 원칙은 기본적으로 공리원칙의 부속물로 전락한다. 이렇게 이익을 유일한 기준으로 보는 공리주의 관점은 결국 도덕 원칙이 이해관계를 조절하는 기능을 제거해 버린다. 실제로 얼마 지나지 않아 일어난 법가 학파에서 우리는 이 점을 발견할 수 있다.

법가와 묵가는 서로 기원이 다르다. 두 학파는 많은 문제에서 대립하였다. 묵가는 겸애를 주장하고 인도 원칙을 받들었다. 반면 법가는 폭력 원칙을 강조하고 '법'이라는 강제수단으로 사람과 사람 사이의 관계를 조절할 것을 주장했다. 그러나 공리 원칙을 중시한다는 점에서 두 학파는 상당한 공통점을 갖고 있다. 묵자는 '의'를 도구로 간주하면서 도덕원칙의 가치는 '사람을 이롭게 하는 것'에 있다고 본다. 이 경우, 의도덕규범가 가진 초공리성이라는 측면을 무시하면서도 '의' 자체를 완전히 부정하지는 않는다.

법가는 여기에서 한 걸음 더 나아간다. 그들은 우선 이익을 '천하의 이익'에서 다시 개인의 이익으로 환원시킨다. 초기 법가를 대표하는 상앙은 진나라에서 변법을 시행하면서 군의 공로를 장려하였다. 그런데 이런 장려는 주로 개인에게 실현된다. 한편 법령을 어긴 사람에게는 이해관계에서 제재를 가했다. 예를 들면, 그는 아들이 성년이 되면 반드시 아버지와 분가해서 살도록 규정했다. 만약 이 규정을 어기면 '세금을 두 배로' 늘렸다. 곧 부세를 두 배로 거두었던 것이다. 이것은 실제로 사회관계를 조절하는 데 이익을 중요한 수단으로 삼은 것이다. 상앙은 여기서 더 나아가 공리 원칙으로 당위의 원칙을 배척하였다. 그는 이렇게 주장한다.

"참으로 백성을 이롭게 할 수 있다면 예를 좇지 않아도 된다."

이른바 예라는 것은 정치 제도를 가리킨다. 또한 그것은 일반 도덕 규범을 포괄한다. 이처럼 법가는 이익을 얻을 수만 있다면 일반 도덕 규범을 따르지 않아도 된다고 주장하였다. 이후에 나온 한비자의 비도덕주의는 바로 이런 관점을 논리적으로 확장한 것이다. 한비자는 이렇게 본다.

"인의 등의 규범을 실천하면 결국 망국에 이르고, 천하는 혼란에 빠진다 하지만 백성을 이익으로 유인하고 법으로 묶어 두면 사회 신분 제도의 안정을 보장할 수 있다."

법가에서는 변법이 구제도의 속박을 받아서는 안 된다고 본다. 이런 생각에는 참으로 역사적인 합리성이 있다. 그러나 이런 생각 때문에 공리와 도덕을 대립시키고, 이익을 추구하는 것으로 당위의 원칙이 갖는 규율 기능을 부정한다면, 역시 또 다른 극단으로 향하게 된다. 추구할 이익이 있으면 예를 좇을 필요가 없다는 주장에서 공리는 사람이 추구하는 오직 하나의 목표가 된다. 그리고 인간관계는 적나라한 이해관계로 이해된다. 이런 상태에서 성립되는 사회는 반드시 충돌과 대립이 만연할 것이다. 실제로 법가의 가치 원칙에 영향을 받은 진나라에서 이러한 특징이 뚜렷이 나타난다. 인간관계는 심지어 서로 감시하고 고발할 정도로 긴장된다. 한비자 자신도 결국 이런 대립관계의 희생물이 되고 만다. 진나라 혜문왕기원전 337-311년의 미움을 받아 지명수배를 당한 그는 도망칠 수밖에 없었다. 그는 사방으로 도주한다. 그러나 연좌제에 걸릴까 염려한 나머지 아무도 그를 받아 주지 않았다. 그는 결국 체포되어 능지처참형을 당해 죽었다. 이런 비극적 결말은 이익만 강조하는 법가적 기획의 병폐를 보여 준다.

훌륭한 인간경영을 위해선 채찍보다 당근이 우선이다

공자에서 묵자로 그리고 다시 초기 법가상앙 같은에 이르기까지, 선진 시기의 의리론은 복잡한 변화 과정을 겪는다. 이 과정은 맹자가 의리 관계를 살피는 역사.논리적 전제가 된다.

묵자는 공리 원칙을 보는 자기 견해를 갖고 있었다. 그러나 그 원칙을 지나칠 정도로 강화하였다. 또한 법가는 이런 방향으로 한 걸음 더 나아가면서 편파성을 더욱 뚜렷이 드러냈다. 이런 전제들은 맹자의 의리관에 이중으로 영향을 주었다. 곧 한편으로는 맹자가 물질적 이익과 도덕의 관계에 좀 더 주목하도록 만들었다. 다른 한편으로는 묵자.법가가 공리 원칙을 극단으로까지 밀고 나가면서 생겨난 부정적 효과 때문에 맹자는 도덕의 존엄성을 회복하는 일을 자기임무로 여기게 된다. 바로 이 점에서 그는 '의로움을 최고로 치는도덕 원칙의 절대성을 강조하는' 공자의 전통을 계승하고 발전시킨다.

맹자의 사상은 우선 도덕의식의 토대를 고찰하는 것으로 나타난다. 맹자는 도덕의식을 '항심'이라고 불렀다. 항심은 어떻게 만들어지는가? 그 형식의 전제는 무엇인가? 맹자는 이런 점들을 구체적으로 탐색한다.

제나라 선왕과 나눈 대담에서 맹자는 다음과 같은 관점을 나타낸다.

"일정한 생활 근거가 없어도 일정한 마음을 갖는 것은, 오직 선비만이 그렇게 할 수 있습니다. 일반 백성들의 경우, 일정한 생활 근거가 없으면 그것 때문에 일정한 마음이 없게 됩니다. 일정한 마음이 없게 되면 방탕·편벽·사악·사치 등 못 하는 것이 없게 됩니다. 죄에 빠져 버린 뒤에 쫓아가서 처벌한다면 그것은 백성들을 그물로 잡는 것입니다. 어찌 인자한 사람이 임금의 자리에 있으면서 백성들을 그물로 잡는 일을 할 수 있겠습니까? 그렇기 때문에 현명한 임금은 백성들의 생활 근거를 마련해 주어 반드시 위로는 넉넉히 부모를 섬길 수 있도록 하고, 아래로는 넉넉히 처자를 먹여 살릴 수 있도록 합니다. 풍년에는 내내 배불리 먹게 하고, 흉년에는 죽음을 면하게 해 줍니다. 그렇게 해 준 다음에 그들을 선한 길로 이끕니다. 그래야 백성들이 따라오기 쉬운 법입니다."

백성들에게 일정한 생활 근거를 마련해 주는 것은 맹자가 주장한 인정설의 기본 내용 가운데 하나다. 이것은 인도의 원칙을 확장한 것이다. 동시에 어떤 도덕적 의의가 주어진 것이기도 하다. 곧 안정된 생업은 안정된 도덕 의식의 필요조건이 된다. 이런 점에서 맹자는 이미 도덕 의식과 물질 생활 및 경제 환경 사이의 관계에 주목한 것이다. '도덕 의식이 제대로 형성되려면 먼저 물질적 생활이 충족되어야 한다.' 맹자의 이런 주장은 『관자』의 "창고가 가득 차야 예절을 알고, 의식이 넉넉해야 영욕을 안다."라는 말에 나타난 생각과 비슷하다.

『관자』는 전국 시대 관중 학파의 저작모음이다. 거기에는 선진 시기 명가의 사상이 뒤섞여 있다. 앞에서 인용한 "의식이 넉넉해야 영욕을 안다 입고 먹는 것이 해결되어야 선을 추구하고 악을 회피할 수 있다"라는 말은 맹자의 '일정한 생활근거가 있어야 일정한 마음이 있다' 라는 주장과 서로 통하는 바가 있다. "의로움을 최고로 친다"라는 공자의 명제와 달리 맹자의 이런 생각은 분명히 도덕의 외부 기초를 언급하고 있는 것이다.

좀 더 깊이 고찰해 보면, 안정된 생업과 도덕 의식이 말해 주는 것은 바로 인간적인 욕구와 도덕적 욕구 사이의 관계이다. 이른바 '백성들의 생활 근거를 마련해 준다' 라는 것은 사람들이 일정한 생활 수단을 갖게 해 주어 그들의 기본적인 물질적 수요를 채워 주는 것이다. 이렇게 되어야 비로소 도덕적 욕구 백성들이 선을 행하고 악을 물리치도록 만드는 것가 생겨난다. 이 점을 맹자는 다음과 같은 예로써 설명한다.

"백성들은 물과 불이 없으면 살지 못한다. 저녁에 남의 집 문을 두드려 물과 불을 얻으려 하면 주지 않을 사람이 없다. 아주 넉넉하기 때문이다. 성인이 천하를 다스리면 콩과 조를 물이나 불처럼 흔하게 만든다. 콩과 조가 물이나 불처럼 흔한데 백성들 가운데 어떻게 어질지 않은 사람이 있겠는가!"

맹자는 실제로 사람의 감성적 욕구에 대해 비교적 너그러운 태도를 보여 준다. 또한 그는 이런 욕구를 채워 주는 것을 합리적인 요구로 보았다. 주목할 점은 맹자가 기본적인 감성적 욕구의 충족을 내면의 덕성을 성취하기 위한 전제로 보고 있다는 것이다. 이것은 도덕을 주체의 기본 욕구와 거리가 먼 추상적 규범으로 이해할 수 없음을 인정하는 것이다.

위와 같은 맹자의 논리는 선진 시기 의리론이 전개되면서, 특히 묵가와 법가가 공리 원칙을 깊이 고찰하면서, 유가가 도덕 문제를 보는 시야를 넓혀 가고 있음을 보여 준다. 유가의 시야는 이미 도덕 자체의 영역을 뛰어넘어 도덕 바깥의 넓은 영역을 향하기 시작하였다. 도덕으로 도덕을 논하는 공자의 입장도 다소 제한을 받고, 동시에 융통성 있는 모습을 갖게 되었다. 묵가와 법가는 이 방면에 긍정적인 작용을 한 것으로 보인다.

그런데 이상의 긍정적 작용뿐만 아니라 묵가.도가는 맹자에게 또 다른 작용을 한다. 묵가와 도가의 의리론에는 치우침이 있다.

특히 법가는 공리 원칙을 지나치게 강화하였다. 그리하여 사람들이 부정적 측면에서 의리관계를 새롭게 자리매김하도록 만들었다. 어떤 의미에서는 이 점이 더 중요하다. 아무튼 묵가·법가의 부정적 자극이야말로 맹자가 도덕 원칙을 강조하도록 만들었다고 할 수 있다.

맹자는 일정한 생활 근거안정된 생산 재료가 일정한 마음도덕 의식의 바탕이 된다고 보았다. 하지만 이런 생각이 사람들 사이의 관계를 완전히 이해관계로 환원할 수 있음을 뜻하는 것은 아니다. 단순히 이해 득실만 고려한다면 사회구성원들 간의 긴장과 충돌을 피할 수가 없다. 『맹자』 첫 번째 편 「양 혜왕 상」에는 맹자와 양 혜왕즉 위나라 혜왕의 대화가 실려 있다. 거기서 맹자는 진지하게 다음과 같은 생각을 펼쳐 놓았다.

양나라 혜왕이 맹자를 만나서 한 첫 마디가 이러했다.

"선생님이 천 리를 멀다 않고 오셨으니, 장차 어떻게 이 나라를 이롭게 할 수 있겠습니까?"

맹자는 이 말이 옳지 않다고 보고, 사양하지 않고 대답한다.

"왕께서는 하필이면 이로움을 말씀하십니까? 오직 인의가 있을 뿐입니다. 왕께서 어떻게 하면 내 나라를 이롭게 하나? 하고 말씀하시면, 대부는 어떻게 하면 내 집을 이롭게 하나? 하고 말할 것이고, 사·서인은 어떻게 하면 나 자신을 이롭게 하나? 하고 말할 것이니, 상하가 서로 이익만을 취하면 나라가 위태롭게 될 것입니다. 만승의 나라에서 그 임금을 시해하는 자는 반드시 천승의 가문이고, 천승의 나라에서 그 임금을 시해하는 자는 반드시 백승의 가문입니다. 만에서 천을 취하고 천에서 백을 취함은 이미 적은 것이 아니지만, 참으로 의를 뒤로 하고 이익을 앞세운다면 빼앗지 않고서는 만족해하지 않을 것입니다."

사람이라는 존재는 물론 이익에서 벗어날 수 없다. 도덕 의식의 형성 역시 감성적 욕구의 충족을 전혀 무시할 수는 없다. 하지만 이익은 늘 특별한 집단이나 개인과 연관되기 마련이다. 서로 다른 사회 집단, 서로 다른 개인의 이해관계는 종종 일치하지 않기도 한다. 이처럼 이익을 행위의 유일한 원칙으로 삼게 되면 상하가 오로지 이익만 추구한다면 사회의 안정은 유지될 수 없다. 사회는 결국 충돌 속에 위기로 치닫게 된다. 맹자가 양 혜왕에게 던진 말을 보면, 맹자는 사람들 사이의 관계를 이해의 틀에만 맞춘다면 반드시 부정적인 사회적 결과를 낳는다는 것을 분명히 알고 있었다. 바꾸어 말하면, 사람은 단순한 이익 추구를 뛰어넘어야 한다는 것이다.

'항산일정한 생업이 없으면 항심도덕 의식도 없다'라는 맹자의 말에는 공리관계를 넘어서는 욕구가 이미 존재한다. 항산은 물론 항심의 전제다. 백성들에게 일정한 생업을 마련해 주는 목적은 그들이 안정된 도덕 의식을 갖도록 하려는 데 있다. 도덕의식은 본질상

'의당위의 법칙'가 주체 속에 내면화하는 것이다. 보편적 규범인 '의'에는 항상 일반 공리가 나타난다. 그러므로 특수한 이해관계를 조절할 수 있다. 앞에서 예로 든 맹자와 양 혜왕의 대화에서 맹자가 이익만 추구하는 가치 취향을 부정하며 내놓은 긍정적인 명제는 바로 이것이다. '오직 인의만이 있을 뿐이다.' 인의만을 주장하는 것은 도덕 규범을 이해 관계를 조절하는 기준으로 삼는 것이기도 하다.

맹자는 이러한 이익의 규제 작용이 항심안정된 도덕 의식으로 실현된다고 보았다. 천자에서 일반 백성까지 도덕 의식을 두루 확립하면, 상하가 이익을 다투어 빚어지는 사회적 충돌을 완화시킬 수 있다는 것이다. 맹자의 주장은 공리 원칙을 일면적으로 강조한 법가와 대조적이다. 의로써 이를 제한하자는 맹자의 주장은 또한 당위의 원칙으로 이해관계를 합리적으로 조절한다는 것이기도 하다. 맹자는 사회의 안정과 조화를 유지하는 도덕의 작용에 주목하고 있다.

한편, 이해관계에는 수단의 성격도 있다. 이익을 추구할 경우, 사람과 사람 사이의 관계는 서로가 수단이 되는 관계에 지나지 않는다. 그러나 의는 단순한 수단을 넘어선다. 그렇기 때문에 의로써 이를 제한하는 것은 동시에 인간관계의 도구적 성격수단성을 지양함을 의미한다. 이익을 인간관계 조절의 기준으로 본 법가를 극복하고, 또한 사람을 수단으로 경시하는 편향을 극복한 맹자의 주장은 분명히 큰 이론적 의의를 가진다.

그러나 맹자는 이익만 추구하는 것을 부정하면서 '의'의 능력을 지나치게 강화하고 있다. 그는 의에 부합하면 행위의 결과는 고려하지 않아도 된다고 보았다. 그는 이렇게 말한다.

"대인이란 말을 한다고 해서 반드시 그 신용을 지키지는 않으며, 행동한다고 해서 반드시 처음 목표했던 데까지 해내지는 않는다. 오직 의가 있는 곳을 따라갈 뿐이다."

여기에는 두 가지 뜻이 담겨 있다. 첫째, 도덕 원칙은 절대성을 갖는다. 그것은 결코 외부에 있는 경험적 사실에 근거를 두지 않는다. 둘째, 주체의 언행에 대한 가치 판단을 반드시 행위의 결과에 의지할 필요는 없다. 다만 주체의 행위 동기가 의에 들어맞는지 살피면 된다. 이렇게 되면 의 자체가 목적이 된다. 이에 따라 주체의 행위는 '의를 위해 의를 실행하는 것'으로 나타난다. 이런 측면에서 보면, 맹자는 공자에서 시작된 의무론의 경향을 벗어나지 못하고 있으며 오히려 이 추세를 더욱 강화시키고 있다고 할 것이다.

인간경영은 이성적 욕구를 채워 준 다음에 가능하다

의는 보편적인 규범으로 항상 이성의 요구라는 모습으로 나타난다. 넓은 의미에서 이의 내용은 욕구의 만족이다. 이런 욕구는 먼저 물질에 대한 감성의 욕구로 나타난다. 이렇게 의리관계는 종종 이성의 요구와 감성의 욕구 사이의 관계로 전개된다. 이런 면에서도 맹자의 생각은 분명히 공자를 계승하고 있다. 그래서 다시 공자로부터 이야기를 시작해야 한다.

앞에서 우리는 공자가 결코 합리적 이익을 배제하지 않았음을 언급하였다. 이와 함께 공자는 감성의 욕구를 부정하지도 않았다. 『논어』의 기록에 따르면, 공자는 평소 음식에 상당히 신경을 썼던 모양이다.

"밥은 고운 쌀일수록 싫어하지 않으시고, 회는 가늘게 썬 것일수록 싫어하지 않으셨다. 밥이 쉬어 맛이 변한 것과 생선이 상한 것과 고기가 썩은 것은 드시지 않았다. 빛깔이 변한 것은 잡수시지 않았고, 냄새가 나빠도 잡수시지 않았다. 제대로 익히지 않은 것도 잡수시지 않았고, 제철 음식이 아닌 것도 잡수시지 않았다. 썬 것이 반듯하지 않아도 잡수시지 않고, 간이 제대로 되지 않은 것도 잡수시지 않았다. 고기를 비록 많이 드시기는 했어도, 밥 생각을 잃을 정도로 들지는 않으셨다. 술만은 일정한 양이 없었으나, 어지러운 지경에 이르지는 않으셨다. 받아 온 술과 사 온 육포는 드시지 않았다. 생강은 물리치지 않으셨으나 많이 드시지는 않았다.……"

음식이 채워 주는 것은 사람의 가장 기본적인 감성의 욕구다. 음식에서는 깨끗함을 거부하지 않는 것을 공자는 긍정하고 있다. 그러나 그는 비록 감성의 욕구의 정당성을 의심하지는 않지만 거기에만 지나치게 몰두하는 것은 반대하였다. 그는 감성의 욕구를 적절히 만족시키되, 무제한적으로 만족을 추구하지 않는 것을 합리적 태도라고 보았다. 감성의 욕구 자체는 크게 비난할 게 없다. 하지만 적당한 수준을 넘으면 부정적으로 변하게 마련이다. 이런 상황을 피하려면 반드시 이성의 요구로 감성의 욕망을 조절해야만 한다.

의리관계에서 공자가 변함없이 추구하는 것은 **'의를 최고로 여기는 것'** 이다. 이 주장과 관련하여 공자는 이성의 요구에 주목한다.

공자는 물론 감성의 욕망을 무시할 수는 없지만 상대적으로 이성의 요구에 더 중요한 의의가 있다고 본다. 그러므로 사람들은 우선 이성의 요구를 실현해야 한다. 공자는 다음의 내용을 거듭 강조하였다. 군자는 **'도'** 에 힘을 쏟아야지 의식에 신경 써서는 안 된다. 군자가 걱정할 일은 **'도'** 를 실현할 수 있는가 하는 것이지, 재물을 얻을 수 있는가 하는 것이 아니다. 여기서 **'도'** 는 넓은 의미의 사회적 이상**도덕적 이상을 포함한**을 가리키고, "도에 힘쓴다" 라는 말은 이성의 추구를 나타낸다. 감성의 욕구**의식의 만족**와 이성의 추구 **도의 실현** 가운데 분명히 후자가 우선이다.

물론 의식에 신경 쓰지 않는 것이 결코 감성의 욕망을 완전히 포기한다는 것은 아니다. 이것은 물질적 수요를 이성의 추구에 종속시키는 것이다. 도**이상**에 뜻을 두고 애쓰면, 어렵고 힘든 생활 속에서도 정신적 기쁨을 맛볼 수 있다. 공자는 제자 안회를 이렇게 칭찬한 적이 있다.

"어질구나, 회야! 한 그릇 밥을 먹고 한 쪽박 물을 마시며 누추한 거리에 산다면, 남들은 그 괴로움을 감당하지 못할 터인데, 회는 그 즐거움이 변하지 않는구나. 어질구나, 회야!"

이런 삶의 태도는 공자 자신의 도덕적 추구에도 마찬가지로 나타난다. 공자는 이렇게 말했다.

"거친 밥을 먹고 물을 마시며, 팔을 베고 누웠어도, 즐거움이 그 안에 있다. 의롭지 않으면서 부귀해지는 것은 내게는 뜬구름이나 같다."

이 말에서 묘사한 '즐거움'은 후세의 유가_{특히 송·명 시대의 신유학}에서 항상 언급하는 '공자와 안연이 즐겼던 것'이기도 하다. 그 핵심은 감성의 욕구를 넘어서는 것이다. 곧 이상을 추구하면서 정신적 만족에 이르는 것이다. 공자와 안연이 누린 이런 경지를 통해 정신의 승화가 부각된다. 또한 행복이 감성의 욕망의 실현에만 달려 있지 않다는 것을 강조하고 있다. 그리하여 사람에게는 일반생물과 다른 본질적 특징이 있음을 보여 준다. 도덕적 주체인 사람의 내면적 가치도 이성이 감성을 초월하는 데서 구체적으로 나타난다.

우리는 이런 공자 학파의 경지에는 이와 욕_{이성의 요구와 감성의 욕망} 사이에 어떤 긴장이 존재한다는 것을 알 수 있다. 도를 추구하되 의식에 신경 쓰지 않는 것, 곧 안빈낙도의 가치 취향 속에서 사람의 감성 욕구는, 부정되지는 않더라도, 하나의 종속적인 요소로 이해되고 있다. 또한 이성의 요구는 마치 감성의 욕망의 외부에 존재할 수 있고, 심지어 감성의 욕망보다 앞서 만족시킬 수 있는 것만 같다. 일반적으로 이성은 사람의 본질을 더 많이 나타내고, 감성은 사람의 특정 존재와 연관된다고 말한다.

공자는 이성이 앞선다는 주장을 지나치게 강조하였다. 공자는 사람이 갖고 있는 특정 존재와 보편적 본질, 감성과 이성을 제대로 통일시키지 못하고 있다. 그의 이론에는 사람의 이성적 본질이 사람의 감성적 존재를 억누를 가능성이 숨어 있다. 이런 경향을 우리는 맹자에서도 찾아볼 수 있다.

앞에서 서술한 것처럼, 맹자는 인식론에서 이성 원칙을 아주 각별한 위치에 올려놓았다. 의리관계에서는 '의보편 규범'의 작용을 회복하고 강화하는 것을 자기 이론의 무게 중심으로 보고 있다. 그런데 '의'는 본질상 이성의 요구를 나타낸다. 이성과 감성을 통한 이중적 사고 경향이 낳은 논리적인 결과, 맹자는 '대체'에 더 많은 관심을 기울이고 있다. '대체'라는 것은 본래 '마음이라는 기관사유 기관'을 가리켰는데, '이성의 요구'로 뜻이 확대된다. 여기에 상대되는 것이 '소체'다. 바로 인간의 감각 기관인데, '감성의 욕망'으로 뜻이 확대된다. 맹자는 이성과 감성에는 크고 작음의 구분이 있고,

또한 귀하고 천함의 구별이 있다고 본다. 맹자에 따르면 감성은 영원히 종속적 지위에 있을 뿐이며, 감성의 욕망으로 이성의 요구를 통제할 수는 없다. 어떤 사람이 자신이 가진 이성의 품격을 발전시키는 데 주의하면 덕성을 갖춘 군자가 될 수 있다. 그러나 오로지 감성의 충동에만 귀를 기울인다면 소인으로 전락할 수도 있다. 맹자는 다음과 같은 예를 들어 설명한다.

"손가락 하나를 고치면서 어깨나 등에 있는 병은 놓쳐 버리고, 그러고서도 모른다면 낭질에 걸린 사람이라고 할 것이다. 음식을 탐하는 사람은 남들이 천하게 여기는데, 그것은 그가 작은 것을 기르고 큰 것을 잃어버리고 있기 때문이다."

맹자는, 사람은 감성의 단계에 머물러서는 안 되고 마땅히 이성의 단계로 승화를 이루어 나가야 한다고 보았다. 이런 판단에는 분명 합리적 측면이 있다. 일반적으로 감성의 욕구는 종종 자연스런 성질을 나타내지만, 이성의 요구에는 사람이 가진 사람으로서의 보편적 본질이 더 많이 나타난다고 한다. 이 점에서 맹자가 '대체이성의 요구'에 주목한 것에는 사람이 자연의 존재를 뛰어넘도록 하고, 또한 사람이 가진 사람으로서의 보편적 본질을 완전히 실현하도록 한다는 의의가 있다.

그러나 맹자는 대소·귀천으로 이성과 감성을 구별하면서 감성의 욕구를 무시하고 억누르는 경향을 보여 준다. 이성의 추구에 맞서는 감성의 욕구에는 경중을 따질 수 없는 부분이 분명 어느 정도 존재하고 있다. 이런 경향은 맹자의 항심·항산 이론에 이미 잠재적 방식으로 들어 있다. 즉, 한편으로 도덕 의식은 기본 욕구를 채워 준 다음에 형성된다. 다른 한편으로 기본적인 감성의 욕구를 만족시키는 것은 도덕 의식의 확립을 목표로 한다. 후자의 경우는 백성들에게 일정한 생업을 제공하여 그들의 기본적인 감성의 욕구를 만족시켜 주는 것이다. 이것은 사실 수단의 의미밖에 없다. 이런 견해에서 추론해 보면 자연스럽게 '대체를 따른다무조건 이성의 요구에 복종한다' 라는 결론을 이끌어낼 수 있을 것이다.

여기에서 우리는 맹자가 인간의 감성 욕구를 간단히 부정하는 태도를 취하지는 않지만, 감성을 '작고' '천한' 것으로 봄으로써 결국 이이성의 요구를 중시하고 욕감성의 욕망을 경시하는 가치 취향을 갖고 있음을 알 수 있다. 이러한 가치 취향은 의리관에서 '오직 의가 있는 곳'을 강조한 논리의 결과이다. 이것은 후세의 유가, 특히 송·명 시대 신유학의 이욕론에 큰 영향을 미치게 된다.

孟子 人間經營

제 7 장

이상적인 인간경영은 독단을 갖지 않아야 한다

각자가 가진 도덕은 다를 수 있다. 이들이 서로 부딪쳤을 때에 충돌은 불가피하다. 하물며 인간경영을 할 때는 이런 충돌을 피할 수 없다. 다만 하나의 보편적 가치를 정해 서로가 귀와 마음을 열고 더 나은 결과를 도출해야 할 따름이다.

『맹자』「진심」편에는 맹자와 제자 도응이 나누는 흥미로운 대화가 실려 있다. 도응이 맹자에게 묻는다.

"순은 천자가 되고 고요는 사사가 되었는데, 고수가 사람을 죽인다면 어떻게 될까요?"

맹자가 말했다.

"그를 체포할 따름이다."

"그렇다면 순이 그 일을 금하지 않겠습니까?"

"순이 어떻게 그것을 금할 수 있겠느냐? 그가 이어받은 법이 있다."

"그렇다면 순은 어떻게 할까요?"

"순은 천하를 버리는 것을 헌 짚신 버리는 것처럼 생각할 것이며, 몰래 부친인 고수를 업고 달아나 바닷가로 가서 살면서 죽을 때까지 즐거워하며 천하를 잊을 것이다."

이 대화에서는 매우 중요한 윤리학의 문제가 언급되고 있다. 그것은 바로 도덕의 충돌이라는 문제다. 한 나라의 임금인 순도 아버지가 법을 어긴다고 마음대로 법을 조정할 수는 없다. 그저 사법 담당자의 법 집행에 맡겨둘 수밖에 없다. 하지만 순임금은 자식으로서 아버지가 잡혀가는 것을 그냥 두고 볼 수도 없다. 여기에서 도덕과 법률 사이의 긴장이 생겨나고, 서로 다른 도덕 규범나라에 대한 충성과 아버지에 대한 효도-넓은 의미의 충과 효이 충돌한다.

위에서 제시된 장면은 가설로 나온 것이다. 그런데 맹자는 순이 아버지를 업고 몰래 달아나는 것을 해결 방식으로 하고 있다. 이 가설에는 다소 희극적 성질이 드러나 있다. 그러나 그 배후에는 매우 현실적이고 심각한 문제가 있다. 바로 구체적 상황에서 부딪히는 도덕의 충돌을 주체가 어떻게 해결할 것인가 하는 점이다.

도덕의 충돌과 직접 연관되는 것이 도덕 원칙의 절대성 문제이다. 도덕 원칙예컨대 공무를 수행하고 법을 집행하는 것, 부모에게 효도하고 공경하는 것에는 절대성이 있는 것일까? 이런 절대성은 가능한 변통을 배제하는 것일까? 서로 다른 도덕 원칙들 사이의 충돌을 어떻게 해결할 것인가? 이런 문제가 유학에서는 항상 경과 권의 관계로 전개된다. '경'이 강조하는 것은 도덕 원칙의 불변성, 절대성이다. '권'의 일차적 의미는 저울추다. 동사로 쓰면 물건을 저울에 달아 그 무

게를 재는 것을 가리키고, 민첩한 변통으로

확대하여 쓰기도 한다. 원칙을 지나치게 강조하는 절대성은 독단론으로 흐르기 쉬우며 항상 권위주의 형태로 나타난다. 한편 임기응변을 끌어들이는 것은 독단론과 권위주의를 어느 정도 제한하게 된다.

맹자가 바라본 이론의 선구자

경과 권의 관계를 해결하면서 맹자는 공자를 이론의 선구자로 보았다. 이 문제를 보는 맹자의 기본 관점을 이해하려면 그의 사상의 기원을 추적해 보아야 한다.

앞에서 이미 언급했지만, 공자는 의에는 절대성 '의로움을 최고로 친다' 이 있다고 본다. 그는 도덕 원칙의 절대성을 중시하는 것이다. '인' 이라는 기본 윤리 원칙을 해석하면서 공자는 이 점을 구체적으로 설명한다. "군자가 인을 버린다면 어찌 군자라는 이름을 이루겠는가? 군자는 밥 먹는 동안이라도 인을 어기지 말아야 하며, 다급한 순간이라도 꼭 인을 지키고, 넘어지는 순간이라도 꼭 인을 지켜야 한다."

여기서 공자는 두 번이나 '반드시' 라는 말을 사용하면서 도덕 원칙의 절대성을 강조하고 있다.

인도가 밖으로 나타나면 예로 표현된다. 예와 인은 안과 밖이라는 구별은 있지만 일반적인 도덕 원칙인 이 두 가지는 보편적이고 필연적이라는 점에서 결코 다르지 않다. 때로는 인을 좇는 것이 예에 부합하는 것을 뜻하기도 한다.

안연이 공자에게 인에 대하여 물었다. 그러자 공자가 말했다.

"자기를 이겨 내고 예로 돌아가는 것이 인이다. 어느 날이고 자기를 이겨 내고 예로 돌아가면, 천하가 인으로 귀의하게 될 것이다. 인을 실천하는 것은 자신에게 달린 것이다. 어찌 남에게 달린 일이겠느냐?"

"그 자세한 내용을 여쭙겠습니다."

"예에 어긋나는 것은 보지 말며, 예에 어긋나는 것은 듣지 말며, 예에 어긋나는 것은 말하지 말며, 예에 어긋나는 경우에는 움직이지 말아야 한다."

이 말은 예에 맞지 않으면 보지도 듣지도 말하지도 행동하지도 않는다는 것이다. 여기서 사람이 하는 말과 행동은 모두 예라는 틀 속에 들어가게 된다. 바꾸어 말하면, 예는 도덕원칙으로서 무조건적인 절대 명령이 된다.

도덕 원칙이 무조건적·절대적 형식을 부여받게 되면, 동시에 구체적인 이해관계를 뛰어넘는 성질을 갖게 된다. 주례의 규정에 따르면, 제후국은 매달 초하루에 살아 있는 양 한 마리로 조상의 사당에 제사 지내야 한다. 공자의 제자 자공은 산 양으로 제사 지내는 것이 못내 아쉬워 양으로 사당에 제사 지내는 형식을 없애고자 하였다. 이 일을 전해 들은 공자는 자공이 틀렸다고 보고 이렇게 말한다.

"사야! 너는 그 양을 아끼지만 나는 그 예를 아끼려 한다."

공자는 양으로 조상에게 제사 지내는 것은 예로 정한 형식이며, 거기에는 예의 신성성이 구현되어 있다고 보았다. 그러므로 이것은 경제적으로 이해관계에서 손해가 나더라도 절대로 없앨 수 없는 것이다. 고집에 가까운 이런 태도에서 우리는 공자가 도덕 원칙의 합리성에 대해 갖고 있는 어떤 신념을 엿볼 수 있다. 즉 이런 태도를 통해 실제로는 공자가 도덕 원칙과 구체적 이익의 관계에서 **당위의 원칙**이 갖고 있는 절대성을 더 강조하고 있음을 알 수 있다.

일반적으로 도덕 원칙은 일정 시기의 사회관계를 나타낸다. 도덕 원칙을 잠시도 벗어날 수 없는 초역사적인 명령으로 이해하면, 거기에는 종종 독단성이 나타나게 된다. 당위 원칙의 절대성을 강조하면서 공자는 이러한 독단론의 경향을 드러내고 있다. 이 점은 그의 정명론에서 뚜렷이 드러난다.

자로가 공자에게 물었다.

"위나라 임금이 선생님께 의지하여 정치를 한다면 선생님께서는 무슨 일을 먼저 하시겠습니까?"

공자가 대답한다.

"반드시 명분을 바로세우겠다."

자로가 물었다.

"그렇습니까? 선생님께서는 사정에 어두우십니다! 어찌하여 그것을 바로세우시겠다는 것입니까?"

공자가 대답한다.

"어리석구나, 유야! 군자는 자신이 알지 못하는 일에 대해서는 말을 않고 내버려 두는 법이다. 명분이 바로 서지 않으면 말의 논리가 순조롭지 못하게 된다. 말의 논리가 순조롭지 못하면 일이 제대로 이루어지지 않는다. 일이 제대로 이루어지지 않으면 예악이 흥성하지 못하게 된다. 예악이 흥성하지 않으면 형벌이 적절하지 않게 된다. 형벌이 적절하지 않으면 백성들은 손발을 제대로 둘 곳도 없게 된다. 그러므로 군자가 명분을 세우면 반드시 말로 설명할 수 있고, 발로 설명하면 반드시 실행할 수 있는 것이다. 군자는 자신이 한 말에 구차한 경우가 없어야만 한다."

공자에게서 명분은 일반적인 개념이자 동시에 보편적 원칙으로 확대된다. 정명이라는 말의 본뜻은 이름으로 실제를 바로잡는 것이다. 넓은 뜻에서 그것은 일반적인 가치 원칙으로 사회 현실을 규율하는 것을 가리킨다. 또는 사회 현실을 이미 정해진 가치 원칙에 들어맞도록 만드는 것을 말한다. 이런 관점에는 선험론적 성격이 나타난다. 또한 이 관점은 일반적인 원칙을 사회 현실을 초월한 교조로 변질시켜 독단론으로 흐르게 한다. 이것은 이후 정통 유학에서 점차 권위주의적 가치관으로 변모한다.

비록 공자가 인.예 등의 도덕 규범의 절대성을 강조하며 독단론의 경향을 나타내기도 하지만 유학의 창시자인 공자의 태도는 그래도 이후의 정통 유가들처럼 편협하지는 않았다. 공자는 원칙으로 현실을 규율할 것을 요구하였지만, 원칙 자체가 운용 과정에서 변통될 수 있다는 것을 완전히 부인하지는 않는다. 예를 들어 주례의 규정에 따르면 예모를 삼실로 만들어야 하지만 공자가 살았던 시대에는 절약을 위해서 모두 명주실로 만들기 시작했다. 이런 변화 앞에 공자는 경직되게 예를 고집하지 않고 대중의 태도를 따른다. 바꾸어 말하면, 공자는 예가 절대 변할 수 없는 것이 아니라고 본 것이다. 곧 기본 원칙에 어긋나지 않는다는 전제 아래 예의 구체적인 요구는 시대의 변화에 따라 적당히 조정될 수 있다. 이러한 융통성은 처세 원칙에도 나타난다.

공자는 다음과 같은 견해를 내비친 일이 있다.

"위태로운 나라에는 들어가지 말고, 어지러운 나라에서는 살지 말아야 한다. 천하에 올바른 도가 행하여지면 나아가 일하고, 올바른 도가 없으면 숨는다."

이 말의 뜻은 이렇다. 즉 안전하지 못한 나라에 들어가면 안 되고, 사회 질서가 없는 나라에서 머물면 안 된다. 천하가 태평하면 나와서 정사에 종사하고 태평하지 않으면 숨어 지낸다.

덕성을 갖춘 사람은 물론 사회를 위해 힘을 다해야만 한다 보편의 사회적 책임을 수행한다. 그러나 이 요구는 무조건적인 것이 아니다. 그것은 구체적인 사회 형편을 토대로 정해져야 한다. 사회가 이상실현에 필요한 조건을 제공하지 못하면, 천하를 개선한다는 원칙을 고수할 필요는 없다. 융통성 있는 태도가 필요한 것이다. 군주와 신하의 관계를 다룰 때도 예외가 아니다. 예가 요구하는 것을 바탕으로 신하는 군주에게 충성을 다해야 한다. 그러나 공자는 충군의 원칙이 고정 불변한 것이 아니라고 본다. 충군의 원칙을 지킬 것인지의 여부는 주체가 직면하고 있는 구체적인 상황을 살펴보아야 한다. 형편이 맞지 않으면 이 원칙을 고집할 필요가 없다 '도로써 임금을 섬기다가, 제대로 되지 않으면 그만둔다.'

위와 같은 공자의 생각에는 이미 도덕 원칙과 구체적 형편이 서로 연결되고 있다. 이 점에 대해 공자는 이전에 다음과 같이 개괄한 일이 있다.

"군자는 천하의 일에 대하여 꼭 그래야 한다는 것도 없고, 절대로 안 된다는 것도 없으며, 의로움만을 좇는다."

의로움은 본래 '마땅함'을 가리킨다. 그렇지만 의로움이 '무적', '무막'과 관련되면 적당함, 임시 변통의 뜻을 동시에 갖게 된다. 이른바 무적은 어떤 행위 방식만을 고집하지 않는 것을 가리키고, 무막 또한 어떤 방식을 절대적으로 배제하지 않는 것이다. '의로움만을 좇는다'는 것은 구체적인 경우를 토대로 알맞은 행동 방식을 선택하는 것이다. 이런 견해는 분명히 보편적인 원칙이 도덕 행위를 지도할 필요가 있음을 주목하고 있다. 의로움은 사람이 놓여 있는 특수한 형편을 고려해야 한다.

그런데 도덕 규범은 이론적으로는 보편적인 율법이다. 거기에는 항상 구체적인 장면을 초월하는 측면이 있다. 이러한 보편성은 도덕의 내면적 가치와 존엄성을 나타낸다. 또한 어떤 의미에서는 도덕 규범이 도덕 명령으로 구체화한 것이기도 하다.

플라톤에서 칸트에 이르는 서구의 절대주의 윤리설은 주로 도덕 명령의 보편적 제약성을 강조하였다. 그러나 구체적인 도덕적 경우를 분석하는 일에는 상대적으로 소홀하였다. 현대의 실용주의, 실존주의 및 상대주의 윤리설에 이르러 비로소 구체적인 도덕적 경우의 분석이 중요한 위치에 오르게 된다. 이것과 비교해 보면, 공자가 도덕의 원칙인, 예의 절대성을 강조하고 '무적 어떤 구체적 방식만 고집하지 않는다'·'무막 어떤 방식을 절대적으로 배제하지는 않는다'을 주장한 것은 이미 절대주의 윤리설과 상대주의 윤리설의 관련을 다루고 있는 것으로 보인다. 그것은 분명히 윤리 원칙에 나타나는 독단적인 견해를 어느 정도 제한하고 있다.

공자는 도덕 원칙의 변통에 일정한 관용을 보여 준다지만 전체적인 경향을 보면 그는 원칙의 절대성을 중시 공자의 제자 자하가 이 점에 대하여 자기 의견을 낸 적이 있다.

"큰 덕에서 그 법도를 넘지 않는다면, 작은 덕에서는 더하고 덜한 것이 있어도 괜찮을 것이다."

이 말은 구체적인 경우에 취하는 임기응변에서는 기본규범을 지키는 것을 원칙으로 여긴다는 것이다. 예컨대 부모에게 효도하고 공경하는 것은 기본적인 윤리 규범이다. 그러나 이런 규범은 어떤 조건에서는 부모에게 충고할 수도 있다는 것을 결코 방해하지 않는다. 또한 무조건 부모에게 순종하라고 요구하지도 않는다. 하지만 이런 충고와 부모의 의지가 서로 충돌하면 부모의 명령에 따라야만 한다. 자하의 이런 주장에는 다음과 같은 생각이 들어 있다. 즉, 경 도덕 원칙의 절대성과 권도덕 원칙의 구체적 경우에서의 변화 가운데 경이 더욱 중요한 근본적 측면이라는 것이다. 이러한 사유 경향은 맹자에게 직접적인 영향을 미친다.

인간경영의 실천은 독단적이지 않아야 한다

우리는 앞에서 맹자와 그의 제자 도응의 대화를 살펴보았다. 거기에서는 이미 도덕의 충돌을 해결할 방법의 문제를 예리하게 언급하고 있다. 맹자는 이 문제의 해결이 무엇보다 '권'과 관련된다고 본다. 공자와 비교해 맹자는 '권변' 개념을 분명히 표현하고 있다.

그는 다음과 같이 지적했다.

"중간을 잡고 나가되 임기응변하는 일이 없으면 그것은 한 가지를 고집하는 것과 같다. 한 가지를 고집하는 것을 미워함은 그렇게 하는 것이 정도를 해치고, 한 가지를 내걸고 백 가지를 없애 버리기 때문이다."

앞에서 언급한 것처럼 행위 규칙이 되는 '권'의 기본 의미는 민첩한 융통성이다. 여기에 맞서는 것이 '집일'이다. 집일은 어떤 규범에 사로잡힌 채 융통성을 모르는 것이다. 이것은 항상 일반 규범을 경직된 것으로 만들고, 규범으로 하여금 풍부하고 다양한 사회생활에 대응하기 곤란하게 만든다. 그리하여 결국 규범 자체의 작용을 제한하게 된다. 일반적으로 원칙에 대한 민첩한 융통성은 항상 개인의 구체적인 상황과 관련된다. 또한 궁극적으로는 구체적인 개인을 통해 실현되는 것이기도 하다. '권'으로 '집일'을 부정하는 것은, 개인이 결코 일반 원칙의 종속물이 아니며, 반대로 원칙 자체가 개인을 통해서 비로소 구체화하는 것임을 의미한다.

일반 규범이 되는 민첩한 융통성 가운데 '권'은 무엇보다 다른 존재의 사정을 구체적으로 분석할 것을 요구한다. 맹자는 예를 들어 설명한다.

주례의 규정에 따르면, 남녀 사이에는 직접 물건을 주고받을 수 없다. 그런데 만약 형수가 실수로 강물에 빠지면 손으로 붙잡아야 한다. 이것이 바로 일반 원칙에 대한 융통성이다.

이 점에서 구체적 현실에 대한 분석이 민첩한 운용의 전제가 된다. 상황 분석을 바탕으로 하는 '권'은 '시'라고도 한다. 맹자는 공자야말로 '성인으로서 때를 알아서 처신한 사람이었다.'라고 본다. 왜냐하면 공자는 구체적 상황을 바탕으로 적절하게 행위 방식을 조정할 수 있었기 때문이다.

예를 들면 이렇다. 공자는 이미 씻어 놓은 쌀로 밥을 해 먹지도 않고 급히 제나라를 떠난다. 그 이유는 제나라 임금이 그의 정치적 주장을 받아들이지 않았기 때문이다. 그러나 노나라를 떠날 때는 달랐다. 한 걸음을 세 번에 나누어 걸었고, 몹시 느리게 행동했다. 노나라는 공자의 고향이다. 누구나 고국에 대해서는 그리워하는 감정이 있게 마련이기 때문이다. 결국 떠나야 할 상황이면 빨리 떠나고, 오래 머물러야 할 상황이면 오래 머문다. 또한 벼슬하지 않아야 하면 하지 않고 벼슬해야 하면 하는 것이다. 여기에서 공자의 융통성이 드러난다. 이처럼 '권'이나 '시'라는 개념은 구체적인 실존의 경우를 중요하게 본다.

구체적인 경우를 가지고 말해 보자. 맹자의 관점과 실존주의 사이에는 서로 통하는 점들이 있다. 예컨대 사르트르는 주체가 겪는 두 가지 경우의 어려움을 유명한 예로써 설명한 적이 있다. 2차 세계 대전 기간에 한 프랑스 청년이 힘든 선택을 앞에 두게 된다. 그것은 바로 외로운 어머니를 모실 것인가, 아니면 대독일 항쟁에 투신할 것인가 하는 것이었다. 실존주의에서는 구체적인 경우 개인이 취하는 선택은 순수한 개성적 행위임을 강조한다. 거기에는 따를 만한 전례가 없고, 의지할 만한 일반 원칙도 없다. 이처럼 실존주의에서는 구체적인 경우에서 이루어지는 개인의 선택에는 상대주의의 성격이 있다고 이해하고 있다.

이와는 달리 맹자가 '한 가지를 고집하는 것'에 반대하는 것은 어떤 보편 규범에 구속되지 않는 것을 가리키지, 보편 규범을 완전히 포기하는 것은 아니다. 따라서 집일에 반대하는 것이 보편 원칙이나 규범의 작용을 부정하는 것을 뜻하지는 않는다. 어떤 의미에서 집일에 반대하는 것은 보편 규범이 더 잘 작용하게 만들기도 한다. 맹자는 '집일규범을 고수하는 것'이 보편 원칙 자체를 파괴한다는 것을 강조하며 이 점을 설명한다. 마찬가지로 순의 아버지가 사람을 죽여 붙잡힌다는 가정 속에서, 맹자는 순의 아버지를 업고 멀리 달아나는 것을 도덕 충돌의 해결 방식으로 보고 있다. 이런 생각에도 일반 규범의 제약 작용이 나타나있다. 순이 아버지를 데리고 달아난다는 것은 순이 효를 최고의 행위 원칙으로 보고 있음을 뜻하는 것이다.

맹자는, 주체는 구체적인 경우에 민첩하게 변통할 수 있지만 동시에 이 변통은 반드시 어떤 보편적인 원칙에 따라야 한다고 보았다. 예컨대 형수가 실수로 물에 빠지면 물론 남녀가 신체를 접촉해서는 안 된다는 규정의 제한을 받지 않을 수 있다. 이때 손으로 형수를 붙잡아 물에서 구해 주는 것 자체가 보편적인 인도의 원칙을 나타낸다. 결국 특정 상황에 대한 구체적 분석과 변통은 보편적인 도덕 규범을 벗어나지 않는다는 주장이다. 이런 의미에서 맹자는 거듭 "군자는 상도로 돌아올 뿐"이라는 점을 강조하였다. 곧 군자의 최종 목표는 보편 원칙으로 돌아가는 것이다. 현대 서구의 실존주의가 선택의 자주성을 일면적으로 강조하는 것과는 달리 맹자는 민첩한 변통과 일반 원칙을 지키는 것의 통일을 인정하고 있다. 이런 점에서 맹자의 사고 방식이 더욱 합리적으로 보인다.

맹자는 비록 권과 경은 서로 연관되지만 둘 사이에는 중요한 것과 부차적인 것이라는 차이가 있다고 본다. 권은 전체적으로 보면 경에 종속된다는 것이다. 앞에서 기술한 것처럼, 맹자는 일반 규범에 얽매이는 것에 반대하였다. 왜냐하면 집일 때문에 도일반 규범에 도달하기가 어렵기 때문이다. 바꾸어 말하면 이렇다. 권변통은 어느 정도는 최고 규범도을 지키는 수단으로 간주된다.

"군자는 상도로 돌아와야 한다보편 규범으로의 회귀"라는 요구가 이런 추세를 더욱 뚜렷이 보여 준다. 맹자는, 권의 작용은 온갖 구체적인 규범들을 적절히 조정하여 도최고 규범가 보다 온전하게 운용되도록 하는 데 있지, 결코 근본적으로 도_{보편 규범}에 서 벗어나는 것이 아니라고 본다.

보편적인 도의 신성성을 맹자는 언제나 의심하지 않았다. 그는 경세와 치국에서 선왕의 도를 따르지 않으면 지혜롭지 못하다고 거듭 강조한다. 맹자 자신은 말 한 마디 행동 하나도 모두 '요순의 도'에 의지하고 있다. 이렇게 되어 도는 절대적 지위에 오른다. 그것은 사람들의 정치.도덕 행위에 뛰어넘을 수 없는 한계를 규정한다. 도 보편 원칙를 이처럼 이해하는 것에는 이미 독단론으로 이끄는 계기가 들어 있다.

유학의 도가 독단적인 것으로 변모하면, 유가 이외의 다른 학파나 학설에 대해 너그러운 태도를 갖기가 힘들다. 맹자가 전국 시대에 '논쟁을 좋아한다' 라는 명성을 얻었음은 앞에서 이미 언급하였다. 그런데 맹자가 벌였던 이 논쟁들에는 도를 지킨다는 성격이 들어 있다. 맹자는 이 점을 거리낌없이 말한다.

"공자 이후 세상에는 성왕이 나오지 않았으며, 제후는 방자하고 재야 인사들도 의론을 남발하고 있다. 특히 양주.묵적의 주장은 천하를 뒤덮어 천하의 언론이 양주에게 돌아가지 않으면 묵적에게 돌아간다. 나_{맹자}는 이 점을 두려워하여 … 중략 … 나도 사람들의 마음을 바로잡고, 사설을 없애고, 치우친 행동을 막고, 방자한 말을 몰아내 세 분의 성인을 계승하고자 한다. 내가 어찌 논쟁하기를 좋아하겠느냐? 어쩔 수 없어서 그런 것이다."

　　서로 다른 학파·학설이 출현한다는 것은 백가쟁명이라는 역사적 상황을 반영하고 있다. 맹자는 백가의 논의가 모두 방자한 말이나 사설에 불과하다고 보았다. 그것들은 선왕의 도를 위협하는 존재다. 선왕의 도를 지키려면 각종 학설을 금지시켜야만 한다. 맹자의 이런 주장에는 '최고의 하나를 정하려는' 요구가 들어 있다. 공자와 비교해 보면 맹자는 이미 권위주의 쪽으로 한 걸음 내딛고 있는 것이 분명하다.

　　좀 더 깊이 살펴보면, 맹자의 이런 사상에는 다음과 같은 의도가 담겨 있는 듯하다. 그것은 유가 학설성왕의 도를 핵심으로 함로 천하의 생각들을 통일한다는 것이다. 맹자는 유가 학설이야말로 진리의 화신이라고 보았다. 사람들의 언행은 오로지 성왕의 궤적 속에 들어가야 비로소 정도에 부합한다는 것이다. 여기에는 일종의 사상 통일의 요구가 나타난다. 그리고 이런 요구는 시대의 추세를 굴절시켜 반영하고 있다.

　　맹자가 살았던 시기는 대체로 전국 시대 중기에 해당한다. 당시 역사의 변화 추세는 대 통일의 전야에 놓여 있었다. 실제로 한 세기 후 진 시황은 중국 통일의 대업을 완성하게 된다. 일반적으로 정치적 통일의 추세는 직접 또는 간접적으로 사상 관념에 반영될 수 있으며 여론의 준비가 필요하다고 한다. 유가와 법가가 전국 시대 중.

후기에 전개한 왕도.패도론이 바로 이런 역사의 요구를 반영한다. 왕도와 패도는 통일 방식에 대한 서로 다른 선택이라고 볼 수 있다. 법가에서는 패도를 중시한다. 즉 폭력적 방식으로 천하를 통일하는 것이다. 유가에서는 '천하에 왕도 정치를 펼 것'을 목표로 삼아 인정이라는 방식으로 천하통일하려고 한다. 맹자의 요구는 '성왕의 도'라는 권위를 확립하였다. 아울러 이로써 백가의 주장을 배척하고 있다. 이것은 객관적으로 보면 이데올로기의 통일이라는 관점에서 대 통일로 향해가는 데 필요한 여론을 준비하였다. 이런 점에서 맹자가 보편 원칙을 강화한 것경으로 권을 압도하는 것은 역사적인 근거가 있다고 할 것이다.

맹자보다 시기가 늦은 순자에게서도 비슷한 사유 경향을 볼 수 있다. 그는 맹자와 마찬가지로 원칙에 대한 기민한 변통을 부정하지 않는다. 그렇지만 그는 동시에 "의로움으로 변화에 대응한다"라는 점을 강조하였다. 곧 일반적인 원칙은 구체적인 사정을 감안하여 합리적 변통을 할 수도 있으나, 이것이 원칙 자체를 부정함을 의미하지는 않는다. 오히려 원칙 속에 항상 어떤 안정적 측면이 있고, 원칙이 가진 이런 안정적 측면이 기민한 변통의 근거가 된다. 여기서 출발해 순자는 일반 규범이 갖는 절대성을 강조하였다. 예의 경우, 순자는 예의 핵심적인 면에는 어떤 손실이나 이익증가와 감소이 있을 수 없다고 생각한다. 뿐만 아니라 거기에는 영원 불변한 성질도 들어 있어서 만세의 원칙이 될 수 있다는 것이다.

일반 규범 속에 있는 가장 보편적 단면이 도다. 도는 유일한 것이다. '천하에는 두 개의 도가 없고, 성인에게는 두 마음이 없다.' 도는 이처럼 유일하고도 절대적인 성격 때문에 천하 사람들의 생각을 통일하는 임무를 맡을 수 있는 것이다. '도는 사람을 하나로 만들 뿐이다.' 이른바 '도로써 사람을 하나로 만든다'는 것은 최고의, 절대 불변의 도로써 사람들의 의지를 통일하는 것이다. 맹자와 비교해 보면, 여기에는 '최고의 하나를 정하려는' 경향이 나타나 있다.

맹자와 마찬가지로 순자는 유가 이외의 학파들의 학설을 비판하고 부정하는 태도를 보여 주고 있다. 맹자는 양주·묵적을 배척하면서 주로 그들의 학설에 창끝을 겨누었다. 순자는 양주·묵적을 거부할 뿐만 아니라 열두 명의 사상가들을 비난하는 것으로 논의를 확대한다. 『순자』에는 「비십이자」라는 글이 실려 있다. 그는 여기에서 당시 영향력이 컸던 열두 명의 사상가를 집중 공격하고 있다. 맹자에서 순자에 이르기까지 유가에서 '경원칙의 절대성'을 강조한 것은 '도로써 사람들을 통일하는 것이데올로기의 통일'을 의도했기 때문이다. 여기에는 통일로 치닫던 당시 역사의 진행 과정이 굴절되어 투영되고 있다. 또한 이러한 생각은 이후 정통 유가의 권위주의적인 가치 원칙의 선구가 되고 있기도 하다. 이런 점에서 맹자가 중국 문화에 끼친 영향은 복잡한 특징을 보여 준다.

孟子人間經營

제 8 장

인간경영의 현실과 이상, 과거에서 배운다

맹자는 문명 사회에서 필요한 것이 잘 갖춰진 분업 체계라고 했다. 하지만 그 사회가 이상 사회라고 규정짓지 않았다. 오히려 과거의 태평성대를 예로 들면서 현실의 부당한 상황을 고쳐 나가고자 했다.

맹자는 양주·묵적에 맞서고 사설을 배척함으로써 유가의 도를 수호하였다. 이러한 노력에는 당시의 사회 현실에 대한 비판이 은근히 드러나 있다. 그는 처사들이 마구 자기 주장을 내세우고 온갖 학설들이 난무하면서 사회가 사상적 혼란을 겪고 있다고 보았다.

어떤 경영이든 항상 비판이 따른다

맹자의 사회 비판은 사상의 영역에만 그치지 않는다. 그의 비판은 사회의 여러 분야에 걸쳐 있다. 맹자는 제후와 대화를 나누거나 제자들과 담론하면서 항상 다른 각도에서 사회 현실을 비판했다. 그가 현실을 보는 시각은 다음과 같은 식이다.

주공이 세상을 떠난 후 세상에는 태평성대의 기상이 더 이상 나타나지 않고 있다. 사회 안에도 인의의 도리를 주장하는 사람은 거의 없다. 오히려 폭력 행위가 끊이지 않고, 신하가 임금을 시해하고 반란을 일으키거나 아들이 아버지를 해치는 일이 발생하고 있다. 제후들은 나라 안으로는 제멋대로 세금을 거두고 원림을 만들거나 가무를 즐기면서도 백성들을 지푸라기 보듯 함부로 대하니 백성들이 편히 지낼 수 없는 형편이다. 또한 나라 밖으로는 다른 나라의 성과 토지를 뺏기 위하여 백성들을 전쟁터로 내몰고 있어 천하가 몹시 불안하다. 사회에는 어둠이 가득 차 있다. 맹자는 다음 두 구절로 당시의 상황을 개괄하였다.

"세상이 기울고 도가 쇠퇴하자, 사설과 포악한 짓거리가 생겨났다."

맹자가 지닌 사회 비판 태도의 사상적 연원 역시 공자까지 거슬러 올라갈 수 있다. 공자는 춘추 시대 말년에 생존하였다. 그때는 사회가 급격히 변화하는 시기였다. 원래 존재하던 예의 제도가 도전을 받고, 이른바 '예악이 붕괴되는' 상황이었다. 공자는 이런 현실을 몹시 우려하면서 예에 어긋나는 행위를 비판하였다. 예의 규정에 따르면, 오직 천자만이 64명으로 구성된 가무단을 볼 수 있고, 제후의 가무단은 48명을 넘을 수 없으며, 대부의 경우는 32명으로 제한된다. 당시 노나라의 대부인 계씨는 공공연히 64명의 가무단으로 정원에서 음악을 연주하고 춤을 추도록 했는데, 이것은 명백한 참람 행위였다. 공자는 이 일을 몹시 불쾌하게 여기면서 준

엄하게 비판한다.

"이런 일을 참을 수 있다면 무슨 일인들 못 참겠는가!"

공자는 계씨의 행동을 참을 수 없는 일로 본 것이다. 가무의 대열이 규정된 기준을 넘는 것은 형식의 문제로 볼 수 있다. 이보다 더 심각한 일은 정치에서 윗사람을 범하고 반란을 일으키는 것이다. 춘추 시대에는 신하에게 시해된 군주가 수십 명이나 된다. 제나라 환공, 진나라 문공 같은 패주들은 군사·정치적 힘에 의지해서 천자를 끼고 제후를 호령하였다. 그들은 심지어 주나라 천자의 중심 지위를 대신하기도 하였다. 공자는 이런 현상을 비난하곤 했다. 그는 '천하에 도가 없어졌다'라는 표현을 쓰고 있다. 변혁 시대에 살면서 예의에 어긋나는 온갖 행위를 보아야 했던 공자는 곳곳에서 불편한 심기를 드러냈다. 그는 당시 사회 현실을 두고 이렇게 말한다.

"윗자리에 있으면서 너그럽지 못하고, 예를 지킴에 공경스럽지 못하고, 상을 당하여 슬퍼하지 않는다면, 내 무엇으로 그런 사람을 알아주겠느냐?"

위와 같은 공자의 말에는 당시 세도에 대한 우려와 사회 비판 의식이 깊이 배어 있다. 그는 어떤 의미에서 유가가 지닌 비판 전통의 물꼬를 트고 있는 것이다.

물론 사회 비판이 유가에서만 나타나는 것은 아니다. 선진 시기 제자 가운데 또 다른 주요 학파인 도가에서도 강한 사회 비판 의식이 나타나는데, 이것을 『노자』에서 쉽게 찾아볼 수 있다. 『노자』에서는 당시 통치자들의 정치적 부패를 거듭 공격하고 있다. 그들은 종일 재화를 긁어모으기 바쁘다. 그리하여 토지는 황폐해지고 곡식 창고는 텅텅 비어, 백성들은 기근 위협에 직면한다. 이를 두고 의분에 넘친 나머지 『노자』에서는 심지어 집권자들을 '도적의 우두머리'라고 비난하기도 한다.' 사회·정치적 암흑상을 폭로하고, 더 나아가 일반적인 윤리 규범에 창끝을 겨누기도 한다. 곧 인의 등의 규범을 내세우는 것이 오히려 천하 백성들로 하여금 순박한 마음을 잃게 만들고, 그 결과 육친이 불화하고 서로 속이며, 서로 다른 마음을 품고 헐뜯는 모습을 곳곳에서 보게 된다는 것이다.

장자 역시 비슷한 비판 의식을 보여 준다. 그는 당시 사회에는 정의라고 할 만한 것이 있다고 본다. 신하가 임금을 죽이고 임금의 자리를 빼앗아 나라를 훔친 도둑이 되고서도 편히 지낸다. 작은 나라는 이를 감히 비난도 못 하고 큰 나라는 토벌할 생각조차 못 하고 있다. 제나라의 전성자가 바로 이런 경우에 해당한다. 보통 사람들은 바늘 하나라도 훔치면 죽임을 당하지만, 나라를 훔친 사람들은 도리어 제후가 될 수 있다. 그뿐 아니라 그들은 항상 인의라는 명예를 얻고 있다. 사회 상층부의 위정자들에게 인의 등의 규범이 부정의 도구가 되고 있다면, 하층의 일반 백성들에게는 사회규범이 속박의 그물이 되고 있다. 심지어 인간 본연의 천성이 자유롭게 발전하는 것을 가로막기도 한다. 결국 도가의 눈으로 보면 그들이 처한 것은 건강하고 합리적인 사회가 아니었다.

물론 도가의 사회 비판에는 그들만의 특징이 있다. 도가들은 종종 사회 비판을 문명 비판에 연결시킨다. 도가는 사회에 존재하는 온갖 폐단이 사회의 문제에 그치지 않는다고 본다. 그것은 동시에 문명의 질병이기도 하다. 자연 상태에서 사람의 천성은 순박하고 자연스럽다. 사람과 사람 사이의 관계에도 대항과 긴장이 없다. 그러나 자연 상태에서 벗어나 문명 상태에 접어들면서 사람의 천성은 억압받고, 온전한 인간관계도 파괴당한다. 도가에서 현존하는 사회 관계를 비판하는 것은 결국 자연 상태로 돌아가자는 의도에서 나온 것임을 알 수 있다.

『노자』가 염두에 둔 이상 사회란 문명에서 벗어난 사회이다. 그 사회의 특징은 이렇다. 나라의 규모는 작고 백성의 수는 적다. 수레나 배·공구·기물이 있어도 모두 사용하지 않는다. 문자도 필요하지 않다. 원시인처럼 결승의 방식으로 일을 기록한다. 어떤 곳에 정착해 살게 되면 다시는 옮겨 다니지 않는다. 닭이나 개의 울음소리가 서로 들릴 정도로 가까이 있는 이웃 나라의 백성과도 늙어 죽도록 왕래하지 않는다. 이런 사회에서는 사람들이 모두 사사로운 욕심이 없고, 순박하고 천진하여 마치 갓난아이와 같다. 이 사회는 기본적으로 문명 이전의 사회이다.

장자는 더 나아가 일반 가치관의 각도에서 '사람이 하늘을 멸할 수는 없다' 라는 주장을 내놓고 있다. 여기서 말하는 '하늘' 은 사람의 자연 본성을 가리키고, '사람' 은 인문 규범을 가리킨다. 소나 말에는 네 다리가 있는 것이 자연스럽다. '말의 머리에 굴레를 씌우고, 소의 코에 코뚜레를 끼우는 것' 은 인위적인 속박이다. 장자는 문명 사회의 온갖 규범 및 제도 역시 사람을 속박하는 것이므로, 거기에서 벗어나야 한다고 본다. 그는 사회적 공명을 담담하게 보았다. 『사기』에 따르면, 초나라 위왕이 장자의 명성을 흠모하여 사람을 보내 많은 재물을 주며 재상으로 초빙하고자 했으나 거절당했다고 한다. 그는 찾아온 사신에게 이렇게 말한다.

"천금은 상당한 재산이고, 경상은 높은 지위지요. 하지만 이것들은 마치 제사에 제물로 쓰이는 소와 같습니다. 여러 해 동안 길러 멋진 옷을 입혀 주지만 결국은 사람에게 잡혀 태묘에 들어가 제수품이 되고 말지요. 그때가 되어 한 마리 자유로운 돼지가 되고자 한들 불가능한 일일 터 나는 한 마리 물고기가 되어 더러운 진흙 뻘 속에서 자유롭게 즐길지언정 절대 제왕들에게 매이고 싶지는 않습니다."

이 말에는 선비의 맑고 고고한 품격이 배어 있고, 문명의 가치를 폄하하는 시각이 드러나 있다. 노자처럼 장자 역시 문명에 대한 불만과 자연 상태로 돌아갈 것을 거듭 주장하고 있다. "사람이 하늘을 멸할 수는 없다"라는 말은 곧 자연 상태에 머물기를 요구하는 것이다.

도가에 맞서 맹자가 보여 주는 것은 다른 사유 방식이다. 사회의 온갖 폐단을 드러내고 있다는 점에서 맹자와 노장은 자못 가깝다. 그러나 출발점과 구체적인 내용에서 두 입장은 거리가 멀다. 노장에서는 사회에 나타나는 온갖 폐단이 문명이 진화하면서 자연 상태를 부정한 데서 비롯되었다고 본다. 바꾸어 말하면, 문제의 원인은 문명 자체에 있다는 것이다. 그러나 맹자에 따르면, '사설과 포악한 행위'가 성행하는 것은 선왕이 제정한 문명 규범들이 짓밟혔기 때문이다. 바꾸어 말하면, 문제의 원인은 문명이 자연에서 벗어난 데 있는 것이 아니라 문명 제도 자체가 파괴된 데 있다. 그렇기 때문에 탈출구는 문명에서 자연으로 돌아가는 데 있는 것이 아니라 건전한 문명 제도를 세우는 데 있다.

이처럼 노장이 사회 비판을 문명 가치를 회의하는 것에 연결시켰다면, 맹자의 사회 비판은 문명의 완성을 지향하고 있다. 그리고 이런 목표를 실현하려면 유학을 준거로 삼아야 한다는 것이다. 이러한 맹자의 생각은 사회 비판이 소극적 부정이나 반문명으로 흐르는 것을 피할 수 있게 해 주었으며 유가가 도가와는 다른 비판 전통을 형성하도록 만들었다.

문명의 발달에 따른 경영의 변화

사회 비판을 통해 문명의 형태를 완성하는 것, 이것이야말로 맹자의 기본 사유 방향이다. 맹자는 온전한 문명 사회는 언제나 완전한 분업 체계를 갖고 있게 마련이라고 본다. 여기서 맹자와 농가 사이에 중요한 분기가 생겨난다.

농가는 기본적으로 사회적 분업을 부정하는 태도를 갖고 있다. 설령 임금의 자리에 있더라도 자신의 힘으로 끼니를 해결하고, 농사일.베짜기로 먹고 입는 기본 수요를 해결해야 한다. 이런 주장은 사회적 평등을 지향하고 있으며, 거기에는 원시 시대에 대한 그리움이 나타나 있다. 농가는 사회의 진화에 따라 서로 다른 형식의 사회적 분업이 나타나기 마련이라는 점을 무시하고 있다. 분업은 서로 다른 생산 부문농경과 공예 등과 같은에서만 존재하는 것이 아니다. 분업은 육체노동과 정신노동, 사회 기구와 조직 등에서도 나타난다. 분업은 문명 발전의 결과이면서 동시에 문명을 한층 더 발전시킨다. 물론 역사 발전의 일정한 시기에는 사회적 분업이 사회적 불평등을 동반하기도 한다. 예컨대 육체노동과 정신노동의 구별은 지배와 피지배의 관계로 나타난다. 이것은 일정한 역사 단계에서는 피할 수 없는 일이다. 문명은 언제나 이런 이율배반 속에서 진보해 왔다.

농가에 맞서 맹자는 사회 변천이라는 큰 추세를 보다 분명하게 인식하고 있다. 그는 정신노동과 육체노동의 구분을 분명히 하면서 문명 사회라면 마땅히 잘 갖추어진 분업 체계가 있어야 한다는 것을 인정한다. 이 점에서 맹자는 농가보다 역사의 요구에 더욱 충실했다고 할 수 있다.

맹자에게 팽경이라는 제자가 있었다. 그는 아마도 농가 사상의 영향을 받았던 모양이다. 그는 자기 힘으로 끼니를 해결하지 않는 맹자의 생활 방식을 이해할 수 없었다. 한번은 팽경이 맹자에게 물었다.

"수십 대의 수레를 거느리고 뒤에는 수백 명의 추종자가 뒤따르며, 이 나라에서 저 나라로 돌아다니며 제후에게 얻어먹는 것은 지나친 일이 아닐까요?"

맹자는 이렇게 대답하였다.

"이치에 맞지 않으면 한 그릇의 밥도 받아서는 안 되고, 이치에 맞으면 순임금처럼 천하를 물려받아도 지나치지 않은 법이다."

팽경은 맹자의 말이 틀렸다고 보고 다시 말하였다.

"제가 말씀드리는 것은 그런 뜻이 아닙니다. 제 생각은 선비가 일하지도 않고 그냥 얻어먹는 것은 옳지 않다는 것입니다."

맹자는 분업이라는 시각에서 이 문제를 해석한다.

"만일 각자가 노력한 결과를 교환하고, 서로 다른 일의 결과물을 교환하고 남는 것을 모자라는 것과 바꾸지 않으면, 농민에게는 식량이 남아돌게 되고, 옷감 짜는 아낙은 다 쓸 수 없는 옷감이 생기게 된다. 하지만 서로 남거나 모자라는 것을 교환한다면 목수나 수레 만드는 사람 등이 농사일을 하지 않더라도 식량을 얻을 수 있다. 목수나 수레 만드는 사람 말고도 사회에는 또 한 종류의 사람들이 있다. 그들은 비록 농사일 같은 노동을 하지 않지만 집 안에서는 부모에게 효도하고 밖에 나가서는 웃어른을 공경하며, 고대 성현의 예법과 도의를 엄수하고, 마음을 다해 후학을 양성한다. 설마 이들이 의식을 얻을 수 없다는 말은 아닐 테지? 자네는 어찌하여 목수들과 수레 만드는 사람들은 높이면서 인의에 힘쓰는 자를 가벼이 여기는가?"

맹자는 팽경과의 대화에서 사회적 분업이라는 중요한 문제를 언급하고 있다. 지식인이 존재해야 할 이유가 있는가를 묻고 있는 것이다. 전국 시대에 경제·문화가 발전하면서 '사'는 주목할 만한 사회 계층이 된다. '사'의 구성원은 비교적 복잡하다. 그러나 지식인이 주체가 되는 것은 사실인 듯하다. 맹자도 이러한 '사' 계층에 속한다. 팽경의 생각은 허행과 가깝다. 사람이라면 누구나 직접 노동을 해서 의식을 해결해야 한다. '사'는 일하지 않고 먹기 때문에 그들의 생활방식은 불합리하다. 팽경과는 달리 맹자는 '사'에게도 특정한 사회적 역할예를 들면 도덕 교화에 종사하는 것 같은이 있다고 본다. '사'는 사회적 분업 체계에서 빼놓을 수 없는 부분이다. 농업·

공업이 분업 체계의 일환으로 각기 존재 이유가 있는 것처럼 '사'도 그들만의 가치가 있다.

일반적으로 지식인은 정신문화의 창조에 종사하는 사회집단이다. 사회적 생산이 일정 수준에 도달해야 이 집단이 만들어진다. 그것이 일단 형성되고 나면 사회 문화의 번영과 발전에 적극적인 추진 작용을 한다. 직접 생산 노동에서 벗어난 지식인 집단은 과학·예술·교육 등의 발전에 영향을 미치기 마련이다. 그들은 때로는 정체하기도 한다. 팽경은 지식인이 생산노동에 직접 참여하지 않고 있음을 비판한다. 그는 육체노동과 정신노동의 분업이 갖는 사회적 의의를 무시하고 있다. 팽경의 논리에서 추론하면 반드시 정신문화의 창조를 부정하게 된다. 팽경과는 달리 맹자는 지식인의 사회적 역할을 인정하였다. 그는 문화 창조라는 시각에서 사회적 분업이 갖는 역사적 의의를 긍정한다. 맹자의 시대에는 사회적 분업을 문명의 존속과 발전에 필수적인 조건으로 보는 시각이 드물었을 것이다. 이런 면에서 맹자는 동시대 사람들의 안목을 넘어서고 있다.

이상적 경영은 결국 과거에 있다

맹자는 문명 사회에는 잘 갖추어진 분업 체계가 필요함을 인정하였다. 그렇지만 분업 체계를 갖춘다고 해서 이상적인 사회 형태가 된다고 보지는 않았다. 맹자는 결코 자신이 살던 시대를 이상 사회라고 보지 않았다. 오히려 그것은 지나간 고대에 존재한다. 요·순·우 등의 성왕들이 다스리던 세상이야말로 맹자가 생각하는 이상 사회였다. 성왕들이 출현하면 태평성대는 뒤를 이어 찾아온다. 하지만 성왕이 세상을 뜨면 역사는 암흑 시대로 접어든다. 요·순 이후로 성왕의 도가 쇠퇴하자 폭군이 뒤이어 나타났다. 그들이 백성의 토지를 빼앗자 백성들은 살 길이 없게 되었다. 주나라 무왕이 걸임금을 토벌하자 태평성대가 다시 출현하였다. 그러나 맹자가 살던 시대에 와서 세도가 다시 쇠퇴하기 시작하였다. 이런 이유로 맹자는 거듭 '선왕을 본받아' 이상 사회로 되돌아갈 것을 요구하였다. 또한 선왕의 도에 따라 나라를 다스리지 않으면 현명하지 못하다고 보았다.

"정치를 하면서도 선왕의 도를 따르지 않으면 지혜롭다고 할 수 있겠는가?"

결국 이상은 과거에 있다는 것이다. 이렇게 본다면 역사는 결코 전진 운동이 아니라 후퇴 과정으로 나타날 것이다. 이런 시각을 통해 우리는 맹자가 자연 상태에서 문명 사회로 변화해 가는 것을 긍정하고 거기에 맞게 사회적 분업의 역사적 의의를 인정하면서도, 사회 역사관에서는 진정한 진보의 관념을 갖고 있지 않았음을 알 수 있다.

이상과 같은 맹자의 사유 경향은 공자를 계승하고 있음이 분명하다. 사회 역사 영역에서 공자의 기본 사유 경향은 '옛것을 믿고 좋아하는' 것이었다. 이른바 '옛것'은 우선 주나라의 예법 제도와 관련이 있다. 그런데 주나라의 예의 제도는 또한 하·상 두 왕조의 것을 토대로 하고 있다. 공자는 이렇게 말했다.

"주나라는 하·은 두 나라를 본받아 문화가 찬란하구나! 나는 주나라를 따를 것이다."

주나라와 하나라, 은나라는 과거 시대를 대표한다. 공자는 이 시대야말로 완전한 문화를 성취하여 이상적인 사회 형태를 보여 주었다고 본다. 이런 생각은 이상 사회에 대한 강렬한 지향과 추구를 담고 있다. 그러나 이러한 추구는 결코 미래에 대한 전망을 보여 주지 않는다. 오히려 과거로의 회귀를 보여 준다. 여기에는 복고의 가치 취향이 담겨 있다.

이론상으로는 문화의 발전은 계속 이어지는 과정이다. 문화는 언제나 기존의 문화적 성과를 전제로 해서 발전해왔다. 전통에 대한 허무주의적 태도는 결국 문화 자체에 대한 허무주의적 태도를 낳는다. '옛것을 믿고 좋아한다'라는 공자의 말에는 문화의 역사적 변천에 대한 관심이 나타나 있다. 그리고 '주나라를 따른다'라는 말에는 문화의 계승이 강조되고 있다. 사실상 문화의 변천에서는 문화의 계승을 통해서 각 시대가 도달한 문화·역사적 성과가 끊임없이 축적되며 더 나아가 안정된 문화 전통을 형성하게 된다. 문화의 연속성을 중시한 유가의 가치 취향은 분명 중국 민족의 오랜 문화 전통에 무시할 수 없는 영향을 끼쳤다.

그런데 공자는 문화의 역사적 변천을 중시하면서 동시에 상고를 좇는 경향을 보여 준다. 그는 역사가 단절될 수 없다는 점에 주목하고, 기존의 문화 역사적 성과를 인정한다. 하지만 동시에 그는 일정한 역사 단계에서 도달한 문화적 성과를 가장 완전한 문화 형태로 보고 기존의 문화를 이상화한다. 이로써 이상은 과거에 있다는 생각이 나타나는데 여기에 뿌리를 둔 공자는 이렇게 선언한다.

"임용되면 곧 주나라의 예의 제도를 회복하리라."

시대 변천에 따라, 맹자는 공자처럼 새삼 "주나라를 따를 것"을 강조하지는 않는다. 그러나 전체적으로 보면 그는 '삼대성인의 세상의 이상화'라는 사유의 틀을 넘어서지 못하고 있다. 맹자는 춘추 시대의 패주들이 비록 패업을 성취하였지만 이것을 고대 성왕이 다스리던 세상과 나란히 비교하기는 어렵다고 보았다. 그뿐 아니라 이것은 성왕의 전통을 파괴한 것이기도 하다. 당시의 제후는 춘추 시대의 다섯 패자와 비교하면 더 보잘것없다.

"오패는 삼왕의 죄인이다. 오늘날의 제후들은 오패의 죄인이다."

결국 성왕이 다스리던 세상만이 완전한 사회 형태다. 맹자는 정전제를 인정 실현의 방책으로 보았다. 이것도 역시 전통으로 회귀하는 사유 경향을 반영하고 있다. 공자와 마찬가지로 맹자는 문화의 연속성을 강조하였지만 미래의 창조는 소홀했다. 이 점에서 맹자와 도가, 농가에는 공통점이 있다. 이 세 학파는 모두 전통에 집착하는 복고 지향의 정서를 보여 주고 있다. 서로 다른 점은, 도가가 이상적인 전통을 자연 상태로 소급하고 있다면, 농가는 원시인의 전통을 그리워하고, 맹자는 성왕의 전통에 집착한다는 것이다.

이처럼은 짙은 전통 정서는 이후 중국 문화에 상당히 복잡한 영향을 미쳤다. 그것은 현실의 사회 비판에 근거를 제공하였지만 동시에 미래를 창조하려는 의지를 억압했던 측면도 있다.

孟子 人間經營

제 9 장

인간경영은 곧 인격의 경지에 이르는 것

인간경영을 위해 가장 필요한 것은 무엇인가. 맹자는 어진 인격과 지혜로움을 동시에 갖추는 자세를 강조했다. 그리고 인격 가운데 의지라는 품격을 중시하여 호연지기를 주창하였다.

맹자는 기존의 사회 형태를 비판함으로써 이상적 사회를 규정하였다. 그는 이상적 사회를 보여 주고 여기에 다시 이상적 개인을 설정하고 있다. 이상적 개인은 맹자의 인격 학설에서 전개된다. 사회는 '대아'로, 개인은 '소아'로 간주할 수 있다면, '소아'라는 인격 영역을 설정한 데서 맹자가 추구한 이상적 가치가 보다 구체적으로 드러난다.

좋은 경영자란 지혜와 자애를 함께 갖춰야 한다

완전한 자아는 어떤 품격을 갖추고 맹자는 우선 인·의·예·지라는 측면에서 이 점을 고찰한다. 맹자에게 인·의·예·지는 행위 규범을 나타내는 동시에 주체의 내면의 품격이기도 하다. 이 둘은 서로 다른 측면에서 동일한 도덕적 이상을 보여 준다.

완성된 자아의 내면의 품격인 '인'은 '측은지심'으로 구체적으로 표현된다. 곧 '측은지심이 바로 인이다.' 측은지심은 동정심을 가리키는데, 이것은 보편적인 인애 정신으로 확대된다.

'의'는 본래 주체의 외면적인 요구이다. 이것이 내면하여 자아의 품격이 되면 '수오지심'이라는 형식으로 나타난다. 곧 '수오지심이 바로 의다.' 수오지심은 먼저 도덕적 책임감으로 나타난다. 그것은 보다 넓은 의미에서 도덕에서의 자아 의식도덕 규범에 맞지 않는 일을 하면 이 의식의 자책을 받게 된다을 가리킨다.

'예'는 내면의 품격으로, '공경지심' 또는 '사양지심'으로 나타난다. 곧 '공경지심이 바로 예다.' 이것은 타인을 존중하며, 남을 앞세우고 자신은 뒤로 돌리는 가치 취향을 보여 준다.

'지'는 '시비지심'의 형식으로 표현된다. 곧 '시비지심이 바로 지다.' 그 특징은 행위를 이성적으로 판단·규제하며, 자아에게 자각적 품격을 부여하는 데 있다.

여기에서 우리는 인·의·예·지 가운데 기본 품격은 인과 지이고, 이른바 수오지심과 공경지심또는 사양지심은 인과 지를 융합한 구체적인 형태라는 것을 알 수 있다. 맹자는 때로는 직접 인과 지로써 이상적인 인격을 개괄하기도 한다.

"어질면서도 지혜로우시니 선생님은 이미 성인이십니다."

이 말에서 '선생님'은 공자를 가리킨다. 공자가 완전한 인격의 경지에 도달한 것은 그가 인과 지라는 두 가지 품격을 모두 갖추고 있기 때문이라는 뜻이다.

　인과 지를 근간으로 하는 네 가지 품격이 결코 이상적인 인격의 내용을 모두 담아 낼 수는 없다. 인애의 정신과 자각적 이성 등을 갖추는 것 말고도 완전한 자아는 목숨을 버리고 의로움을 취할 정도로 용감해야 한다. 이 점에서 의지의 선택과 떨어뜨려 생각할 수 없는 것이다. 맹자는 물고기와 곰 발바닥을 예로 들어 이 점을 설명한다. 물고기도 우리가 즐기는 것이고, 곰 발바닥 역시 우리가 즐기는 것이다. 만일 둘 다 가질 수는 없다면 물고기를 버리고 곰 발바닥을 가질 수 있다.

　마찬가지로 삶의 추구는 우리의 소망이며, 당위 원칙을 지키는 것도 우리의 소망이다. 이 두 가지가 충돌을 일으키면 우리는 차라리 도덕을 위해 몸을 바치기를 원한다. 물고기를 버리고 곰 발바닥을 갖는 것, 삶을 버리고 의로움을 취하는 것은 모두 주체 의지의 자주적인 선택으로 나타난다. 맹자는 주체의 인격 가운데 의지라는 품격을 매우 중시하였다. 이와 함께 그는 이른바 '호연지기' 설을 내놓는다.

　제자 공손추가 맹자에게 묻는다.

　"감히 여쭙겠습니다만, 선생님께서는 어떤 점에 능하십니까?"

　"나는 남이 하는 말을 알고, 내 호연지기를 잘 기른다."

　"감히 여쭈어 보겠습니다만, 무엇을 호연지기라고 합니까?"

"말로 설명하기는 어렵다. 그 기운은 지극히 크고 굳센 것이니, 그것을 곧게 길러 해를 입히는 일이 없다면 하늘과 땅 사이에 가득 차게 되는 것이다. 그 기운은 정의와 정도에 병행하는 것으로, 그것이 없으면 힘을 잃게 된다."

호연지기의 뜻을 두고 역대로 설이 다양하다. '하늘과 땅 사이에 가득 찬다' 같은 묘사는 확실히 어떤 신비로운 느낌을 띠고 있다. 그러나 신비함이라는 겉모습을 꿰뚫어 보면 우리는 호연지기란 바로 주체 의지와 연결되는 정신력이라는 것을 어렵지 않게 알 수 있다. 이것은 사생취의가 주로 의지의 선택 기능을 강조한 것과는 차이가 있다. 그보다는 의지의 강인함이나 과감한 기개 같은 것을 더 잘 보여준다. 맹자는 주체가 이런 의지의 힘을 기르면 천지에 우뚝 선 대장부가 될 수 있다고 본다. '하늘과 땅 사이에 가득 찬다' 라는 것이 이 점을 잘 보여 준다. 맹자는 주체가 외부의 '지위', '세력' 때문에 몸을 굽혀서는 안 되며, 항상 자신의 인격적 독립성을 지켜야 한다고 거듭 강조한다. 어떤 의미에서 인격의 독립성은 강인한 호연지기를 내면의 정신적 지주로 삼고 있다고 말할 수도 있다. 이를 뒤집어 말하면, '호연지기'설은 주체가 인격적으로 바로 서야 한다는 요구를 좀 더 깊은 수준에서 보여 준다고 할 수 있다.

호연지기의 형태로 나타나는 주체의 의지력은 인.지 등의 품격도 배제하지 않는다. 맹자는 인격의 내면적 규정인 호연지기의 특징이 '의와 도에 병행하는 것'이라고 보았다. '의'와 '도'는 모두 이성의 규범이다. '의와 도에 병행한다'는 말은 이성 규범이 의지력에 개입하고 영향을 미친다는 것이다. 앞에서 이미 언급한 것처럼 맹자는 '그 대체를 좇을 것'을 요구하였다. 대체는 이성의 품격이다. 이 원칙은 의지와 이성의 관계에서 마음이라는 기관이성'이 의지를 제약하는 것으로 나타난다. 실제로 목숨을 버리고 의로움을 취한다는 선택의 과정에서 이 점을 엿볼 수 있다.

'생'과 '의' 사이의 선택은 의지의 본래적 기능사생취의는 무엇보다 의지의 결단이다을 보여 준다. 의지의 선택은 때로는 도덕 가치에 대한 이성적 판단에 바탕을 두기도 하는 것이다.

이상적 인격의 내용에 대한 맹자의 규정은 공자에 기원을 두고 있다. 공자에게 인격의 이상은 항상 그의 '인'의 학설과 관련된다. 공자 사상의 핵심인 '인'은 인도의 원칙을 보여 준다. 동시에 '인'은 인격에 다층적 내용을 제공해 준다. '인'이 기본적으로 요구하는 것은 '남을 사랑하는 것'이다. 이런 요구는 이상적 인격이라면 반드시 인애정신을 갖추어야 한다고 규정한다. 이상적인 품격인 '애인'은 일반적으로 남에 대한 존중과 관심으로 표현된다. 또한 남들과의 감정적 소통에 관한 것이기도 하다. 이 또한 진정한 마음으로 남을 대하는 것이다.

공자의 제자 자장이 "무엇이 인입니까?"라고 묻자, 공자는 공손함, 너그러움, 미더움, 민첩함, 은혜로움이라는 다섯 가지 구체적 법도를 들어 대답한다. 공손함, 너그러움, 민첩함, 은혜로움은 남에 대한 존중과 이해 및 은후를 나타내고, 미더움은 성실함과 서로 통한다. 중요한 것은 진실하고 성실한 감정이다. 이 점에서 남에 대한 정성과 우애는 인격의 내면 규정을 이룬다. 물론 남과 정감을 나누는 것이 무원칙한 사랑을 뜻하지는 않는다. 어진 사람이상적인인격의 특징은 남을 사랑하면서도 덕이 없는 사람을 미워할 수 있다는 것이다. 결국, 사랑과 미움은 인격의 감정 내용의 앞면과 뒷면을 이룬다.

어진 사람은 진지하고 성실한 감정 이외에 의지력도 보여 준다. 공자는 이렇게 말한다.

"어진 사람에게는 용기가 있게 마련이다."

여기서 말하는 '용기'는 의지의 품격으로 볼 수 있다. 의지는 스스로 선택하는 능력이다. 주체가 '인'의 규범으로 자신을 창조할지의 여부는 자주적인 선택에서 결정된다. 인도를 실천할 뜻이 있으면, 구체적 행위로 나타낼 수 있는 것이다 '내가 인을 실천하고자 하면 인은 내게로 다가온다'.

또 다른 면에서 의지는 용감히 나아가는 강한 의지력으로도 나타난다. 공자는 인도를 실현하기 위해서는 생명을 바치는 일도 사양하지 말아야 한다고 보았다. '뜻 있는 선비와 어진 사람은 살기 위해 인을 해치지 않고, 자신의 목숨을 바쳐 인을 이룬다.' 이러한 의지의 견고함이야말로 완전한 인격의 또 다른 규정이 된다. 우리는 여기서 맹자가 주장한 '사생취의' 설의 역사적 기원을 볼 수 있다.

공자에게는 지극한 감정, 견고한 의지가 결코 이성과 단절되어 있지 않다. 인격의 요소가 되는 '인'은 항상 '지'와 이어진다. 공자의 '충서지도'를 살펴보면 이 점을 잘 알 수 있다. 충과 서는 인도를 실천하는 방식이다. 이 둘의 기본 전제가 되는 것이 바로 인과 지의 통일이다. 충과 서는 한편으로는 '자신이 서고자 하면 남을 서게 해주고' 충, '내가 하고 싶지 않은 일을 다른 사람에게 해서는 안 된다' 서라는 것으로, 타인에 대한 존중, 동정과 우애를 보여준다. 다른 한편으로는, 자신에서 출발하여 남에게까지 미치는 이성적 추론의 과정으로 펼쳐진다. 바꾸어 말하면, 사랑과 정성이라는 감정은 생겨나면서 바로 이성의 제약을 받는다는 것이다. 마찬가지로 의지 역시 자각적인 이성을 벗어날 수 없다. 예컨대 용감하고 결단력 있는 것이나 과감한 것은 본래 하나의 미덕이지만, 이성의 규범이 없다면 소극적인 요소로 변할 맹목적 충동으로 이끌릴 수도 있다.

"군자는 의로움을 최고로 친다. 군자가 용기만 있고 의로움이 없으면 난동을 일으킨다."

바로 이 점을 기초로 공자는 "도에 뜻을 둘 것"을 거듭 요구한다. 이것은 이성의 보편 규범의 주도적 작용을 확실히 세우려는 것이다.

우리는 공자가 인도라는 총괄적 전제 아래 이상적 인격을 여러 가지로 규정했음을 살펴보았다. 거기에는 인애의 감정이 있고, 견고하고 자주적인 의지도 있다. 그리고 이 두 가지는 자각적인 이성과 융합한다. 그러므로 완전한 인격은 인도 밑에 놓이며, 또한 지·정·의의 통일로도 표현된다.

맹자의 인격 설정도 기본적으로 이런 총체적 사고 방식에서 벗어나지 않는다. 물론 공자가 인격의 각 요소를 '인'이라는 최고 규범 아래 총괄한 것과 비교하면, 맹자는 인격의 내용을 더욱 다양하게 전개하고 있다. 또한 그는 인격과 덕성을 연결시켜, 기본 규범인 인을 인.의.예.지의 품격으로 구체화하고 있다. 맹자 역시 공자처럼 사람의 내면의 품격은 어느 한 쪽으로 치우쳐서는 안 되며, 각 측면이 두루 발전해야 그 풍부성을 얻을 수 있다는 데 주의하고 있는 것이다.

경영을 통해 인격이 드러난다

인격은 주체의 내면의 품격이다. 그것은 주체의 행위를 직접적 또는 간접적으로 제약한다. 일반적으로 행위는 언제나 구체적인 환경 속에서 이루어지고 행위가 일어나는 상황도 천차만별이다. 일정한 의미에서 특정 행위는 모두 서로 중복되지 않는 성질이 있다고 말할 수도 있다. 서로 다른 경우와 장소에서 이루어지는 행위가 어떻게 내적 통일성을 갖도록 할 것인가? 이 문제는 바로 행위자주체 자신의 품격과 관련된다.

행위의 개별성, 다면성과는 달리 행위 주체자아의 인격은 항상 내적 안정성과 항상성계속되는 통일성을 갖게 마련이다. 이렇게 되면 인격은 행위를 총괄하는 작용을 갖게 된다. 곧 인격은 자아가 다양한 환경에서도 도덕적 자질을 유지하도록 해준다. 이에 따라 행위의 우연성을 지양하여 도덕과 비도덕 사이에서 배회하거나 동요하는 것을 막아 준다. 다르게 표현하면, 선한 행동이 안정성을 갖도록 해 주는 것이다.

공자는 이러한 인격 작용에 주목했다. 그는 인도를 갖춘 인격이 만들어지면 구체적 행위에서 도덕에 맞는 규범을 자각할 수 있다고 보았다.

맹자는 한 걸음 더 나아가 이 점에 대해 다음과 같은 주장을 펴고 있다. 그는 인의예지의 덕성을 갖추는 데 군자의 특징이 있다고 본다.

"군자가 본성으로 여기는 것은 인·의·예·지로, 이것은 마음에 뿌리박고 있다."

이렇게 항상 안정된 품격을 갖고 있으므로, 일상 현실에서는 군자의 사소한 몸놀림이나 언행 하나하나에도 항상 선한 성질이 들어 있게 된다.

　인격이 행위를 제약하고 영향을 미치는 것은 인격이 행위를 통해 겉으로 나타나는 과정이기도 하다. 말하자면 인격은 내면 구조로 나타날 뿐 아니라 외면적으로도 나타난다. 행위의 주체인 자아는 항상 복잡한 사회관계와 사회 구조 안에서 일정한 지위를 갖게 마련이다. 이런 지위는 이른바 사회적 역할이기도 하다. 예를 들어 임금·신하·아버지·아들은 서로 다른 사회적 역할들이다. 공자는 이런 역할을 대단히 중시한다. 그는 "임금은 임금다워야 하고, 신하는 신하다워야 하며, 아버지는 아버지다워야 하고, 아들은 아들다워야 한다."라고 요구한다. 이 말의 뜻은 이러하다. 군주는 훌륭한 군주의 역할을 맡아 해내야 하며, 신하·아버지·아들 역시 각자의 역할을 잘 해내야 한다는 것이다.

　각자의 사회적 역할을 해내는 과정에서 내면적 덕성품격이 구체적으로 드러나게 된다. 사회의 일원으로 자아는 어떤 역할을 맡으면 항상 다른 사회 성원들과 관계를 맺는다. 이런 교제에서도 마찬가지로 인격의 경지가 나타난다. 공자는 인격이 교제를 통해 외부로 나타나는 것을 중시하였다. 그는 사람이나 사물은 외모가 장중해야 하며, 그래야 남들의 존중을 받을 수 있다고 보았다. 태도가 단정하면 다른 사람의 신임을 얻을 수 있고, 말할 때 언어와 리듬에

주의하면 비속함이나 조악함을 피할 수 있게 된다. 이런 모든 것들은 주체가 사회에서 교제할 어떤 사회적 역할을 담당하는 경우의 행위 방식이다. 공자는 또한 이런 교제 방식을 고상한 인격의 표현으로 간주했다.

맹자도 인격의 경지를 고찰하면서 이 점을 주목하고 있다. 그는 인격의 아름다움은 문명의 교제 형식에서 확증될 수 있어야 한다고 본다. 행위가 점검되지 않으면 그의 인격 역시 사람들의 무시를 당할 수 있다. 맹자는 아주 생생한 예를 들고 있다. 부모가 되면 누구나 자녀들이 결혼하기를 바란다. 이것은 인지상정으로, 나무랄 일이 못된다. 하지만 만일 남녀가 성인이 된 후에도 부모가 말을 꺼내기를 기다리지 않고, 매파의 소개를 거치지도 않고, 담장에 붙어 서서 또는 문틈으로 몰래 쳐다보고 담을 기어 올라가 몰래 만난다면, 남들에게 인격적으로 존중받기는 어렵다. 맹자가 남녀의 교제를 보는 견해에는 당연히 시대적 한계가 있다. 그러나 완전한 인격이 합리적 교제 방식과 분리될 수 없음을 인정한 것은 결코 무시할 수 없다.

인·의·예·지 등의 형태로 나타나는 품격을 어쩌면 '내면의 나'라고 볼 수도 있다. 또한 사회적 교제에서 나타나는 나는 '외면의 나'가 될 것이다. 맹자는 공자의 견해를 이어받아 내면의 품격과 외면의 행위 방식을 연계시키고 있다. 이것은 이상적 인격을 '내면의 나'와 '외면의 나'의 통일로 이해한 것이다. 이런 견해는 현대 서구의 실존주의와 대조된다. 실존주의에서는 자아를 주체의 지위로 끌어올린다. 그들이 이해하는 자아는 주로 '내면의 나'다. 실존주의에서 본래의, 각성한 나는 언제나 내면의 특징을 갖고 있다. '내면의 나'가 구체적인 사회관계에서 겉으로 드러나면, 본래의 상태를 잃어버리고 '타락한 나'가 되고 만다. 이처럼 실존주의에서는 '내면의 나'와 '외면의 나구체적 사회관계에서 나타나는'가 긴장·대립 관계에 놓이고, 심지어 충돌을 일으키기도 한다. 주체의 인격 역시 고독·초조·절망 등의 형식을 갖게 된다. 건전한 형태를 갖추지 못한 실존주의의 인격과는 대조적으로 맹자는 내면의 나와 외면의 나의 통일을 인정한다. 이 점에서 유가 인격의 건강함이 분명히 드러난다.

내면의 나와 외면의 나의 통일인 인격은 항상 완전한 모습을 갖는다. 맹자는 그의 제자인 악정자를 평가하면서 이상적 인격의 모습을 구체적으로 묘사하고 있다.

제나라 사람 호생불해가 맹자에게 물었다.

"악정자는 어떤 사람입니까?"

"선한 사람이고 신용 있는 사람이오."

"무엇을 선하다고 하고, 무엇을 신용 있다. 하는 것입니까?"

"본성이 하고자 하는 것을 선하다 하고, 선한 덕성을 지니고 있는 것을 신용 있다. 하고, 선이 충만하게 채워져 것을 아름답다하고, 충만하게 채워져 있으면서 광휘가 있는 것을 위대하다 하고, 위대하면서 감화시키는 것을 성스럽다하고, 성스러우면서 알아볼 수 없는 것을 신령하다 하는 것이오."

여기서 중요한 것은 악정자 개인에 대한 평가가 아니다. 이 말의 진정한 의의는 완전한 인격 형상을 규정하고 있다는 것이다. '선함'은 이상적 인격이 지닌 덕성을 나타낸다. 그것은 결국 사람들이 지향하는 것이자 또한 사람들의 소망에 부합하는 것이다. '신용 있음'은 이 덕성을 주체가 진정으로 갖고 있으며, 외면의 가식이 아니라는 것을 뜻한다. 그것은 하나의 참된 품격을 보여 준다. '아름다움'은 전면적 성격의 요구다. 그것은 이상적 인격은 각 요소들이 통일된 상태가 되어야 함을 보여 준다. 충만하게 채워져 있는 것을 아름답다 한다. '위대함'은 완전한 인격은 내용과 형식의 통일임을 보여준다. 안으로 충실하면 밖으로 드러난다. '성스러움'은 인격의 도덕적 영향력과 교화 작용을 강조하고 있다. '신령하다'는 것은 인격의 교화 작용에는 소리 없이 사물에 스며드는 특성이 있음을 지적하고 있다. 결국 이상적 인격은 선·진·미가 통일된 완결된 모습으로 나타난다. 이러한 인격에는 동시에 무형의 도덕적 힘이 들어 있기도 하다.

경영자는 끊임없이 도덕적인 자세를 견지하여야 한다

인격의 실제 내용은 도덕적 이상을 구현하는 것이지만 일반적인 도덕적 이상과는 다르다. 인격의 이상은 더 나아가 인격의 전범이 되면서 구체적 형태를 갖게 된다. 맹자 이전에는 공자가 인격의 전범을 두 가지로 나누었다. 그것은 바로 성인과 군자다.

공자는 이렇게 말한다.

"나는 성인을 만나지 못했다. 군자라도 만날 수 있다면 좋겠다."

여기서 우리는 성인과 군자 모두 이상적 인격의 구체적 형태지만 공자에게 두 가지의 내용은 여러 면에서 섞여 있다, 그것은 서로 다른 두 계열에 속한 것임을 알 수 있다. 공자는 성인을 이상적 인격의 완전한 화신으로 해석한다. 그것은 인격의 최고 경지를 이룬다. 논리상으로는 사람이면 누구나 성인이 될 수 있다 성인의 경지에 도달한다고 말하지만 실제로는 전혀 그렇지 못하다. 성인은 도달하기 힘든 경지인 것이다. 공자 본인도 감히 성인을 자처하지 않았다.

그는 이렇게 말했다.

"성인과 인인이야 내 어찌 감히 되겠느냐?"

요와 순 같은 현명한 군주조차 공자는 쉽게 성인이라고 부르지 않았다. 공자의 제자 자공이 물었다

"만약 백성들에게 널리 은덕을 베풀고, 많은 사람을 구제해줄 수 있는 사람이 있다면 어떻겠습니까? 인하다고 할 수 있겠습니까?"

공자는 이렇게 대답한다.

"어찌 인에 그치는 일이겠느냐? 틀림없이 성인의 경지일 것이다. 요·순임금조차 그런 일을 못할까 근심하셨다."

여기서 공자가 요·순이 완전히 성인의 경지에 이르지 못한 것으로 보았음을 알 수 있다. 요·순조차 그럴진대 다른 사람들은 더욱 성취를 바라기 힘들 것이다. 그렇다면 성인은 실제로는 선도의 의미를 갖는다. 즉 성인은 이상적 인격의 완전한 화신이다. 사람들은 끊임없이 그것을 추구하지만 거기에 도달하기는 어렵다.

공자가 성인을 이렇게 설정한 것에는 주목할 만한 관점이 들어 있다. 그것은 도덕적 이상의 추구란 본질적으로는 중단 없는 과정이라는 점이다. 사람은 단번에 어떤 목표에 이를 수는 없다. 성인은 선도적 목표로써 사람들에게 숭고한 정신적 경지를 제공한다. 그리하여 사람들은 항상 이상의 격려를 받게 된다. 따라서 사람들은 세속적인 타락을 피해 끊임없이 정신의 승화를 실현할 수 있게 된다.

성인과는 달리 군자는 이상적 인격이 현실에 구현된 것으로 볼 수 있다. 군자는 물론 성인처럼 완전하지는 않다. 하지만 성인처럼 성취를 바라기 힘든 것은 아니다. 오히려 현실 생활의 모범으로 나타난다. 공자는 군자의 품격을 묘사하면서 항상 현실의 일상 행위와 연결시킨다. 예컨대 군자는 가족관계에서 부모에게 효도를 다할 수 있다, 군자는 사람이나 사물을 대함에 신중하며 함부로 남을 업신여기지 않는다, 군자는 사회적 교제에서 남들과 화합하지만 파벌을 만들지는 않는다 등이다. 여기에는 오르지 못할 높은 경지는 없다. 모든 것이 평이하고 가깝다.

성인이라는 선도적 목표가 주체에게 항상 초월현실의 '나'를 초월하는 것의 욕구를 갖게 만들고, 끊임없이 이상을 추구하게 만든다면, 군자라는 현실의 모범은 인생에 어떤 구체적인 모델을 제공하여 인격적 이상이 추상적으로 되거나 막연한 것으로 변하는 것을 막아준다. 성인과 군자라는 두 가지 인격적 전범의 통일이야말로 공자의 이상적 인격을 사변적 허구와 구별하게 해 준다.

그러나 공자는 성인을 최고의 인격의 경지로 규정한다. 아울러 성인은 끊임없이 접근할 수는 있어도 진정으로 도달하기는 어려운 목표임을 강조한다. 그 결과 인격의 이상은 지나치게 멀게 나타난다. 그러나 논리상으로 군자는 최종 목표성인를 향해 가는 중간 단계다. 만약 최고의 인격적 목표를 바랄 수는 있어도 실현할 수 없다면, 현실에서의 격려 작용은 약화될 수밖에 없다. 공자에게 이 문제는 숨은 채 드러나지 않고 있다. 그러나 공자가 이것을 의도적으로 방관했을 가능성이 전혀 없다고 말할 수는 없다.

이 경우 맹자의 견해는 공자와 다르다. 맹자는 비록 성인이 최고의 인격적 목표이지만, 바랄 수 있을 뿐 이룰 수 없는 것이 결코 아니라고 본다. 역사상 요·순은 부끄러울 것 없는 성인들이다. 백이,

유하혜 등의 현자들도 성인의 경지에 이미 도달해 있다. 더욱이 공자는 성인의 집대성자다. 현실에서 성인과 군자 사이에는 차이가 없다. 성인은 결코 보통 사람을 초월한 존재가 아니다.

맹자는 성인과 일반 백성은 모두 한 종류에 속함을 거듭 지적한다.

"성인은 일반 사람들과 동류이다."

동류의 존재인 성인과 일반인에게는 적잖은 공통점이 있다. 성인 자신도 보통 사람들 가운데서 나온 것이지, 어떤 초월적 존재는 아니라고 할 수 있다. 이처럼 성인과 보통 사람은 동류의 관계가 있다. 이런 관계는 이상과 현실의 소통을 가능하게 해 준다. 성인은 이상적 인격의 전범으로서, 우선 현실 사회의 한 구성원이다. 마찬가지로 현실의 '나'와 이상적 모범 사이에도 넘지 못할 간극은 없다.

이런 견해를 기초로 맹자는 사람은 누구나 요·순 같은 성인이 될 수 있다고 인정한다. 당시 조교라는 사람이 맹자에게 물었다.

"사람은 누구나 요.순이 될 수 있다는 것이 사실입니까?"

맹자는 분명히 대답한다.

"그렇소."

맹자의 말에는 보편적인 도덕적 자신감이 나타나 있다. 성인과 동류인 사회 구성원인 개인은 누구나 이상적인 도덕 경지에 도달할 수 있다는 것이다. 이러한 낙관적인 신념의 뒤편에는 도덕상의 평등 관념이 들어 있다. 모두 성인이 될 수 있다는 점에서 사람과 사람 사이에는 어떤 본질적인 차이도 없다. 맹자의 이런 견해는 공자의 주장을 어느 정도 수정한 것이다. 앞에서 기술하였듯이, 공자에게 성인은 선도 작용으로 나타난다. 그것은 일반인이 도달하기에는 매우 어려운 경지다. 이런 점에서 성인은 초월적 성격을 갖고 있다. 공자와 비교해 보면 맹자의 관점은 이런 초월성을 해소하고 있다.

중국 문화사에서 '사람은 누구나 요·순이 될 수 있다'는 생각은 사람들이 끊임없이 도덕적 승화를 실현하도록 격려하는 내부 동력이 되어 왔다. 그 영향은 매우 큰 것이다. 물론 도덕적 이상이 현실 인륜에 근거하고 있음을 강조하면서, 맹자는 이상이 현실을 초월한다는 특징을 약화시킨 측면이 있다. 성인과 보통 사람은 동류이므로 '보통 사람도 누구나 성인이 될 수 있다'는 주장을 이끌어 내는 과정에는 이상 인격과 현실 인륜의 접근이라는 측면이 두드러지게 나타난다. 그러나 현실을 초월하는 측면은 상대적으로 부족해 보인다.

내면이 아름다워지는 방법

맹자는 사람이면 누구나 도달할 수 있는 경지인 이상적 인격을 '내성'의 품격으로 표현한다. 건전한 개인은 물론 '내부의 나'와 '외부의 나'의 통일로 나타난다. 하지만 한 개인이 도덕적으로 승화할 수 있는지의 여부는 '마음을 보존함'에 달려 있다. 이상적 인격군자이 일반사람들보다 고상한 것도 그 '마음을 보존함'에 달려 있다.

"군자가 일반 사람들과 다른 까닭은 그가 마음을 보존하고 있기 때문이다."

이른바 '존심'은 주로 내면의 덕성이나 도덕 의식을 기르는 것이다. 여기서 내면의 덕성은 이상적 인격군자의 근본적 특징이 된다. 맹자의 '대장부' 묘사에서 우리는 이점을 좀 더 구체적으로 볼 수 있다. 대장부는 이상적 인격의 화신이다. 이 인격이 갖는 특징은 '부귀도 그의 마음을 혼란시키지 못하고, 빈천도 그의 마음을 바꾸지 못하며, 무력의 위세도 그를 굴복시키지 못한다'라는 것이다. 내면의 덕성의 경지에서는 부귀·빈천·무력의 위세 등이 기본적으로 외면적 요소로 나타난다. 이상적 인격대장부의 숭고성은 굳은 지조에 있다. 외면의 힘으로 그를 움직이거나 굴복시킬 수는 없다. 이런 지조가 실현되는 것이 바로 '내성'의 품격이다.

이상의 견해를 토대로 맹자는 또한 '현명함'과 '능숙함'을 구분한다. '현자'는 마땅히 일정한 지위에 있어야 하고명예스러운 지위를 준다, 존중을 받아야 한다. 그리고 '능숙한 자'는 일정한 직책에 있어야 하고 구체적인 일을 준다, 부림을 받아야 한다. 본래의 의미는 '현명함'이 내면의 도덕 품격 또는 덕성이라면, '능숙함'은 경세치국의 재능을 가리킨다. 전자는 내성에 속하고, 후자는 외왕에 속한다. 맹자는 현명한 자를 존중하는 것과 능숙한 자를 부리는 것을 구분한다. 이것은 치용 능력을 현자에게서 분리해 내는 것으로, 어느 정도는 가공의 이상 인격인 외왕의 규정을 의미한다.

이상과 같은 맹자의 견해는 공자의 인격 학설과 비교해 편향되어 있다. 공자의 견해에서 인격은 구체적인 사회 관계에서 외면화하면서 동시에 외왕의 품격을 갖게 된다. 이런 외왕의 품격은 서로 다른 형식을 가질 수도 있다. 군주에게는 천년의 업적으로 나타나고, 인인·지사에게는 위급할 때 명령을 받고 나라와 사회를 안정시킬 무거운 책임을 기꺼이 떠맡는 것으로 나타난다. "어린 임금을 부탁할 수 있고, 사방 백 리 되는 나라의 정치를 맡길 수 있고, 나라의 큰 위기를 당하여 그의 뜻을 뺏을 수 없다면, 군자다운 사람이지 않겠는가? 참으로 군자이리라!"

증자의 말이다. 이런 식이다.

외왕의 형식은 다양하지만 공통점도 있다. 곧 사회적 이상의 실현을 주체의 사명으로 여기고 그 역사적 과정에 자각적으로 힘을 기울이는 것이다.

맹자는 '현명함'과 '능숙함'을 구별하였다. 그는 내면의 덕성을 인격의 주요 특징으로 보면서 '능숙함'이라는 규정을 추출하고 있다. 이렇게 되면 외왕의 요구는 실현하기가 매우 힘들게 된다.

유학의 변모 과정을 보면, 공자는 인격의 내면적 덕성을 중시하면서도 외왕의 작용을 인정하였다. 바꾸어 말하면, 공자에게 내성과 외왕은 원시적 통일 상태에 있었다. 공자와는 달리 맹자는 내성의 측면을 강조한다. 그리고 외왕의 규정은 순자에게서 훨씬 다양하게 전개된다.

순자는 인격을 닫힌 '나'에 그치는 것으로 보지 않았다. 내면의 덕성은 외면의 전개를 통해 자신을 확증해야 한다. 이러한 외면적 전개는 개인들 사이의 교제에서만 나타나는 것이 아니다. 넓은 의미의 경세치용 과정에서 훨씬 잘 드러난다. 마찬가지로 완전한 인격이라는 사회적 가치는 개인이 도덕적 이상을 열심히 실천하고 교화하거나 영향을 미치는 것으로 제한되지 않는다. 그것은 우선 넓은 의미의 사회·역사적 사명을 자각적으로 떠맡고 완성하는 데 있다.

만약 군주의 자리에 있다면 억만 명의 의지를 조화시켜 동심동덕하도록 만들어야 한다. 또한 일반 백성들 모두가 편안하게 지내고 즐겁게 일할 수 있도록 해야 한다. 만약 보통의 '사'라면 집권자가 조정을 잘 다스리도록 협력해야 한다. 결국 이상적 인격이란 '자신을 돌아보고 마음을 닦는 일'이나 '두터운 인덕'에 그치지 않는다. 그 본질적인 특징은 '나라를 안정시키고 세상을 구하는 일'이나 '치국평천하'라는 정치적 실천에서 나타난다.

순자의 이런 견해는 공자의 외왕 사상을 더욱 발전시킨 것으로 볼 수 있다. 공자의 입장에서 외왕이 사회적 이상의 실현에 쏠려 있다면, 순자에게서 외왕은 보다 넓은 의미를 얻고 있다. 곧 외왕은 하늘자연과 사람의 관계를 동시에 지향하게 된다. 사람은 자연의 소극적 적응자일 뿐 아니라 '천명을 파악하고 이용할 수 있는' 능력이 있다. 이상적 인격의 외왕 작용은 이 과정에서 실현된다. 진정한 '대인완전한 인격'은 천지 전체에 능숙해야 하며 자연에 작용하여 사람이 이용할 수 있도록 해야 한다.

이상과 같은 순자의 견해는 내면화로 기우는 맹자의 인격설을 바로잡고 있다. 그러나 순자는 인격의 내면적 덕성이 가진 힘에는 충분히 주목하지 않고 있다. 순자는 개인이 공무를 중히 여기고 법을 지키며, 마땅히 져야 할 사회적 책임을 이행하면 '훌륭한 군자'가 될 수 있다고 본다. 이렇게 되면 인격이 가진 풍부한 정신적 내용을 소홀히 할 수밖에 없다. 순자는 이상적 인격의 외면적 가치를 강조함으로써 내면의 힘을 약화시키고 있다. 반면에 맹자는 외왕 규정을 억제하면서 인격의 내면적 가치에 주목하고 있다. 두 사람에게는 나름대로 편향도 있고, 나름대로 뛰어난 점도 있다. 그들은 이후 중국 문화에 각자 서로 다른 영향을 미친다.

孟子 人間經營

제 10 장

맹자가 말하는 완전한 인간

사람은 태어날 때부터 착한 마음을 갖고 있다는 것이 맹자가 주창한 성선설이다. 이것을 잃지 않고 꾸준히 인격을 함양하고 스스로를 경영해 나간다면 성인의 경지도 멀지 않다고 했다.

이상적 인격은 도덕적 이상을 실현하는 것이다. 이것은 삶 가운데 정신적 경지에 속하는 것이다. 어떻게 하면 이런 이상적인 경지에 이를 수 있을까? 이 문제는 '완전한 인간이 되는 길'과 관련되어 있다. 이것은 인격을 다룬 학설이 구체적으로 전개된 것으로도 볼 수 있다. 유가에서는 이상적 인격을 기르는 일을 인성 문제와 연결 짓는다. 사람의 본성을 보는 견해가 다르면 '완전한 인간이 되는 길'도 다르게 이해하게 된다. 인성 문제가 거듭 관심의 대상이 되는 것도 그것이 완전한 인간이상적 인격에 이르는 것의 출발점이기 때문이다.

인격의 경지를 끌어올리는 내면 경영

맹자와 고자는 인성 문제를 두고 논쟁을 벌인다. 고자는 맹자와 같은 시대 사람이다. 그는 사람의 본성에는 선하거나 선하지 않다고 말할 것이 없다고 본다. 곧 "성에는 선한 것도 없고, 선하지 않은 것도 없다"라는 것이다. 이에 맞서 맹자는 사람의 타고난 본성은 선하다고 보았다.

두 사람은 격렬한 논쟁을 주고받는다. 고자는 인성을 세차게 흐르는 물에 비유한다. 만약 제방 동쪽을 터주면 물은 동쪽으로 흐르고, 서쪽을 터주면 물은 서쪽으로 흐를 것이다. 따라서 물이 어느 방향으로 흐를지 예단할 수는 없으며, 물의 흐름은 순전히 외부 조건에 의존한다. 마찬가지로 인성에도 선이나 불선이라는 정해진 방향은 없다는 것이다.

맹자는 고자의 주장을 다음과 같이 반박한다. 물론 물이 흐르는데 동쪽이나 서쪽이라는 정해진 방향은 없다. 그러나 위나 아래라는 정해진 방향은 존재한다. 인성이 본래 선한 것은 물이 항상 밑으로 흐르는 것과 같다. 밑으로 흐르는 것이 물의 본성이듯이 사람에게도 선을 추구하는 본성이 있다. 물론 물결이 거세게 일어 사람의 키를 넘을 수도 있다. 또 용두레를 써서 높은 산 위로 물을 끌어올릴 수도 있다. 그러나 이런 현상은 물의 본성에서 나오는 것이 아니라, 외부의 힘으로 그렇게 되는 것이다. 마찬가지로 사람이 나쁘게 변하는 것도 그의 본성 때문에 그렇게 되는 것이 아니라, 외부의 힘이 영향을 끼친 결과다. 맹자는 인성이 본래 선하다고 본다. 이런 판단은 물론 선험론에 따른 편견이다. 그러나 그의 논변은 기지가 넘친다.

고자는 인성에는 선한 것도 선하지 않은 것도 없음을 강조한다. 곧 원래 인성에는 선이라는 도덕적 내용이 없다는 것이다. 이것은 분명 선험론을 반박하는 주장이다. 그러나 그의 논증은 능숙하지 못할 뿐더러 이론적으로 허술하다. 맹자는 고자의 물의 비유에 나타나는 결함을 틀어쥐고 거꾸로 자신의 명제를 논증한다. 맹자의 뛰어난 변론술은 이 논쟁에서도 잘 나타난다.

성선이라는 가설을 맹자는 여러 가지 방식으로 논증하고 있다. 예컨대 그는 이렇게 설명한다. 만약 어린아이 하나가 갑자기 우물에 빠지면 누구나 놀라고 동정심을 갖게 마련이다. 이것은 아이의 부모를 기쁘게 해 주려고 해서도 아니고 이웃의 칭찬을 듣고자 해서도 아니다. 이런 행동은 모두 사람의 본성에서 나오는 것이다. 만약 이처럼 남을 동정하고 측은해하는 마음이 없다면 그런 사람은 사람으로 볼 수 없다. 맹자는 사람은 사회적 존재로서 최소한의 도덕 의식을 갖고 있어야 한다고 보았다. 이 판단은 전혀 근거 없는 것은 아니다.

그러나 그가 위험한 상황에 놓인 어린아이를 보고 자연스럽게 생겨나는 동정심을 가지고 인성이 본래 선하다고 논증한 것은 그럴 듯하기는 해도 옳은 것은 아니다. 맹자가 말하는 측은지심은 결코 순수한 자연적인 본성이 아니다. 도덕 의식이 들어 있는 감정인 측은지심은 오랜 기간의 사회적 교화의 영향 속에서 형성되는 것이다. 이런 영향은 사람의 마음속에 내면화되면서 자연스럽게 습관으로 변하며 어떤 '자연'스러운 모습을 갖추게 된다. 만약 후천적인 사회적 작용의 과정이 없다면, 이런 감정은 형성될 수 없을 것이다. 맹자가 측은해하는 마음, 동정하는 마음을 선천적 도덕 의식으로 판단한 것은 이 점을 간과한 것이다.

맹자는 또 다른 방식으로 성선을 논증한다. 사람이 가진 감성적 욕구는 서로 비슷하다는 점을 이용한 것이다. 맹자의 견해는 이러하다. 사람들의 입은 맛에 공통의 기호를 가지며, 귀는 소리에 동일한 청각을 느끼고, 눈은 외모에 동일한 미감을 가질 수가 있다. 마찬가지로 마음에도 서로 비슷한 것이 있을 수 있다. 이것이 바로 이와 의다. 마음이나 의에 쏠리는 것은 입이 소고기, 양고기나 돼지고기를 좋아하는 것과 마찬가지다.

이런 맹자의 논증은 이론상으로 문제가 있다. 첫째, 하나의 작용인, 입이 맛을 알고 귀가 소리를 듣는 것 등은 기본적으로 생리자연적 속성이다. 그런데 마음이성이 이와 의를 받아들이는 것은 사회적 인식 과정이다. 이 둘을 논리상 같은 서열에 둘 수는 없다. 그러므로 전자에서 후자를 끌어 낼 수는 없다. 둘째, 입맛이나 청각 등도 선천적으로 같은 기호를 가질 수는 없다. 서로 다른 지역, 다른 환경에서 살아가는 사람들은 음식이나 음악에 대한 기호가 다를 수 있다. 그들은 완전히 동일한 반응을 보이지는 않는다.

이런 차이는 후천적인 사회.역사적 과정에서 만들어진다. 감성적 욕구, 심미적 취향도 이러할진대 도덕 의식에서는 차이가 더 커진다. 이런 사실은 '사람은 누구나 본래 선한 성품을 갖고 있다'는 맹자의 가설이 성립되기 어려움을 증명해 준다.

그러나 비록 성선이라는 가설 자체는 선험적 관념이라 해도, 그것을 성인 학설 전체와 연계시키면, 여전히 주목할 만한 부분이 있다. 앞에서 이미 언급했듯이, 맹자의 인성 이론은 그의 인격 학설의 한부분이다. 곧 성인이상 인격에 도달하는 것이 되는 과정에서 성선은 무엇보다 이상적 인격의 경지에 이를 가능성을 제공하는 의의를 가지고 있다. 맹자가 성선의 내용을 구체적으로 해석하는 과정에서 우리는 이 점을 어렵지 않게 발견할 수 있다. 측은지심 등은 본선지성이다. 이러한 본성지성은 인·의·예·지의 발단이 되기도 한다. 즉 측은해하는 마음은 인의 단서이고, 부끄러워하는 마음은 의의 단서이고, 사양하는 마음은 예의 단서이고, 시비를 가리는 마음은 지의 단서이다.

인·의·예·지는 이상적 인격을 이루는 기본 규정이다. 맹자는 이런 규정이 처음에는 맹아 형태로 각 주체 안에 들어 있다고 보았다. 또한 이것은 주체가 자아를 실현하는 내적 근거이자 출발점이 된다고 본다. 이상적인 경지로 매진하는 과정은 바로 이러한 선천적인 잠재 능력이 펼쳐지는 과정이기도 하다. 맹자는 선천적인 선의 단서와 인격 발전의 관계를, 샘물과 물의 흐름의 관계에 비유한다. 샘물은 졸졸 흘러나와 밤낮으로 쉬지 않고 낮은 땅을 가득 채운다. 그리고 계속 흘러내려가 큰 바다로 향한다. 이렇게 물이 쉬지 않고 흐를 수 있는 것은 물결에 근원이 있기 때문이다. 이와 마찬가지로 선천적인 선의 단서도 인격의 발전에 마르지 않는 샘을 제공해 준다.

맹자 이전에 공자는 "본성은 서로 가까운 것이지만, 습성이 서로를 멀어지게 한다."라고 주장하고 있다. 여기서 '본성이 서로 가깝다'는 것은 누구에게나 비슷한 본질성이 있음을 가리킨다. 왜냐하면 누구에게나 이상적 인격에 도달할 가능성이 있기 때문이다. 그리고 '습성이 서로를 멀어지게 한다'는 말은 사람이 이상적 인격에 도달할 수 있는지의 여부는 결국 사람들이 가진 서로 다른 습관과 실천에 달려 있음을 강조한 것이다. 이런 점에서 공자는 이렇게 주장한다. '덕을 지키고, 인에 의지하라.' 이 또한 주체에게 고유한 인덕을 완전한 인간의 근거로 본 것이다.

맹자는 선천적인 선의 단서를 사람의 잠재 능력으로 보았다. 이것은 공자가 말한 '본성은 서로 가깝다'는 학설을 더욱 발전시킨 것으로 볼 수 있다. 물론 공자는 서로 가까운 본성의 내용을 자세히 밝히지는 않았다. 맹자는 "'본성은 서로 가깝다"는 주장을 "본성은 본래 선하다"는 주장으로 확대한다. 또한 본래 선한 본성과 그 작용을 구체적으로 해석하였다. 이에 따라 성인의 과정과 내적 근거의 관계를 더 잘 보여 줄 수 있게 되었다.

이상적 인격을 배양하는 일은 자아의 실현으로 볼 수도 있다. 그것의 목표는 '본연의 나'가 '이상적인 나'로 되는 것이다. 이 과정은 종종 주체가 가진 잠재 능력을 전개하는 과정으로 나타나기도 한다. 사람의 본성은 어떤 의미에서는 사람의 욕구로 나타난다. 현대 인본주의 심리학의 연구에 따르면, 사람에게는 기본적인 생리적 욕구 이외에 상호 존중, 집단 구성 등의 고차적 욕구가 있다고 한다.

이상적 인격의 경지를 추구하는 과정에서, 욕구 형태로 나타나는 인성은 내면의 출발점 또는 근거를 이룬다. 물론 이런 출발점 또는 근거가 결코 고정 불변한 것은 아니다. 그것과 내면화한 보편 규범 원칙 등이 서로 융합하면, 끊임없이 새로운 근거로 승화될 수 있다. 또한 성인을 실현하는 과정에 새로운 출발점을 제공하기도 한다. 만약 주체의 내면적 근거를 완전히 벗어나면 인격의 배양은 다소 이질적인 성격을 갖게 된다. 그리하여 주체가 도덕적 이상을 진정으로 실현하는 것이 매우 힘들어진다. 맹자가 선의 단서를 이상적 인격에 도달하는 원천으로 본 것도 이 점을 주목했기 때문인것 같다.

성인을 실현하는 과정이 주체의 내면적 근거를 벗어날 수 없음을 인정하는 것은 인격의 형성이 단순히 외부에서 주입되는 과정이 아님을 뜻한다. 공자는 이 점을 이미 지적했다. 그는 '지혜가 거기에 미치는 것'과 '인으로써 그것을 지키는 것'을 구분한다. 이른바 '지혜가 거기에 미친다'는 것은 이성적 교육 등의 형식을 거쳐 주체가 보편적인 도덕적 이상이나 도덕적 욕구를 이해하는 것이다. 그러나 이것은 이해한 것일 뿐, 주체가 자각적으로 이런 이상을 받아들였음을 보여 주는 것은 아니다. 더 나아가 이성이 파악한 보편 규범을 주체의 내면의 덕성으로 변화시키고 또한 이것을 보존할 수 있어야만 비로소 인격의 구조는 안정성을 갖추게 된다. 이른바 '인으로써 그것을 지킨다는 것'은 인식과 이해의 바탕 위에 외면의 도덕적 욕구를 주체의 내면적 품격으로 만드는 것이다.

인격의 형성은 물론 외부의 교육을 벗어날 수 없다. 그러나 이 과정을 단순한 수입으로 이해할 수는 없다. 말할 것도 없이 그것은 수용 과정이다. '수입'이 외부 사회가 주체에게 주입하는 것이라면, '수용'은 주체 자신의 내면의 욕구 및 잠재 능력과 외부의 영향이 상호 작용한 결과다. 수용이라는 방식을 통해 사회의 이상은 비로소 주체의 의식과 융합하고, 인격의 내면적 욕구로 변화한다. 공자가 '지혜가 거기에 미치는 것'을 인정하면서도 동시에 '인으로써 그것을 지킬 것'을 요구한 것은 이성적인 교육이 주체의 수용과 결합해야 한다는 점에 주목하였기 때문이다.

공자의 사상은 맹자에 와서 더욱 발전한다. 맹자는 선천적인 선의 단서를 근거로 하는 '이상적 인격의 창조'를 외적인 강제 주입으로 이해할 수는 없으며, 그보다는 내면의 본성이 선도하는 것으로 나타난다고 보았다. 고자와 벌인 논쟁에서 맹자는 이 점을 명백히 하고 있다.

고자는 이렇게 주장한다.

"성은 갯버들과 같고, 의는 갯버들로 만든 그릇과 같습니다. 인성으로 인과 의를 실천하게 하는 것은 마치 갯버들로 버들 그릇을 만드는 것과도 같습니다."

이 주장에 맹자는 다음과 같이 반박한다.

"당신은 갯버들의 본성을 그대로 살려서 버들 그릇을 만들 수 있겠소? 갯버들에 상해를 가해야 버들 그릇을 만들 것이 아니겠소? 만약 갯버들에 상해를 가하여 버들 그릇을 만든다면 사람에게도 상해를 가해 인과 의를 행하도록 하겠소? 온 천하의 사람을 모아 인과 의에 화를 가져오게 하는 것은 반드시 그대의 말일 것이오."

고자는 인성을 갯버들에 비유한다. 그는 인의 등의 품격이 만들어지는 것은 후천적인 가공에 의지하고 있음을 강조한다. 그러나 맹자는 후천적인 가공 과정을 사람의 본성을 훼손시키는 것과 같은 것으로 본다. 이것은 물론 정확하지 못하다. 왜냐하면 고자가 강조한 것은 후천적인 작용으로, 사람의 본성에 어긋나는 것과는 직접적인 논리관계가 없기 때문이다. 이 점에서 맹자의 고자 비판은 논쟁 상대의 본뜻을 제대로 파악하지 못한 트집 잡기라고 하겠다.

그런데 이 논쟁에 나타난 맹자의 주장에는 주목할 점이 있다. 그것은, 맹자가 성선설을 전제로 하여 인격의 배양은 내면의 본성을 부정하는 과정이어서는 안 됨을 강조한 점이다. 일반적으로는 이렇게 말한다. 도덕 함양은 물론 한 개인의 사회화 과정을 거쳐야 한다개인이 사회의 보편 규범을 파악하고 수용하게 만드는 것이기도 하다. 또한 이 과정은 사람이 본래 가진 성품을 개조하는 것과 관련 있다. 그러나 그것은 결코 내면의 본성에 대한 강제로 나타나지는 않는다. 사람은 태어날 때는 물론 현재의 도덕 의식을 갖추고 있지 않다. 그러나 그에게는 선한 방향으로 가려는 잠재 능력이 있다. 만약 사람의 잠재 능력을 무시하고 외면적 강제만 일면적으로 강조한다면, 인격을 배양하는 과정이 인성을 왜곡하게 될 것이다. 이에 따라 건전한 경지에 도달하기가 매우 어려워진다. 맹자는 선의 단서를 선천적인 도덕 의식으로 봄으로써 선험론으로 쏠리는 경향을 보이고 있다. 그가 고자를 비판한 것에도 어떤 편견이 들어 있다. 그러나 그가 인격의 배양을 외면적인 강제로 이해하는 것에 반대하고, 교화의 과정이 내면의 근거와 떨어질 수 없다고 한 것은 나름의 합리성이 있다.

완전한 인격을 이루는 것은 '본연의 나'가 '이상적인 나'로 변해가는 것을 의미한다. 그러므로 이 과정은 언제나 본연의 나와 이상적인 나 사이의 관계와 연관된다. 인격의 함양이 반드시 주체의 잠재적 능력을 내면의 근거로 삼아야 하는 것처럼, 이상적인 나로 가는 과정은 결코 본연지성을 부정하는 것이 아니다. 그것은 동시에 자아 자신의 잠재 능력의 전개 과정으로 나타난다. 바꾸어 말하면 본연의 나와 이상적인 나 사이에는 하나의 연속성이 있다. 공자는 이 점에 주목하였고, 맹자는 이것을 더욱 발전시키고 있다.

성선설에 따르면 성인 과정에서는 선천적인 선의 단서를 출발점으로 여긴다. 그리고 자아는 본연의 존재에서 이상적인 경지로 발전하는데, 이것은 나의 내면에 있던 선의 단초가 전개되는 것이기도 하다. 이처럼 본연의 나와 이상적인 나 사이에는 긴장이나 대결이 존재하지 않는다. 인격의 함양 과정은 자아의 실현이지, 자아의 부정이 아니다. 이런 관념은 서구 기독교의 관념과는 분명히 차이가 있다. 기독교 교의에 의하면, 인류의 조상 아담과 하와은 금단의 열매를 몰래 먹고 원죄를 지었다. 원죄는 그 후 그들의 후손에까지 영향을 준다. 이런 생각에 따르면 한 개인은 늘 몸에 죄를 지니고 살게 된다. 여기서 자아는 죄를 지은 존재가 된다. 그는 구원을 얻기 위해서는 반드시 본연의 나 원죄를 지은 나를 부정해야 한다.

예수는 신도들에게 이렇게 말한 적이 있다.

"나를 따르고자 하는 사람은 먼저 자기 자신을 부정해야 한다."

여기서 본연의 나_{원죄를 지은 나}와 이상적인 나_{구원받은 나}는 서로 용납할 수 없는 관계로 나타난다. 이런 생각은 사람의 생명 가치를 가볍게 보는 것을 의미한다. 또한 여기에는 피안의 세계를 추구하는 초월적 경향이 들어 있다. 이 둘을 비교해 보면 맹자는 성선설을 토대로 하여 인격을 함양하는 것을 자아의 완성_{자아의 잠재능력의 실현}으로 이해함으로써 주체의 내면적 가치와 현실적 삶의 의의를 훨씬 더 긍정하고 있다.

맹자는 성선설을 성인으로 가는 길의 논리적 출발점으로 보고 있다. 이런 맹자의 생각은 대체로 선진 유학의 변천에서 공자 이후의 유학의 한 경향을 대표하고 있다. 맹자가 공자의 '성상근'이라는 주장을 이어받아 '성본선' 설로 확대시켰다면 순자는 맹자와는 달리 '성상근'을 '성본악'이라는 주장으로 확대하고 있다. 따라서 순자는 인격의 함양 과정을 맹자와는 다르게 이해하였다.

순자는 자아 본연의 모습_{원시적 형태}에는 선의 품격이 없다고 본다. 그것이 전개되면서 악한 본성을 부여받게 된다는 것이다. 「성악」편 첫 머리에서 순자는 이렇게 주장한다. 사람의 본성은 악하다. 선이라는 덕성은 후천적인 작용의 결과다.

그리고 구체적 논증이 이어진다.

"사람은 나면서부터 이익을 좋아하는데, 이것을 따르기 때문에

서로 빼앗고 다투며 사양함이 없어진다. 사람은 태어나면서부터 질투하고 미워하는데, 이것을 따르기 때문에 남을 해치고 상하게 하는 일이 생기며 충성과 믿음이 없어진다. 사람은 태어나면서부터 귀와 눈의 욕망이 있어 아름다운 소리와 빛깔을 좋아하는데, 이것을 따르기 때문에 지나친 혼란이 생기고 예의와 아름다운 형식이 없어진다."

이것은 사람의 본성이 악하다는 것을 분명히 보여 준다. 이처럼 악한 천성 때문에 본연의 나와 이상적인 나는 처음부터 긴장과 대립관계에 있게 된다. 바꾸어 말하면, 본연의 나는 이상적인 나이상적 인격로 가는 데 필요한 내면의 근거를 제공하지 않는다. 여기서 우리는 이상적 인격으로 가는 출발점에서 순자가 맹자와는 전혀 다른 사유 방식을 나타내는 것을 볼 수 있다.

어떻게 본연의 나와 이상적인 나 사이의 대립과 긴장을 해소할 것인가? 순자는 "사람의 본성을 교화시켜 작위를 일으킨다"라는 주장을 내놓고 있다. 순자는 요·우 등의 성인이 보통 사람보다 뛰어난 이유는 그들이 '본성을 교화시키고, 작위를 일으킬 수 있기 때문'이라고 본다. 이른바 '화성기위'라는 것은 후천적·의식적인 노력으로 본래의 악한 성품을 고쳐서 예의에 맞게 하는 것이기도 하다. 여기서 말하는 '위'는 사람의 작위다. 이것은 외부 사회의 영향과 개인 자신의 작용을 모두 포괄한다. 예의는 이상적 인격의 기본 내용을 이룬다. 악함을 사람의 선천적인 본성으로 여긴 것을 보면 순자는 선험론에서 벗어나지 못하고 있다. 그러나 동시에 그는 '화성기위'를 내면의 덕성品格 형성에 필요한 전제로 봄으로써 선험론을 지양하는 경향을 보여주고 있다. '화성기위' 설에는 맹자의 성선설의 편향을 바로잡는 의의가 있다.

'화성기위'라는 관점에서 출발해서 순자는 누구나 성인이 될 수 있다고 확신한다. 그는 다음의 유명한 말 한 마디로 이런 사유 방식을 보여 준다.

"길거리의 사람도 우임금 같은 성인이 될 수 있다."

이 말은 길에서 만나는 누구라도 우임금 같은 성인이 될 수 있다는 뜻이다. 결론적으로 이러한 순자의 관점은 "사람은 누구나 요.순이 될 수 있다"라는 맹자의 주장과 아주 가깝다. 그러나 이 두 주장의 전제는 분명히 다르다. 앞에서 서술한 것처럼, 맹자는 사람이 성인이 될 수 있는 까닭은 그에게 선천적인 선의 단초가 있기 때문이라고 본다. 또한 이러한 선의 단초가 보통 사람이 성인이 되는 데 필요한 보편적 근거를 제공한다는 것이다. 이와는 반대로 순자는 사람의 본성이 본래 악하다고 본다. 그래서 그는 성인이 될 수 있는 근거를 결코 선천적인 본성에 달려 있다고 보지 않는다. 오히려 그는 주로 후천적인 사회적 영향과 개인의 도덕적 실천에 달려 있다고 본다. 길거리의 사람은 물론 성인이 될 수 있다. 그러나 참으로 이 목표를 실현하는 것은 축적 과정과 분리할 수 없다. 이런 판단 아래 선천적인 근거는 후천적·구체적인 노력에 완전히 자리를 내준다.

순자는 맹자가 상대적으로 소홀히 한 측면을 강조하고 있다. 여기에는 물론 경시할 수 없는 이론적 의의가 있다. 하지만 그는 성인의 외부 조건과 후천적인 작용을 강조하면서도 성인 과정의 내면의 근거에는 주의를 기울이지 않고 있다. '사람의 본성은 악하다'는 기본 가설에서 출발하여, 주체에게는 이상적 인격에 이르는 데 필요한 내면의 근거가 빠져 있다고 생각한다. 왜냐하면 본래 악한 성품은 성인 과정의 출발점이 될 수 없기 때문이다. 순자는 이런 판단에서 사회적 환경과 주체의 실천의 작용을 강조한다. 여기에는 분명히 폭넓은 역사적 시야가 나타나 있다.

그런데 인격 함양의 내면적 근거를 떠나 사회가 개인을 빚어내는 측면을 강조하다 보면, 종종 성인 과정을 외부의 주입으로 이해하기 쉬우며 이 과정이 강제적 성질을 갖게 되기 쉽다.

실제로 순자는 사회가 개체를 빚어내는 과정을 '본성에 반대되고 감정에 어긋나는' 것으로 이해한다. '본성에 반대된다'는 것은 인간의 본성에 어긋나는 것을 의미하고, '감정에 어긋난다'는 것은 인간의 진정을 왜곡하는 것을 뜻한다. 이런 과정은 동시에 엄격한 형법과 관련된다. 이른바 '화성기위'는 때로는 법과 형벌이라는 수단을 이용하기도 한다. 순자의 말에 따르면 '올바른 법도를 만들어 다스렸으며, 형벌을 무겁게 해서 금하였다.'라는 것이다. 이 말에 담긴 뜻은 법과 형벌을 통해 사람이 가진 본래의 악한 성품을 다스리는 것이다. 물론 법과 형벌 등의 강제로 형성된 인격이 건전한 형태를 갖추기란 어렵다. 순자의 인격설이 지닌 이런 경향은 인격 함양에서 내면의 근거를 중시한 맹자의 인격설이 지닌 이론적 가치를 거꾸로 보여 주고 있기도 하다.

인격을 함양하여 이상적인 경영을 실천하다

맹자는 선의 단서를 성인 과정의 출발점으로 보았다. 그가 강조한 점은 무엇보다 주체가 지닌 선천적인 가능성에 모아진다. 그러나 이것은 결코 후천적인 함양 과정을 완전히 배제하는 것을 의미하지 않는다. 맹자는 선의 발단을 오곡의 씨앗에 비유하였다. 씨앗에는 오곡이 될 가능성이 구체적이고도 미약하게 들어 있다. 그러나 발육, 성장 과정이 필요하다. 만약 성장 과정을 거치지 않는다면 개피나 피 같은 잡초만 못하게 된다. 마찬가지로 선천적인 선의 단서도 더욱 육성할 필요가 있다. 이 점은 공자가 이미 말한 적이 있다. 공자는 '본성이 서로 가깝다'는 점을 인정하면서도 동시에 '습관 때문에 서로 멀어짐'을 강조하였다. 후자에서 이미 다음과 같은 내용이 암시되고 있다. 비록 서로 비슷한 성품이 이상적 인격의 경지에 도달할 가능성이 있다. 해도, 이 가능성을 실현할 수 있는지의 여부는 결국 후천적인 서로 다른 습관과 행동으로 결정된다.

공자는 그림 그리기를 예로 들면서 짤막하면서도 정확하게 해설하고 있다. "그림 그리는 일은 흰 바탕이 있은 뒤에야 된다." 이 말의 뜻은 그림을 그리려면 흰 바탕이 필요하지만 다른 한편으로는 오채색서로 다른 색깔으로 윤곽을 그려야 한다는 것이다. 흰 바탕이 있으면 그림을 그릴 수가 있지만 오채색으로 그리지 않으면 한 폭의 그림을 완성할 수 없다. 이와 마찬가지로 인격의 형성에는 내면의 잠재 능력이 바탕이 되지만 또한 꾸미고 가꾸는 과정도 없어서는 안 된다. 공자는 환경과 교육의 작용을 중시했다. 그는 이렇게 말했다.

"마을이 인하다는 것은 아름다운 것이다. 스스로 골라 인한 곳에 살지 않는다면, 어찌 지혜롭다 하겠는가?"

여기에는 환경을 중시한 공자의 판단이 나타나 있다. 환경 이외에 넓은 의미의 '습관'도 주체의 실천을 포함한다. 공자는 제자와 나눈 대화를 통해 거듭 실천을 언급한다. '행동에 민첩하다', '행하고 남는 힘이 있으면 곧 글을 배운다.' 공자는 환경의 제약과 함께 주체의 실천을 내용으로 하는 구체적인 습성이 인간 내면의 잠재 능력을 펼치는 데 꼭 필요한 조건이라고 본 것이다.

공자처럼 맹자도 인격 함양과 환경이 갖는 관계에 많은 관심을 기울인다. 사람은 누구에게나 선의 단서가 있다. 또한 누구에게나 이상적 인격에 도달할 가능성이 있다. 하지만 적당한 환경이 없으면 이런 잠재 능력도 억압될 수 있다. 맹자는 다음과 같은 예를 든다.

도시 교회의 산에는 본래 나무가 울창하였다. 그런데 사람들이 도끼로 베어 내면서 나무가 점점 줄어든다. 비록 새 나무가 나와도 소나 양을 방목하면서 그것조차 사라져 버린다. 그리하여 산은 민둥산이 되어 버린다. 사람들은 이런 산의 모습을 보고, 그 산에는 본래 나무가 없었다고 생각한다. 그러나 이것은 결코 산의 본성이 아니다. 사람의 경우도 마찬가지다. 의식이 넉넉하면 젊은이들은 함부로 행동하거나 난폭해지기 쉽다. 이것은 결코 그들의 천성이 나빠서 그런 것이 아니다. 환경 작용의 결과로 볼 수 있다.

한 번은 맹자가 범 땅에서 제나라의 서울로 가게 되었다. 멀리 제나라 왕의 아들이 보이자 감탄하면서 이렇게 말하였다.

"거처하는 환경이 기상을 바꾸고, 봉양하는 것이 몸을 바꿔 놓으니, 대단하구나. 거처하는 환경의 힘이란! 다 같은 사람의 아들이 아닌가?"

계속해서 맹자는 제자들에게 설명한다. "왕자의 궁실, 수레나 말 의복은 대부분 남들과 같지만 왕자가 저와 같은 것은 그가 거처하는 환경이 그렇게 만든 것이다. 하물며 천하의 넓은 집인 인에 거처하는 것이야 어떻겠는가?"

이 대화에서 우리는 환경의 작용에 대한 맹자의 인식이 공자보다 구체적임을 알 수 있다. 사회가 끼치는 영향은 개인 외부의 요인이 된다. 환경의 작용을 제외하면 성인에 이르는 과정은 개인 자신의 작용과 연관된다. 후자는 우선 이성의 자각적 과정으로 나타난다.

맹자는 '인의를 억지로 행하는 것'과 '인의에 따라 행동하는 것'을 구분하고 있다. 이른바 '인의를 억지로 행하는 것'은 자발적으로 인의 등의 규범에 맞추는 것을 가리킨다. 이때 주체는 여전히 즉자적 단계段階에 머물러 있다. '인의에 따라 행동하는 것'은 자각적으로 인의 규범을 따르는 것이다. 이때 주체는 이미 주체적으로 행동하는 존재가 되어 있다. 전자는 자아 본래의 모습에 어울린다. 후자는 이미 이상적인 나로 올라서고 있다. '인의를 억지로 행하는' 즉자적인 존재본연의 나에서 '인의에 따라 행동하는' 주체적으로 행동하는 존재이상적인 나로 바뀌는 것은 이성적 승화 과정을 통해 실현된다. 이성적 승화 과정은 두 가지 측면을 포함하고 있다. 그것은 '사물에 밝고', '인륜을 살피는' 것이다. 사물에 밝다는 것은 대상을 인식하는 것이며, 인륜을 살핀다는 것은 인간 관계를 파악하는 것이다. 여기서 이성적 승화는 내면의 잠재 능력이 펼쳐지는 데 전제가 되면서 동시에 잠재 능력이 펼쳐지는 과정의 구체적인 내용이 되고 있다.

맹자는 호연지기를 이상적 인격으로 끌어들였다. 그는 또한 인격을 이중으로 규정하면서 '양기' 설을 내놓고 있다. 이른바 양기란 굳세고 강인한 의지 조절 능력을 키우는 것이다. 맹자는 주체가 똑바로 서서 일정한 사회적 책임을 맡기 위해서는 반드시 자신의 심지를 단련하는 과정을 거쳐야 한다고 말한다.

"그러므로 하늘에서 그런 사람들에게 큰 일을 맡기는 명령을 내릴 때는 반드시 먼저 그들의 심지를 괴롭히고, 그들의 근골을 수고롭게 하며, 육체를 굶주리게 하고, 몸을 궁핍하게 하여 그들이 하는 것이 그들이 해야 할 일과 어긋나게 만든다. 이것은 마음을 움직이고 자기의 성질을 참아서 그들이 해내지 못하던 일을 더 많이 할 수 있도록 하기 위해서이다."

'하늘이 큰 일을 맡기는 명을 내린다' 라는 논리는 당연히 신비적 형식을 갖게 된다. 그러나 이런 신비적 형식 속에는 구체적인 내용들이 들어 있다. 이른바 '심지를 괴롭히고, 그들의 근골을 수고롭게 하고, 육체를 굶주리게 하고, 몸을 궁핍하게 하는' 것은 실제로는 의지를 단련하는 서로 다른 형식들로 볼 수 있다. 이상적 인격은 집단에서 벗어나 혼자 사는 고립된 개인이 아니다. 그는 항상 사회 속에서 살아간다. 또한 자신에게 걸맞은 사회적 임무를 갖고 있다.

자아의 완성자아의 실현과 사회적 의무의 완성은 본질적으로 통일되어 있다. 그리고 이상과 같은 이중의 목표를 성취하려면 의지를 단련해야만 한다. 맹자는 견고한 의지라는 품성은 태어나면서부터 갖게 되는 것이 아니라고 본다. 그는 오직 역경의 세례나 힘든 훈련을 거친 다음에야 비로소 굳센 인격을 형성할 수 있다는 점에 주목한다.

맹자는 성인 과정의 구체적인 고리를 이해하면서 공자가 기초를 닦은 유학의 사유 방식을 계승하고 있다. 제자인 자로가 "어떻게 해야 완성된 인간에 도달할 수 있는지"를 묻자, 공자는 이렇게 대답한다.

"만약 장무중의 지혜와, 공작의 과욕과, 변장자의 용기와, 염구의 재주에다가, 예악으로써 거기에 문채를 더 보탠다면, 완성된 인간이 될 수 있을 것이다."

장무중은 노나라의 대부로 기지가 있고 임기응변에 능숙하였다. 공작은 맹공작을 가리킨다. 역시 노나라의 대부로 덕이 있기로 이름이 났다. 변장 역시 노나라의 대부로 용맹스러움으로 이름났다. 염구는 공자의 제자로 재능이 많았다. 공자의 견해는 이런 것이다. 이상적 인격에 도달하는 과정에는 결국 지혜·용기·재주 등의 요소가 두루 필요하다는 것이다. 여기서 '지혜'는 인식 활동을 통해 사람이 가진 이성적 능력을 발전시키는 것을 말한다. 공자는 '지

'혜'를 사회 인륜을 파악하는 것으로 이해한다. 이것이 바로 '남을 안다'라고 하는 것이다. 인륜을 살피고 자신을 반성하는 과정에서 주체는 점점 자각적인 이성의 품격을 만들어간다. '용기'는 '두터운 의지'와 이어지는 것으로, 의지의 속성을 이루고 있다. 맹자는 '인륜을 살피고' '자신의 심지를 괴롭히는 것'을 통해서 완전한 인격의 수준에 도달할 것을 요구하였다. 이것은 분명히 앞선 공자의 사상과 일맥상통하는 것이다.

그러나 공자는 '박학'과 '독지' 외에 '예'와 '악'이 성인 과정에서 하는 작용도 중시하였다. 예의 함의는 넓다. 그러나 그것이 '악'과 연결되면 일반적인 예술의 심미 활동과 연관된다. 이른바 '예악으로 문채를 더 보탠다'라는 것은 심미 활동을 통해 사람의 정조를 풍부하게 한다는 뜻을 담고 있다. 공자는 심미 활동의 작용을 몹시 중시했다. 그는 시를 예로 들면서 이렇게 말하고 있다.

"시경의 시들은 사람의 감흥을 일으킬 수 있고, 사물을 올바로 볼 수 있게 하며, 남과 잘 어울릴 수 있게 하고, 정치의 잘못을 비판할 수 있게 한다."

여기서 흥은 주체의 정신감정을 포괄한다이 느낀 바를 승화시키는 것이다. 관은 시인의 뜻을 이해하는 것이며 또한 이 과정을 통해 시인의 뜻에 공감하기도 한다. 군은, 공안국의 해석에 따르면, '사람들이 집단을 이루고 살면서 서로 갈고 닦는 것'을 말하는데, 이것은 심미 활동이 집단 속에서 사상과 감정을 교류하는 과정이기도 하다는 것을 의미한다. 원은 감정의 배출을 통해 심리적 균형을 유지하는 것이다. 그리하여 건전한 심리 상태에 도달하게 된다. 여기에서 공자는 시를 감상하는 것을 가지고 심미 활동이 인격의 함양에서 하는 기능을 구체적으로 밝히고 있다. 즉 정신적 감동 감정의 공명. 소통.배출을 통해 사람은 높은 인격의 경지로 올라갈 수 있다는 것이다.

공자는 일찍이 소악순임금 시대의 음악을 듣고 "석 달 동안 고기 맛을 몰랐다"라고 말했다. 고기 맛을 몰랐다는 것은 음악의 미감이 사람의 자연적인 정서를 정화해 주고, 정신을 고양시켜 주었기 때문이다. 맹자는 인격 배양 과정에서의 이성적 승화라는 측면을 더욱 강조하고 있다. 그러나 그는 예술의 심미 활등이 인격을 기르는 데 미치는 작용에 대해서는 별로 언급하지 않고 있다. 이런 사유 경향은 이성주의 원칙이 인격 학설로 전개된 것으로 볼 수 있다.

이와는 달리 순자는 예술의 심미 활동이 사람의 마음을 풍부하게 하는 데 미치는 작용을 중시했던 공자의 사유 방식을 계승하고 있으며 한층 더 발전시켰다. 순자는 음악의 작용을 매우 중시하고 더욱 깊이 고찰하고 있다. 순자는 '본성을 교화시켜 작위를 일으키는' 과정에서 음악이 중요하다고 본다.

"노래와 음악은 사람에게 미치는 영향이 매우 크고, 사람을 빨리 변화시킨다."

다른 예술 형식 가령 조형 예술에 비해 음악은 주체의 심리 변화 과정을 더 잘 나타낸다. 동시에 심정적인 흥분과 공감을 쉽게 자극한다. 또한 마음속까지 깊이 영향을 받으면서 주체의 정신은 세례와 정화를 얻는다. 넓은 의미에서 보면 음악에는 심지어 풍속을 바꾸는 의의도 있다.

"음악이란 성인들이 즐기던 것이어서 백성들의 마음을 어질게 해 줄 수 있다. 그것은 사람들에게 깊은 영향을 주어 풍습을 바로잡고 풍속을 순화시킨다."

이른바 '풍습을 바로잡고 풍속을 순화시킨다'는 것은 일정한 사회.문화적 분위기를 바꾸는 것이기도 한다. 이것은 거꾸로 개인의 내면세계에 영향을 주기도 한다. 음악은 하나의 예술 형식이다. 그것은 시간 속에서 펼쳐지는 움직임의 조화를 나타낸다. 이 점에 주목하면서 순자는 음악의 기능을 '합동'으로 개괄한다. 그는 또한 그것을 예와 구별하고 있다. 순자는 예의 작용이 '구별'에 있다고 본다. 예는 일종의 정치 제도로서, 그것의 작용은 사람을 서로 다른 등급으로 구분하는 데 있다. 아울러 각 등급에 맞는 각종 명분을 규정한다. 그런데 음악은 하나의 예술 형식으로, 그 특징은 정치적인 등급의 제한을 뛰어넘어 서로 다른 사회 구성원들이 감정으로 소통하도록 만든다. 그리하여 사회의 화목과 존중을 이루는 것이다. 순자는 다른 측면에서 이 점을 설명하고 있다.

"본래 음악은 종묘에서 임금과 신하, 윗사람과 아랫사람이 함께 들으면 화합하고 공경하지 않는 사람이 없게 된다. 집 안에서 부자와 형제들이 함께 들으면 화합하고 친하지 않는 사람이 없게 된다. 마을에서 집안 어른을 모신 가운데 어른과 젊은이들이 함께 들으면 화합하고 순종하지 않는 이가 없게 된다."

즉 서로 공경하고 서로 친하며 서로 화목한 것들은 도덕이 응집되는 서로 다른 형식들이다. 인격의 함양이라는 각도에서 이러한 순자의 관점을 보면, 그는 감정의 소통과 융합을 촉진하는 예술 형식인 음악이 자아의 닫힌 마음 상태를 극복하고, 열린 건전한 인격을 기르는 데 은근한 감화 작용을 하는 것에 주목하고 있다. 유가의 인격 학설의 변천 과정에서 순자의 견해는 맹자의 인격 이론을 충실히 한다는 의의를 갖고 있다.

좀 더 살펴보면, 맹자와 순자가 이상적 인격에 이르는 방법의 문제를 보는 차이가 단순히 예술의 심미 활동 작용을 다르게 보는 데서 비롯되는 것이 아니라는 점을 알 수 있다. 이 점은 성인 과정에 대한 이해에서도 동시에 나타난다. 순자에 따르면, 이상에 도발한다는 것은 '본래 악한 본성'을 개조하여 보편적인 도덕 이상에 맞도록 만드는 것이기도 하다. 그것 이상적 인격에 도달한다는 것은 이상적 인격을 향한 발걸음이 다시 출발점으로 돌아가는 것으로 끝날 수는 없음을 말해 준다. 그것은 오히려 새로운 인격적 요소가 형성되는 과정이다. 이른바 "오랫동안 떠나 있으면 처음으로 돌아갈 수 없다"라는 말이 바로 이 점을 강조한 것이다. 맹자 역시 후천적인 이성적 자각, 의지의 단련 등의 고리들이 이상적 인격에 도달하는 데서 갖는 의의를 인정한다. 그러나 이런 요소들은 단지 선천적인 선의 단서가 나타나는 조건에 불과하다. 그 작용은 '그것선의 단서을 확장시키고 충실하게 해 주는 것'이지, 인격에 새로운 내용을 부여하지는 않는다고 본다. 마찬가지로 환경의 영향도 물론 경시할 수 없다. 그러나 그 영향은 주로 내면의 선의 단서가 드러나는 것을 재촉하거나 가로막는 것으로 나타난다. 그 관계는 기후 및 토지와 보리 씨앗의 관계와 똑같다. 곧 토지, 기후 등은 단지 보리 씨앗의 생장 조건에 불과한 것이다. 그것이 보리 씨앗에 새로운 질을 덧붙여 줄 수는 없다. 환경의 영향 역시 내면의 근거를 변화시키지는 못한다.

이처럼 맹자에게 성인에 이르는 과정은 폐쇄적 성격을 갖고 있다. 이상적 인격은 항상 선천적인 선의 단서를 초월할 수 없다. 이런 의미에서 맹자는 이상적 인격의 경지로 가는 과정을 "자신의 잃어버린 마음을 되찾는다"라는 말로 개괄하고 있다. 이른바 '잃어버린 마음을 되찾는다' 는 것은 또한 선천적인 선의 단서에서 출발하여 다시금 본래 선한 품성으로 되돌아가는 것이다. 이 말은 나중에 순자가 강조한 '오랫동안 떠나 있으면 처음으로 돌아갈 수 없다' 라는 말과 더불어 유학의 발전에서 두 노선을 이루게 된다.

    지금까지의 내용을 요약하면 다음과 같다. 이전의 공자나 이후의 순자와 비교해 볼 때, 맹자는 확실히 성인 과정의 내면의 근거를 더욱 구체적이고 깊이 있게 고찰하고 있다. 성선설을 토대로 하는 이러한 고찰은 유학의 변천 과정에서 소홀히 할 수 없는 고리가 되고 있다. 그러나 그는 성인이 되는 과정의 내면 근거를 강조하며 '본성을 회복하자는 주장'을 이끌어 냄과 아울러 유학의 내성 노선을 강화시키고 있다

孟子人間經營

제 11 장

역사 속 이상주의 경영가 맹자

맹자의 사상은 당대뿐 아니라 사후에도 꾸준히 유지되고 발전되어 왔다. 그 이유는 사상의 순수성과 함께 역사적인 요구에 따른 것이기도 하다. 또한 인간경영에서도 그의 사상은 커다란 지침서가 될 수 있을 것이다.

맹자 이후 역사의 복잡한 변천 과정을 겪으면서 맹자의 운명도 여러 차례 부침을 겪는다. 그는 생전에 여러 나라를 두루 돌아다니면서 유세하였고, 그의 명성은 점차 제후와 왕공에게 알려졌다. 전국 시대에 활약한 학파들과의 논쟁과 뛰어난 변론 덕분에 맹자는 높은 명성을 얻었고, 유학도 이때부터 큰 세력을 얻는다. 전국 시대 중.후기에 이르면 맹자의 유학은 이미 영향력 있는 학파가 된다. 순자는 「비십이자」를 지어 당시 대표적인 학파들의 학설을 평가하였다. 이 열두 학파 속에는 맹자도 들어 있다. 여기서 우리는 맹자가 창시한 학파가 전국 시대 후기에도 여전히 세력을 잃지 않고 있었음을 알 수 있다.

유학자에서 성인의 경지에 이르다

그런데 진 시황의 분서갱유는 맹자 학파에도 화를 미쳤다. 이후 한대의 조기가 살펴본 바에 의하면, 이런 재난을 거치면서 '맹자 일파는 모두 사라졌다.' 진 시황은 유가를 주요 공격 목표로 삼았다. 따라서 유학의 정통 계승자인 맹자 일파는 가장 먼저 타격을 받을 수밖에 없었고, 그들이 입은 타격은 컸다.

진나라가 망한뒤 유학에 대한 속박도 함께 사라졌다. 한나라 초기에는 문화 건설과 이데올로기 사업을 중시하였다. 한나라 문제 때에는 박사 70명을 두었는데, 『맹자』와 『이아』 등에는 모두 박사를 설치하였다. 일반 제자를 다루는 과정이 학관에 설치되면 그들의 지위는 매우 높아진다. 책과 그 지은이가 운명을 함께 하는 경우가 종종 있었으니, 책의 지위가 올라가는 것은 동시에 그 지은이를 중시하게 됨을 의미하기도 한다.

그러나 좋은 시절은 오래 가지 않았다. 한나라 무제 때에는 『맹자』를 전문적으로 다루는 박사가 없어지고 학문도 관학의 지위를 잃어버린다. 그러나 한대에 관학에 편입되어 있던 시간은 그리 길지 않았지만 민간 연구자들은 없어지지 않았다. 후한동한 시기에 맹자를 연구한 사람은 대체로 다음과 같다.

첫째, 정증을 들 수 있다. 정증은 최초로 『춘추』를 10년이 넘게 연구했던 사람이다. 나중에는 문하생을 모아 『춘추』를 강의하기도 한다. 그에게 배운 사람이 수백 명이 넘었다. 정중의 학설은 깊고 넓으면서도 다루는 분야가 폭넓었고, 저작도 많았다. 그 가운데 중요한 책이 바로 『맹자장구』다. 이 책은 『맹자』에 대한 최초의 주석본 가운데 하나다. 정중은 오경을 공부하면서 동시에 『맹자』에 주석을 달았다. 그리하여 『맹자』가 경의 자리를 되찾을 수 있게 하였다. 그러나 『맹자장구』는 지금 남아 있지 않다. 이 책은 수나라 때 이미 사라졌고, 『수서』의 「경적지」에도 실려 있지 않다.

둘째, 조기를 들 수 있다. 조기는 어려서부터 보통 사람을 뛰어넘는 재능을 보여 주었다. 그는 유가 경전을 깊이 연구하였다. 이름난 경학자 마융과 사돈 관계를 맺기도 하지만 마융의 조카를 아내로 얻는다, 마융이 당시 큰 가문의 대학자였는데도 조기는 사람됨이 청렴해서 그와 교유하지 않았다. 서른 살에 큰병을 얻어 7년을 병으로 누워 지낸 그는 자신이 오래 살지 못할 것이라 생각하고 유언까지 작성해 놓는다. 그런데 나중에 기적적으로 건강을 되찾았다. 그는 한나라 말기에 조조의 추천으로 태상이 되기도 하였다. 조기는 몇 차례 벼슬을 했지만 벼슬길에서 여러 차례 곤경을 겪는다. 그는 경전 연구에 많은 노력을 기울였다. 특히 『맹자』에 많은 힘을 쏟아 『맹자장구』를 지었는데, 당시에는 꽤 영향력이 있었다. 이 책을 지은 것과 관련하여 전해지는 일화가 있다. 당현은 환관인 동생 당형 덕분에 경조호아도위라는 벼슬에 오른다. 조기는 이 사실을 묵과하지 못하고 여러 차례 비난을 한다. 나중에 당현이 경조윤으로 승진하자, 조기는 그의 보복이 두려워 이름을 숨기고 다른 고장으로 피해 떡 파는 일로 연명한다. 후일 손숭이라는 사람이 조기가 비범한 인재임을 알아보고 그를 자기 집으로 초빙하여 밀실에 숨겨 준다. 밀실에 은거해 있던 3년 동안 조기는 『맹자』 주해를 완성한다. 이렇게 어려운 처지에서 지은 조기의 『맹자장구』는 지금까지 기본 내용이 남아 전해진다.

셋째, 고유를 들 수 있다. 고유 역시 한나라 말기의 학자다. 벼슬은 낮았지만 주요 업적은 경전의 연구와 저작에 있다. 고유는 『회남자』, 『효경』 등에 주석을 달았다. 『맹자장구』를 짓기도 했다. 『여씨춘추』 서문에서는 고유가 『맹자장구』를 지은 일을 언급하고 있다. 송나라 때의 희시가 『맹자』 주를 달면서 역시 고유의 맹자 주석을 인용했다. 그러나 고유가 지은 『맹자장구』는 지금 남아 있지 않다.

넷째, 유희를 들 수 있다. 유희는 동한 말기에 생존하였으며, 안남 태수를 지냈다. 그는 『맹자주』 일곱 권을 지었다. 수나라 때에도 이 책은 아직 남아 있었으며, 『수서』의 「경적지」에도 이 책의 이름이 기록되어 있다. 그러나 나중에 사라지고, 일부만이 산견된다. 이것을 마국한이 모아 수록한 것이 있다.

다섯째, 정현을 들 수 있다. 정현은 한나라 말기의 이름난 경학자다. 일찍이 마융에게 가르침을 받았다. 당시 마융은 이름이 높아 제자가 400명이 넘었는데 그 가운데 50명만이 마융에게 직접 가르침을 받을 자격이 있었다. 정현은 마융의 밑에 있는 3년 동안 마융에게 직접 가르침을 받지 못하였다. 하지만 부지런한 그는 밤낮으로 노력해서 결국 마융에게 인정받는다. 정현이 학문을 성취하여 마융을 떠난 뒤에 마융은 이렇게 말했다. "정생이 동쪽으로 떠나면서 나의 도 역시 동쪽으로 가 버렸다." 이 말은 그의 학술 사상이 정현을 통해 동쪽 지역으로 전해졌음을 뜻한다. 정현은 경학에 조예가 깊고, 학문이 깊고 넓었다. 『주역』·『상서』·『모시』·『의례』·『예기』·『논어』·『효경』 등에 주를 달았다. 『맹자』도 중시하여 『맹자』 일곱 권에 주를 달았다. 수나라 때는 아직 이 책을 볼 수 있었으며, 『수서』의 「경적지」에도 이 책의 이름이 실려 있으나 지금은 사라지고 없다.

이런 사정을 통해 우리는 서한전한 시기에 맹자와 그의 저서 『맹자』가 중시되고 있었음을 알 수 있다. 특히 눈여겨볼 만한 것은 맹자를 연구한 유명한 학자들 가운데 정현처럼 당시 명성을 떨치던 경학자가 있었고, 여러 가지 주석본이 나타나면서 일반 제자들보다 맹자의 지위가 높아졌다는 점이다. 한나라 때 학자들의 맹자 주석서에는 문자에 대한 주석만 실려 있는 것이 아니라, 책에 담긴 의리 사상을 떠받들고 확장한 것도 들어 있다. 지금 남아 있는 조기의 『맹자제사』에서 우리는 이 점을 어렵지 않게 볼 수 있다. 조기는 다음과 같이 평가하고 있다.

"맹자가 지은 책은 분량이 7편, 261장, 34,685자이다. 맹자는 여기서 천지와 만물을 두루 포괄하여 서술하고 있으며, 인의.도덕, 성명.화복에 대해 밝히고 있다. 제왕이나 공후가 이 가르침을 좇으면 천하를 안정시키고, 조정을 기릴 수 있게 된다. 경대부가 이 가르침을 따르면 임금과 아비를 존경하고 충신을 세울 수 있게 된다. 지조를 엄하게 지키는 자가 이것을 따르면 절개를 높이고 소인배에 맞설 수 있게 된다. 책 속에는 국풍의 시들의 지은이가 사물에 의탁한 뜻, 대아.소아의 바른 말들이 들어 있는데 곧으면서도 오만하지 않고, 굽어 있지만 굽히지는 않고 있으니, 그를 두고 운명에 통달하고 위대한 업적을 남긴 큰 인재라고 일컬을 만하다."

이 말은 『맹자』에 천지의 만물이 담겨 있다는 것이다. 곧 자연 현상에서 사회 인륜, 인의 규범에서 개인의 운명에 이르기까지, 남김없이 이론적으로 정립되어 있다는 것이다. 맹자의 학설에 따르면 천하를 안정시킬 수 있고, 군신.부자의 사회적 질서를 지킬 수 있고, 사람들의 도덕 풍조도 향상시킬 수가 있다. 여기서 『맹자』는 거의 '경'의 지위에 오르고, 맹자 자신도 아성이라는 특별한 영예를 얻는다.

그러나 서한 시기 내내 '아성'이라는 칭호는 관방의 인정을 얻지 못한다. 그것은 단지 맹자를 사숙하는 개인이 인정하는 것일 뿐이었다. 실제로 서한 시기에는 맹자를 떠받드는 사람들도 있었지만 비판하고 비난하는 사람들도 없지 않았다. 동중서는 한나라의 대유학자로 유학을 전수한 사람이다. 그의 사상은 맹자의 영향을 많이 받았다. 그러나 그는 맹자의 사상에 이의를 제기하고, 심지어 비난하기도 한다. 예를 들면, 인성 문제에서 맹자는 성선설을 주장하지만 동중서는 성인의 본성만이 '선'이라는 이름에 해당할 수 있으므로 맹자의 성선설은 옳지 않다고 보았다.

"맹자는 '모든 백성의 본성이 선할 수 있다'고 보는데, 이런 생각은 지나치다."

여기서 맹자는 비판의 대상일 뿐 성인으로 존경받고 있지 않다. 동한 시기에는 왕충이 『논형』을 지어 맹자를 격렬히 비판한다. 『논형』의 한 편인 「자맹」의 내용은 대부분 맹자를 공격하는 것이다. 이 글에서는 맹자 학설의 논리적 불일치를 드러내고, 맹자가 "논증에서 사적을 제대로 살피지 않고 근거 없는 말들을 믿고 있다"라고 비난하고 있다. 즉 맹자의 입론이 근거도 없을 뿐더러 오히려 황당한 말을 믿고 있다는 것이다. 아울러 그는 맹자가 속유들와 비교해서 어떤 차이도 없다고 보았다. 이런 사실은 유학이 정통 학문으로 변모해 가는 서한 시기에 맹자의 '아성'이라는 지위가 아직 보편적으로 인정받지 못했음을 알려 준다.

꽤 오랫동안 맹자는 위로 공자를 계승했다고 이야기되기보다는 순자와 나란히 언급되었다. 삼국 시대에는 위나라의 한 사람이 서간의 『중론』에 서문을 지으며 이렇게 말했다.

"순경순자, 맹가맹자는 아성의 재능을 갖고 있고, 일가의 법도를 보여 주고 있다."

이 말은 비록 맹자를 아성으로 존경하고는 있지만 맹자를 순자의 뒤편에 두고 있다. 한나라 말기에 조기가 맹자를 아성으로 받든 것과 비교하면 맹자의 지위는 오히려 낮아진 것이다. 진나라에서 수나라에 이르기까지 맹자와 순자를 나란히 언급하는 사정은 완전히 바뀌지는 않았다. 예컨대 진나라의 이름난 사상가인 부립은 이렇게 지적한다.

"맹자.순자가 공문에 있었다면 자유.자하 아니면 염유.민자건의 무리에 속했을 것이다."

이 말은 맹자.순자가 공자의 문하에 있었다면, 그 중에서도 높은 위치에 있었을 것이라는 말이다. 이런 평가에는 맹자를 떠받드는 의미가 없지는 않지만 맹자는 여전히 순자와 같은 수준으로 여겨지고 있을 뿐, 특별한 지위를 얻지 못하고 있다.

당나라에 와서 맹자의 역사적 지위는 비로소 변모하게 된다. 당나라 보응 2년서기 762 예부시랑인 양관은 소를 올려 『논어』·『효경』·『맹자』를 경으로 삼을 것을 건의한다. 이 주장은 일부 유학자들에게 『맹자』가 경전의 지위를 갖게 되었음을 보여 준다. 다시 한 세기가 지나 당나라 의종 함통 4년서기 863 진사 피일휴가 소를 올려 『맹자』학과를 세울 것을 건의한다. 여기서도 『맹자』의 경전적인 지위를 확인할 수 있다.

양관과 피일휴는 대체로 경학의 각도에서 맹자가 관방에서 정통의 지위를 얻을 수 있도록 노력했다. 여기에 호응하여 당대의 이름난 사상가이자 문장가인 한유는 유가의 도통에서 출발해 맹자의 지위를 한층 격상시킨다. 한유는 유가에는 긴 도통의 흐름이 있다고 보았다. 그 흐름은 요·순에서 시작해서 우임금·탕임금·문왕·무왕·주공을 거쳐 공자에게 전해진다. 공자는 다시 맹자에게 전하였는데, 맹자가 죽자 도통은 중도에 끊겨 버렸다. 후세의 유가들이 있었지만, 순자.양웅 같은 대 유학자들은 사상이 잡스럽고 혼란스러워 맹자와 비교할 수는 없다. 결국 맹자는 순수하고도 순수한 성인이다. 여기에서 맹자의 지위는 전에 없이 높아지게 된다. 도통의 정통 전수자인 그는 이미 성인의 반열에 오르고 있다. 더 이상 일반 유학자가 아닌 것이다. 이것과 더불어 맹자와 순자를 나란히 놓던 구도가 깨지기 시작한 듯하다. 한유의 도통설에는 물론 유교가 불교에 대항하는 의미가 들어 있다. 왜냐하면 당대에는 불교가 성행하여 이미 유학의 정통 지위가 상당히 위협받고 있었기 때문이다. 그러나 맹자를 성인의 도를 이은 최후의 전수자로 본 것은 분명히 맹자에게 특별한 신분을 부여하였다. 이런 관점은 이후의 송·명 이학에도 매우 중요한 영향을 미치게 된다.

　그런데 양관, 피일휴 또는 한유를 막론하고, 그들이 맹자를 떠받든 것은 여전히 개인적인 주장에 불과하였다. 이런 주장은 당시에는 관방의 승인을 얻지 못했다. 양관이 『맹자』를 경으로 삼기를 요구하지만 당나라 대종은 허락하지 않았다. 피일휴의 상소 역시 하문을 받지 못한다. 한유의 도통설은 사상사적 의의를 분명히 드러내지만, 구체적인 정전의 조문으로 바뀌지는 않았다. 송대에 와서야 『맹자』는 『논어』와 함께 정식으로 경의 반열에 오른다. 이리하여 맹자는 아성의 지위를 얻게 되고 관방의 승인을 얻게 된다. 맹자의 지위의 관방화와 더불어 이정.주희 등 도학자들은 사상.이론의 면에서 맹자의 사상을 해설하고 빛내었다.

　주희는 특히 맹자 사상의 지위를 높이는 데 힘썼다. 그는 『맹자』를 『논어』.『중용』.『대학』과 나란히 놓고 『사서집주』를 지었다. 또한 『논맹정의』, 『사서혹문』을 펴내 맹자 사상을 체계적으로 확장시켰다. 그보다 앞서 북송 시기의 왕안석도 맹자를 매우 중시했다. 왕안석은 희녕 4년 서기 1071에 변법을 주도하였는데, 과거 시험의 내용을 개혁하는 일도 변법의 주요 사업 중 하나였다. 그의 개혁 조치 가운데 하나가 바로 『논어』와 『맹자』를 경으로 삼고 과거 시험의 과목으로 정한 것이었다. 송나라 이후로 『맹자』가 경전이 되면서 과거 시험의 주요 내용이 되고, 주희가 지은 『사서장구집주』는 국가가 정한 필독 경전이자 표준 답안이 되었다.

물론 맹자가 관방의 승인을 얻은 것이 유학이 맹자 추종자들로 통일되었음을 의미하지는 않는다. 왕충 이래 맹자 비판의 숨은 흐름은 끊어지지 않고 있었다. 『맹자』가 경전으로 대접받는 송대에도 이를 비판하거나 비난하는 사람이지 않았다. 풍휴 같은 사람은 맹자의 일부 관점에 만족하지 못하고 『맹자』의 내용을 일부 삭제하기도 했다. 이구는 『상어』 세 권을 저술하였는데 거기에는 맹자를 비난하거나 맹자에게 질의하는 내용이 들어 있다. 사마광은 단도직입적으로 『의맹』이라는 책을 써서 맹자를 비난하였다. 『맹자』 「등문공하」편에 제나라 사람 진중자의 일을 언급한 것이 있다. 진중자는 형을 피하고 어머니를 떠나 형이 보내 준 음식을 먹지 않고 형의 집에서 지내지 않았다. 형의 재물을 의롭지 못한 것으로 여겼기 때문이다. 맹자는 진중자를 비판하면서 이런 행동은 지나치다고 보았다. 사마광은 맹자의 견해에 동의하지 않고, 맹자가 진중자를 비난하면서 진중자의 구체적인 형편을 살피지 않았다고 보았다. 시마광은 이렇게 말했다.

"맹자가 진중자를 나무란 것은 참으로 지나치다!"

이 말은 맹자의 비판이 일방적이었음을 뜻한다. 그러나 비록 비판자들이 간혹 있었지만 송대 이후로 맹자의 사상적 지위는 그 기세가 수그러들기는커녕 더욱 상승하는 추세였다. 원나라 때는 이민

족몽골족이 중국의 주인이 되었지만 맹자는 이전과 동일하게 존중받았다. 원나라 문종 지덕 원년서기 1330에 맹자는 '추국아성공'에 봉해졌고, 이후 '아성'은 황제가 내려준 칭호가 되었다. '대성지성문선왕'이라는 칭호를 받은 공자를 제외하면 어느 누구도 맹자보다 높은 자리에 오르지 못했다. 명·청 시대에는 맹자에 대한 추가 봉직이 끊이지 않았다. 또한 공자와 맹자를 나란히 받드는 것이 송나라 이후 중국 문화가 면화하는 와중에서도 기본 방식이 되었다.

공자와 맹자가 나란히 존중되면서 맹자는 '아성'이라는 특별한 영예를 누리게 됨과 동시에 맹자의 운명은 공자와 함께 엮이게 된다. 공자가 각광을 받으면 맹자도 함께 각광을 받았지만, 공자가 몰락하면 맹자도 이를 면하기 어렵게 된 것이다. 근대 이후 계몽 사상이 발전하면서 전통 문화에 대한 반성과 비판이 점차 사람들의 주목을 끄는 사조가 되었다. 전통 문화의 상징인 공자도 엎드려 절하는 우상에서 비판과 공격의 대상으로 바뀌게 된다. 공자를 받드는 요란한 연극이 근대 시기에도 거듭 상연되었지만 공자를 반대하는 사조가 결국 지대의 주류가 되었다. 이와 함께 맹자도 불운해졌다.

5·4 시기 이전에 장태염이 공자를 격렬하게 공격한 적이 있다. 그는 공자가 기껏해야 일개 역사가에 지나지 않으며, 공자가 얻은 명성과 영예는 모두 실제에 부합하지 않는다고 보았다. 장태염의 판단에 따르면, 공자의 덕행 역시 문제가 된다. 왜냐하면 공자가 기

교를 부려 명예를 얻었으며 권모술수를 부리는 데 뛰어났다는 것이다. '공자의 권모술수는 노자보다도 뛰어나다.' 그는 공자를 비판하면서 동시에 맹자도 언급한다. 그는 맹자가 공자와 같은 수준이거나 그보다 못하다고 보았다. '지'와 '덕' 두 가지 면에서 맹자에게는 결함이 있다고 보았다. 장태염은 묵자의 겸애에 대해 맹자가 "아비도 무시한다"며 불만스러워한 것을 비판하면서, 오히려 맹자 자신의 학설이 "말류"의 언사라고 비난한다. 장태염이 공자, 맹자를 비판한 것이 모두 타당한 것은 아니다. 그의 말에는 지나치거나 인신 공격에 가까운 것도 있다. 그러나 공자와 맹자의 자구에 사람들이 얽매인 것과 비교해 보면 역사적인 계몽의 의의가 있다.

5·4 시기에는 "공자 학파를 타도하자"라는 구호도 등장한다. 아성인 맹자는 당연히 공자 학파의 두 번째 주인으로 여겨져 공격을 받는다. 5·4 시기의 공자 배척은 비록 공자를 겨누고 있지만, 심층적인 공격 대상은 전통 예교였다. 맹자의 사상은 이 예교를 구성하고 있다. 그렇기 때문에 공자를 반대하는 목소리 속에 반드시 맹자의 이름이 거론된 것은 아니지만, 맹자의 사상은 분명히 비판 대열에 끼여 있었다. 계몽이라는 시대적 요구 때문에 사람들은 종종 역사적 인물과 그들의 사상이 갖고 있는 부정적인 의미에 치중하며, 그들이 가진 적극적인 이론 내용을 무시하기 쉽다. 5·4시기 역시 이런 편파적 경향을 피해갈 수는 없었다. 그렇기 때문에 문화

적 반성이 깊어지면서 역사적 인물에 대한 평가도 점점 구체화된다. 맹자가 신비화되지도 않고 또 추악하게 그려지지도 않을 때 그에 대한 과학적인 자리매김이 가능해질 것이다.

도덕과 이상경영을 강조한 맹자의 사상이 미친 영향

맹자가 유가의 전승자에서 아성으로 승격되고, 그의 학문이 제자학에서 경학으로 격상되는 변화는 정치 구조의 변화라는 역사적인 요구에 따른 것이다. 여기에는 맹자 사상의 이데올로기적 의의가 짙게 드러난다. 5·4시기에 이루어진 공자와 맹자에 대한 공격 역시 사회 정치적 변혁을 배경으로 하고 있다. 그런데 유학의 중진인 맹자의 역사적 영향력은 이런 쪽에만 한정되지 않는다. 어떤 의미에서 맹자가 역사에 남긴 흔적은 문화.사상 영역에서 보다 잘 드러난다.

사상에서는 무엇보다 맹자가 동중서에게 준 영향을 언급해야 할 것이다. 동중서는 전문적으로 『맹자』에 주석을 달지도 않았고 맹자의 몇몇 관점에 이의를 제기하고 있다. 그러나 그의 사상은 심층에서는 맹자와 연관되어 있다. 천인관계의 경우, 맹자는 공자가 내세운 인도 원칙을 인정으로 확대시킨다. 그리하여 원시 유가의 인문주의 원칙을 사회·정치 영역으로 넓히고 구체화했다. 동중서 역시 인도 원칙의 전통을 계승하고 있다. 그는 "박애를 앞세우고,

인으로 가르칠" 것을 주장한다. 인애를 사람 사이의 관계를 다루거나 사회 교화를 진행하는 기본 원칙으로 본 것이다. 맹자는 이렇게 주장하였다.

"성실 그 자체는 하늘의 도리이고, 성실해지려고 생각하는 것은 사람의 도리다."

이 말에서는 하늘과 사람의 뜻을 소통시키고 있으며, 동시에 하늘을 윤리화하는 추세하늘에 '성실함'이라는 도덕적 속성을 부여한다가 나타난다. 이런 사고방식은 동중서에 와서 더욱 발전하고 있다. 동중서는 하늘 자체를 인도의 화신으로 보았다.

"하늘은 어질다."

"하늘은 인을 지향하며, 그 도는 의롭다."

여기서 하늘과 인은 한 몸이 되고 있다. 바꾸어 말하면, 하늘은 윤리적인 존재가 되고 있는 것이다. 이처럼 인과 의가 일체가 된 하늘은 동시에 사회 규범에서 인도 원칙의 최고 근거가 된다. 사람들이 서로 인의로써 대해야 하는 까닭은 하늘의 요청에서 비롯된다. 맹자가 하늘을 성실하다고 규정하고, 동중서는 하늘을 인하다고 본 점에서 두 사람의 이론이 내부적으로 연결되고 있음을 분명히 알 수 있다.

맹자는 경과 권의 관계를 고찰한 일이 있다. 그는 일반적인 원칙의 경우 변통할 수 있다고 보았다. 아울러 한 가지만 집착하는 것

執一: 어떤 원칙을 고수하는 것'에 반대하였다. 동중서는 이런 맹자의 생각을 이어 권변을 인정한다. 그는 일반 원칙에는 변하지 않는 면과 변할 수 있는 면이 동시에 있다고 보았다. 이런 구분을 이해해야만 구체적인 상황에서 민첩하게 대응할 수 있다. 그러나 그는 권변이 필요하기는 해도 이런 변통은 기본 원칙이 인정하는 범위 안에 그쳐야지 그 한계를 넘어설 수 없음을 강조한다.

"권이라는 것이 경과 반대라고 해도 역시 그것이 허용되는 영역 안에 있어야 한다."

여기서 다음과 같은 사실을 알 수 있다. 경과 권 가운데 경원칙의 절대성이 항상 주도하는 쪽이다. 그리고 상황에 따라 권변을 조절한다. 그러나 이것은 부득이할 때만 그렇다는 것이다. 경의 절대성에는 다원성을 배제하는 일원성의 경향이 들어 있다.

실제로 동중서는 자신의 사상 체계를 수립하면서 관용의 정신을 보여 주어 다양하게 여러 학파의 학설을 흡수하고 있다. 다만 이런 관용은 유학을 본위로 삼고 있다. 또한 각 학파의 관점은 결국 유학 내부로 융합되며, 유학을 귀의처로 삼고 있다. 후자가 더욱 발전한 것이 바로 '일존'이라는 규정이다.

동중서의 경우, 제자백가에서 독립된 가치는 없다. 그는 유학이 존재해야만 자신의 의의를 갖게 된다. 이런 바탕 그에서 동중서는 "백가를 축출하고, 유가만을 받든다"라는 주장을 펴고 있다. 이 말에는 유가 교의의 바탕 위에 사상의 통일을 이룩하겠다는 의도가 들어 있다. 이 같은 동중서의 의도는 한 제국의 통일을 지향하는 역사적 필요성을 반영한 것이다.

그러나 그 이론적 기원은 맹자까지 소급될 수 있다. 맹자는 권변을 인정하면서도 동시에 "군자는 상도로 돌아와야 한다"라고 강조한다. 그는 이런 입장에서 묵가 등 제자백가를 배척하는 태도를 보였으며 이로써 '선왕의 도'를 옹호하였다. 따라서 어떤 의미에서는 동중서의 "백가를 축출한다"라는 주장은 맹자의 "양주.묵적의 주장을 제거한다"라는 논리를 확대한 것이기도 하다. 또한 그가 주장한 "유가만을 받든다"라는 것은 맹자가 주장한 "선왕의 도를 지킨다 (閑)"라는 논리를 확대한 것으로 볼 수 있다.

대 통일의 핵심은 전체다. 전체와 대립하는 것이 자아이다. 자아와 전체의 관계의 경우, 맹자는 우선 '사람마다 자신보다 귀한 것이 있다'라는 점을 확인한다. 이것은 개인에게는 누구나 자신만의 내면의 가치가 있으며 '자신을 완성함으로써 자아 완성' 그 가치를 실현할 것을 요구하는 것이다. 동중서는 집단과 자신의 관계를 구체적으로 남과 나의 관계로 표현하면서 그것을 진지하게 논의했다. 그리고 "인으로 사람들을 안정시키고, 의로써 나를 바로잡는다"라는 주장을 내놓았다. 이른바 '인으로 사람들을 안정시킨다'는 것은 인도의 원칙으로 남들을 대하는 것이다. 여기에는 집단을 중시하는 생각이 나타나 있다. '의로써 나를 바로잡는다'는 것은 의로써 자아를 규율하고 만들어 내는 것이다. 여기에는 자아의 인격의 경지를 높이고자 하는 의도가 들어 있다.

자아의 완성을 중시하는 동중서의 생각은 분명히 맹자의 생각과 일치하는 점이 있다. 물론 맹자는 자아의 가치를 인정하면서도 양주의 "나를 위한다"라는 주장을 비판하고 있다. 맹자는 자기 중심주의를 초월할 것을 주장하고 있다. 마찬가지로 동중서 역시 '독신'을 반대한다. '독신'이란 자기 한 몸의 이익에만 관심을 두는 것이다. 동중서는 '독신자'를 "한 사내"라고 부른다. 이런 사람은 자신만 귀중히 여기다가 결국 스스로 패망을 초래한다고 본다. 바꾸어 말하면, 개인은 자아 동일시에서 집단 동일시로 나아가야 한다는 것이다. 이런 사고 방식은 맹자를 계승하고 있음이 분명하다.

"의로써 나를 바로잡는다"는 동중서의 주장은 의를 중시하는 그의 생각을 보여 준다. 유가에서 '의'는 언제나 '이'와 대립한다. 이 둘의 관계는 의리론으로 전개된다.

앞에서 서술한 것처럼, 전체적인 가치 취향에서 맹자는 의가 지닌 규범 작용을 매우 중시하였다. 양 혜왕이 맹자에게 어떻게 자기 나라를 이롭게 할지 물었을 때 맹자의 답변은 다음과 같았다.

"왕께서는 하필 이로움을 말씀하십니까? 오직 인의가 있을 따름입니다."

의를 가장 중요한 지도 원칙으로 보는 입장에는 명백히 의무론의 경향이 들어 있다. 맹자가 "오직 의가 있는 곳"을 강조하면서 행동의 결과를 따지지 않는 데서 이 점이 잘 나타난다. 이러한 맹자의 사고 방식은 동중서에 와서 분명한 형태를 갖게 된다. 동중서는 다음과 같은 유명한 말로 의리관계를 개괄한다.

　　"의무를 바로 하되 이익을 도모하지 않고, 도리를 밝히되 공과를 따지지 않는다."

　　이 말은 이후의 정통 유교에서 의리 관계를 다룬 경전적인 언급이 된다. 여기에는 두 가지 뜻이 들어 있다. 첫째, 도덕에서 당위 규칙은 그 내면의 가치자체가 목적이다를 갖고 있으며 공리를 그 토대로 여기지 않는다. 둘째, 도덕적 판단의에 들어맞는지의 여부은 외부 결과공과를 근거로 삼을 필요가 없다. 결국 유가의 기본 정신은 도덕 원칙을 옹호하고, 외면적인 공리 추구를 억제하는 것이다. 동중서의 이런 견해에는 동시에 일종의 동기론적 성격이 들어 있다. 『춘추번로』에서 동중서는 거듭 자기 주장을 펴고 있는데, 그는 이렇게 본다. 설사 일의 결과가 좋지 않고 추구하는 과정이 번거로워도 동기가 옳아야 한다. 이와는 반대로 동기가 올바르지 않다면 실제 성과를 이룰 수도 없으며, 처벌까지 받아야 한다. 여기서 도덕적인 선악의 판단은 동기가 의로움에 들어맞는지 그 여부와 관련이 있다. 현실의 공과는 전혀 상관있는 것이다. 이런 관점은 맹자가 주장한 '오직 의가 있는 곳'을 일면적으로 확대한 것이라 볼 수 있다.

동중서가 맹자 사상을 발전시킨 대목은 논리적 계승관계에서 더 잘 드러난다. 동중서 본인도 자신이 맹자의 후학임을 자처하였다. 이것과 상이한 경우가 당나라 때의 한유다. 한유는 자각적으로 맹자 전통의 계승을 자신의 사명으로 여겼다. 그러나 한유가 이룬 사상적 성과는 그리 크지 않다. 그가 가지는 역사적 의의는 유가 도통에서의 맹자의 지위를 강조했다는 점이다.

한편 이론적으로 맹자사상을 비교적 체계적으로 발전시킨 경우는 송·명 이학이다. 앞에서 이미 언급하였지만, 이학의 주요 인물 가령 이정, 주희 및 육구연, 왕양명 등이 모두 맹자를 떠받들었다. 주희는 평생 『맹자』를 포함한 사서를 주석하고 의미를 부연 설명하는 일에 힘을 쏟았다. 도학자로서 맹자를 존중하고 신뢰하는 그의 태도는 한유에 가깝다. 그러나 깊이 있고 폭넓은 해석은 한유를 능가한다.

인도 원칙을 중시하는 것은 성리학자의 공통된 특징이다. 장재는 이것을 해석하면서 '천하의 백성이 내 동포요, 세상 만물이 나와 하나'라는 관점을 내놓았다. 이 말은 천하의 사람들이 모두 나의 동포요, 천하의 사물이 모두 나와 동류라는 뜻을 담고 있다. 이러한 장재의 생각은 다른 도학자들도 한결같이 인정하고 있다. 어떤 의미에서는 성리학자들의 공통 견해를 대표하고 있기도 하다. 거기에는 원시 유학의 인도 원칙이 나타나 있을 뿐만 아니라 친연 관계의 영역을 넘어서는 보편적인 의미를 담고 있다. 여기에는 묵자의 겸애라는 관념과 같은 생각이 나타나 있으나 유가 자체의 체계에서 그 논리적 근거를 찾을 수 있다. 이 근거는 맹자에까지 거슬러 올라간다.

공자는 효제를 인의 근본으로 삼을 것을 강조하고, 인도를 친연 관계 위에 세웠다. 맹자는 공자와는 달리 인도에서 인정으로 바꾸는 것을 중시하였다. 인정이 담고 있는 구체적인 내용은 '제민지산 백성들이 일정한 생업을 가질 수 있도록 하는 것'과 도덕의 교화로 폭력적인 강제를 대체하는 것을 포함한다. 그것은 일반 사회 구성원을 대상으로 하되, 가깝거나 먼 친척관계, 신분의 높고 낮음을 넘어서는 경향이 있다. 바꾸어 말하면 그것에는 이미 친연관계를 뛰어넘는 경향이 들어 있다. 성리학자들이 내세운, '천하의 백성을 동포로 여기고 만물을 하나로 보는' 주장은 이런 경향이 논리적으로 전개된 것으로 볼 수 있다. 실제로 이정은 장재가 내놓은 '민포물여'라는 주장을 맹자와 동일한 업적으로 간주하고 있다.

힘주체의 역량과 운명외부의 천명의 관계는 맹자를 괴롭혔던 철학적 난제다. 맹자는 주체의 역량을 완전히 배제하지는 않는다. 오히려 어떤 면에서는 확신하기까지 한다. 예컨대 만약 천하를 태평하게 만들려고 한다면 "나 말고 누가 있겠는가?"라고 말하는 데서 이 점이 잘 나타난다. 그러나 동시에 맹자는 언제나 천명이라는 가설을 포기하지 않는다. 결국 맹자는 힘과 운명 사이의 긴장을 '경계구분'의 방식으로 처리하고 있다. 물론 경계는 이론적으로 해결되지 않은 문제였다.

여기에서는 '주체의 자유의 세계'와 '외부의 천명의 왕국'이 서로 대치하는 두 개의 계열을 이루고 있다. 맹자의 뒤를 이은 성리학자들도 힘과 운명의 관계를 합리적으로 다루려고 애쓰면서 맹자의 사유 방식을 나름대로 발전시켜 나갔다.

정주로 대표되는 정통 이학은 맹자가 외부의 천명을 강조한 점을 발전시켰다. 정주는 이렇게 본다. 사람에게는 선과 악 같은 도덕적 선택에서 자주적 권한이 있다. 하지만 이런 자유의 영역 바깥에는 사람의 노력이 미치기 힘든 커다란 공간이 존재한다. 그 공간이 천명의 왕국을 이루고 있다. 각 개인이 가지는 부유함과 귀함, 지혜와 어리석음에는 하나같이 운명적 성격이 존재한다. 주희는 타고난 기의 세밀함, 거침·맑음·흐림을 가지고 사람마다 다른 운명을 해석한다. 타고난 기가 청명하면 성현이 될 수 있고 부귀를 얻을 수도 있다. 이와 반대로 타고난 기가 혼탁하면 지력이 떨어지고 덕행도 미미해진다. 사회적 지위의 귀함과 천함에서 지력의 높고 낮음, 정신적 경지의 차이에서 수명의 길고 짧음에 이르기까지 모두 운명이 결정하는 성질을 갖는다. 심지어 정주는 사람이 어떻게 죽는가하는 것에는 피할 수 없는 정해진 운명이 있다고 보기도 한다.

"삶과 죽음에는 정해진 운명이 있다. 재난으로 죽어야 한다면 그렇게 해야 한다. 전쟁으로 죽어야 한다면 그렇게 죽어야 한다. 어떤 경우에도 도망칠 수는 없다."

이 말은 물이나 불로 인해 죽도록 운명이 정해져 있다면 물에 빠져 죽거나 불에 타서 죽을 수밖에 없다는 것이다. 칼에 찔려 죽도록 정해져 있다면 칼을 맞아 죽은 귀신이 될 수밖에 없다는 것이다. 이것은 개인이 피할 수 없는 정해진 운명이다.

마찬가지로 사회,역사 영역에서도 운명의 제약을 볼 수 있다. 송나라 신종 때 왕안석이 변법을 단행하였다. 이 변법에 대해 정주는 줄곧 비판적 태도를 보이고 있다. 그렇다면 신종 시대에는 어떻게 왕안석의 신정이 출현할 수 있었을까?

이 문제에 대해 정주는 기수로 해석한다. 이것을 주희는 이렇게 풀이한다. 신종은 매우 총명한 군주다. 왕안석 역시 재능이 비범한 사람이다. 다만 학술에서 정도를 걷지 않았을 뿐이다. 만약 신종이 순수한 선비를 등용하고 왕안석에 대한 믿음을 버리지 않았다면 사정은 달라졌을 것이다. 신종이 그렇게 할 수 없었던 까닭은 **'기수가 그렇게 만들었기'** 때문이다. 기수란 정해진 역사적 운명이다. 정주의 의견은 이렇다. 개인의 재능과 지혜는 물론 중요하다. 지만 역사 과정의 최종 결정자는 운명을 좌우하는 기수다.

여기서 천명의 왕국은 개인 생사와 귀천에서 천하의 변천으로 확장된다. 이 같은 정주의 견해는 맹자의 천명에 가깝고, 둘 사이에는 접합점이 있다. 그들의 주장은 맹자가 운명을 수긍한 것을 숙명론으로 이끌어가고 있다.

정주로 대표되는 정통 이학과 비교하여 육.왕 학파는 맹자가 주장한 주체의 권한에 대한 생각을 한층 더 발전시키고 있다. 육구연은 주체라면 누구나 자주적 권한을 갖고 있다고 본다. 만약 이런 권한이 없다면 사람은 대상의 노예가 될 것이다. 육구연은 또한 "정신을 수습하고 자신이 주재할" 것을 주장한다. 비록 몸이 어떤 환경에 있더라도 자아가 자주적 권한을 소유하고 자주적으로 행위 방식을 결정하며, 또한 만물을 나아가거나 물러나게 할 수도 있다. 자아의 주재를 인정하면서 육왕은 다시 한번 주체 의지의 작용을 강조한다. 일단 굳건한 지향을 세우고 나면 못할 일이 전혀 없다. 의지는 우선 자아의 선택으로 나타난다. 동시에 그것은 굳세어 동요하지 않는 기백으로 나타난다. 그것은 완전한 도덕 행위에 필요한 일부가 된다. 육왕의 이런 견해는 맹자의 '나 말고 누가 있겠는가?' 라는 주체의 자기 확신을 계승하고 있다. 또한 맹자가 도덕의 영역에서 자아의 선택을 중시한 생각을 부연하면서 보다 구체적인 내용을 갖추게 만들었다. 여기서 우리는 힘과 운명의 관계에서 맹자가 송·명 이학에 이중으로 영향을 미쳤음을 알 수 있다.

무리집단와 개인자아의 관계는 이학의 또 다른 중요한 논제이다. 일반적으로 이학에서는 자아의 가치를 부인하지 않는다고 한다. 성리학자들은 자아를 도덕 수양의 근본기초으로 여긴다. 그리하여 덕성의 함양은 주체 자신의 노력에 달려 있는 것이다. 정호.정이는 덕성의 함양 과정을 '자치'로 보았다. 자치의 전제는 자기 확신이다. 자아가 도덕에서 완전한 경지에 도달할 수 있음을 확신하는 것이다. 그 구체적인 내용은 자위다. 이것 역시 보편적인 도덕 준칙에 따라 자아를 형성하는 것이다. 여기에는 이미 주체의 자각이 나타나고 있다. 주체의 자각이 좀 더 깊이 나타나는 형태가 '내면의 주체'다. '내유주'란 내부 자아의 주도적인 지위를 확립하는 것이다. 주체에게는 언제나 외부에 전개되는 현실이 있고, 또한 내부의 인격 구조가 있다. 전자는 '외부의 나집단의 움직임 속에서 드러나는 나'로 나타나며, 후자는 '내면의 나'로 나타난다. '내면의 주체'에서는 자주성의 품격이 훨씬 잘 나타나며 자각적인 반성 의식이 있다. 오직 내면의 자아의 주도적 지위를 확립해야만 외부의 각종 소극적인 영향들을 제어할 수 있으며 항상 건전한 인생을 추구할 수 있다.

이런 자아에 대한 확인을 토대로 성리학자들은 더 나아가 "나를 위한다"라는 요구를 제기한다. '위기'란 자아 완성을 도덕 함양의 목표로 삼는 것이기도 하다. 결국 자아는 똑바로 서서 자신의 가치를 실현해야 한다. 육구연이 한 말을 빌리면 이렇다.

"우주 속은 이처럼 드넓다. 내 몸이 그 가운데 서 있으니, 모름지기 큰 사람이 되어야 할 것이다."

이런 견해는 맹자의 "사람마다 자신보다 귀한 것이 있다."라는 주장과 이론적 연관이 있다. 그러나 성리학자들은 한편으로 자아의 가치를 확인하면서도 다른 한편으로는 개인의 사회적 책임을 강조하고 있다. 성리학자들은, 자아는 비록 개인으로 존재하지만 항상 집단 속에서 살아가면서 집단의 의무를 이행해야 한다고 본다. 바꾸어 말하면, '소아'가 '대아'를 배척해서는 안 되며, 오히려 소아는 의식적으로 '대아'에 복종해야 한다는 것이다. 이런 복종은 이성적 의식에 바탕을 두고 있다. 사실 성리학자들이 말하는 '내면의 주체'는 우선 이러한 이성적 의식으로 나타난다. 대아는 '도심'이라 일컬어진다. '도심'이란 천리가 주체 속에 내면화된 것이다. 천리가 내면화된 '도심'에는 보편성의 품격이 들어 있다. 도심이 주인이 되면 주체를 '보편화한 나'로 이해하게 된다. 도심과 맞서는 것이 바로 '인심'이다. 이른바 '인심'은 감성적 욕구를 가리킨다. 이것과 연관되는 것이 감성적인 '나'다. 성리학자들이 확인한 나는 우선 도심이라는 형식으로 존재하는 이성적인 '나'다. 감성적인 '나'에 대하여 성리학자들은 폄하고 부정하는 태도를 취한다. 심지어 이런 '나'를 없앨 것을 강조하기도 한다. 이런 의미에서 성리학자들은 '나를 없앤다'라는 주장을 내놓고 있다. 이것은 개인을 완전히 대아에 융합시키는 것이기도 하다.

이처럼 집단과 개인의 관계에서 성리학자들은 '내면의 주체'를 요구하는데, 이것은 '내면의 나'를 확립하는 것이기도 하다. 한편 그들은 '무아'를 주장하기도 한다. 전자는 주체의 자기 동일시에 주목한 것이고, 후자는 집단의 원칙을 강화한 것이다. 이 두 가지는 꽤 복잡한 형태로 나타난다. 집단과 개인의 관계라는 이중 변주에도 역시 맹자 사상의 흔적이 강하게 남아 있다.

실제로 집단 동일시를 전제로 하여 맹자가 '자기 완성'과 '천하의 완성'을 시도할 때, 이미 집단과 개인의 관계에서 이중의 경향이 나타난다. 예컨대 이학의 '자신을 위하는 것'자아성취'은 '자기 완성'을 발전시킨 것이다. 반면에 '무아'설은 '천하의 완성'을 극단으로 밀고 간 것이다.

의리관계를 밝히는 것을 중시한 점이 성리학의 특징 가운데 하나다. 맹자처럼 성리학자들은 '의'당위의 규칙 또는 도덕의 원칙가 지닌 가치를 믿어 의심치 않았다. 아울러 그들은 의에 부합하면 그만일 뿐 '이'를 고려할 필요는 없다고 생각하였다. 이런 생각에는 맹자가 그 단서를 보여 준 도의론의 원칙이 나타난다.

성리학자들은 의가 지닌 가치를 긍정하면서 한 걸음 더 나아가 공리를 폄하하고 억누르는 태도를 취하였다. 그들이 말하는 이익은 항상 개인의 이익을 의미하고 있다. 심지어 성리학자들은 이를 도모하는 동기가 있다면 설사 의로움에 완전히 부합하더라도 이기적인 공리 행위일 뿐이라고 간주하였다. 이처럼 의리론은 공사론과 같은 것으로 취급되었다. 그리고 공리 의식과 공리 추구는 모두 비도덕적인 의식과 행동으로 간주되었다. 이를 이처럼 배척한 것은 위로는 맹자의 "하필 이로움을 말씀하십니까?"라는 말에 나타난 의리관을 계승한 것이며, 맹자의 생각을 일면적인 형태로 받아들인 것이기도 하다.

'이'는 사람의 감성적 욕구를 가리킨다. 이를 실현하는 것은 결국 사람의 감성적 욕구를 충족시키는 것으로 나타난다. '의'는 이성의 요구를 더 많이 나타낸다. 그러므로 의리관계는 논리적으로 이욕관계와 연관된다. 이미 맹자의 주장에서 우리는 의리론에서 이욕론으로 넘어가는 모습을 어느 정도 엿볼 수 있다.

송·명 시대의 성리학은 맹자의 사고 방식을 그대로 답습하고 있다. 그들은 보다 폭넓은 이론 수준에서 의리론을 이욕론으로 전개시킨다. 맹자는 양 혜왕과 나눈 대화에서 이렇게 말한 바 있다.

"왕께서는 하필 이로움을 말씀하십니까? 오직 인의가 있을 따름입니다."

주희는 이 말을 다음과 같이 해석한다.

"인의는 사람의 마음에 본래 존재하는 것으로, 천리의 공이다. 이익을 얻으려는 마음은 사물과 자아의 상사성에서 생겨나는 것으로, 인욕의 사이다."

이렇게 이해하면 의리론은 바로 이욕론이 된다. '욕'은 넓은 뜻에서는 모든 감성의 수요와 욕구를 가리키고, 좁은 뜻에서는 감성의 욕구를 가리킨다. 수요는 존재의 상태를 나타내고, 욕구는 주체의 의향을 반영한다. 성리학자들은 비록 감성의 수요를 완전히 부정하지는 않지만, 감성의 욕구에 대해서는 관용하는 태도를 거의 보여 주지 않는다. 그들이 인욕을 "극복하고 다스릴 것"을 강조하거나 "인욕을 없앨 것"을 강조할 경우, 이것은 무엇보다 감성의 욕구를 배척하는 것을 뜻한다.

맹자는 일찍이 '대체'와 '소체'를 구분하였다. 그는 '대체'는 귀하고, '소체'는 천하다고 보고, "대체"를 좇기를 요구한다. 이른바 '대체'라는 것은 "마음이라는 기관"과 관련된 이성 추구의 경향이기도 하다. '소체'는 감각 기관과 관련된 감성의 욕구다. 대체를 좇는다는 주장에는 이미 이성을 앞세우는 가치 취향이 들어 있다.

송·명의 성리학은 한 걸음 더 나아가 "천리를 보존하고 인욕을 없앨 것"을 주장한다. 그리하여 이욕론은 금욕주의적 색채를 띠게 된다. 여기서 우리는 성리학자들이 한편으로는 맹자의 이성주의 전통을 계승하면서도 맹자의 주장을 상당히 소극적으로 펴고 있음을 알 수 있다.

맹자의 가치 추구에서는 인격의 완성을 논리적 귀결점으로 보고 있다. 성인이상적 인격의 경지 및 어떻게 성인이 되는가에 대하여 맹자는 여러 가지로 설명하였다. 이런 사고 경향은 성리학자에게서도 마찬가지로 나타난다. 성리학자들은 이상적 인격은 우선 '성'의 품격을 가져야 한다고 본다. 성리학의 시조인 주돈이는 '성'이야말로 성인을 성인답게 하는 근본적인 특징이라고 보았다. 그는 또한 '성'을 인격의 도덕적 본체로 간주하였다. '성' 이외에 이상적 인격을 규정하는 다른 하나는 '명'이다. '성'이 '위'와 대립하여 진실한 덕성을 나타낸다면, '명'은 이성의 자각을 가리킨다. 그리고 '명'과 '성'의 통일이 통일된 인격 구조를 구성한다. 이러한 성리학의 견해는 『중용』의 영향을 받았으며, 또한 맹자를 중요한 이론의 원천으로 보고 있다.

맹자는 '인·의·예·지'를 인격의 내면적 요소로 보았다. 아울러 그는 '선'과 '신'을 완전한 인격의 경지를 드러내는 중요한 특징으로 간주하였다. '인·의·예' 그리고 '선·신'이 덕성의 힘을 나타낸다면, '지'는 이성의 품격을 보여 준다. 성리학에서 인격의 본체로 간주하는 '성'은 어떤 의미에서는 위에 열거한 여러 가지 덕성이 다듬어지고 응축된 것으로 볼 수 있으며 '명'은 '지'가 발현된 것으로 볼 수 있다.

성리학자들이 말하는 '명'은 '덕성을 갖춘 앎'과 깊은 관련이 있다. 장재에서 시작하여 성리학자들은 '덕성을 갖춘 앎'과 보고 들어 얻은 '앎'을 엄격히 구분한다. '견문지지'는 감성의 지식에 불과하다. 이것은 특히 사물이 대상이 되는 모든 사실의 인식을 가리킨다. 이것은 도구적 이성 또는 기술적 이성의 성질을 지니고 있다. 한편 '덕성지지'는 선악의 평가와 관련된다. 이것은 가치적 이성에 속한다.

성리학자들은 이렇게 설명한다. 인격의 요소인 '명'은 외부의 사실을 인식하는 것을 그 내용으로 여기지 않으며, 기술적 성격의 기교로 나타나지도 않는다. 그것은 사회의 인출을 살피고 행위에 대하여 도덕적 판단을 내려서, 행위가 자각적으로 윤리 규범에 들어맞게 만드는 것이다. 왕양명은 다음과 같이 말했다.

"윤리를 밝히는 것을 제외하고는 학문이란 존재할 수 없다."

이 말은 인륜을 파악하고 이해하는 것을 제외한 어떤 인식도 존재하지 않는다는 것이다. 이성을 윤리화한다는 점에서 위와 같은 성리학의 견해는 맹자와 일맥상통한다. 사실 '학문'을 '윤리를 밝히는 것'으로 규정하는 것은 맹자에서 시작된 것이다. '덕성지지'를 이성적 자각명의 내용으로 본 것에는 맹자가 윤리적 이성을 우선적 지위에 놓고 강조한 사고 방식이 드러나 있다.

'명'과 '성'의 통일인 이상적 인격은 이른바 '순수한 선비'이기도 하다. '순유'야말로 성리학의 인격적 전범이다. '순유'란 내성의 경지이다. 그것은 외부에 존재하는 사업이나 공적과는 사뭇 다르다

주희는 당시의 사공학파인 진량과 벌인 논쟁에서 그에게 공리 추구와 사공의 학문을 그만두고, 완전히 "순유의 도로써 스스로 억제하기를" 권하고 있다. 인격의 전범인 순유의 기본적인 특징은 내면의 수양을 중시하는 점이다. 성리학자들은 사회.정치적 삶을 경원하지 않았다. 오히려 송대에서 명대에 이르기까지 성리학자들은 하나같이 경세의 일에 관여하고 있다. 왕양명은 심지어 '산적 토벌'과 번왕의 반란 평정에 큰 공을 세우기도 한다. 그렇지만 추구하는 인격에서 성리학자들은 예외 없이 내면 심성의 완성을 우선하고 있다. 주희는 진량에게 사공의 학문을 그만두라고 권하였다. 그 말에 담긴 뜻은 천하를 다스린다는 외면의 포부에서 내면의 심성을 수양하는 길로 돌아오라는 것이다. 성리학이 '심성을 다루는 학문'이라고 일컬어지는 이유 가운데 하나가 여기에 있다.

성리학에서 내면의 심성을 강조한 것은 물론 여러 가지 이유가 있다. 통일된 중앙 집권 체제가 끊임없이 강화되면서 지식인은 점차 권력의 중심에서 멀어지게 된다. 비록 과거제의 확립이 '사'에게 정치 참여 기회를 제공하지만, 일단 권력의 영역에 들어서면 그의 신분은 '선비'에서 '관리'로 변하게 된다. 현실의 정치 구조는 사회의 인재들이 천하를 평안하게 만든다는 '외왕'의 이상을 실현할 가능성을 점차 잃게 만들었다. 곧 이상적 인격에서 '외왕'이라는 규정은 이런 현실 속에서 점차 의미가 약해진다.

이런 사회.역사적 원인 말고도 내성을 강조한 데는 유학 자체의 내부 기원도 있다. 이 경우 맹자까지 거슬러 올라갈 수 있다.

　　선진 시기 유학에서 공자나 순자와 비교하여 맹자는 인간 내면의 심성에 더 많은 관심을 기울였다. 맹자는 이상적 인격_{군자}이 일반인과 다른 특징은 그의 내면의 심성 구조에 있다고 보았다. 인격의 요소가 되는 인·의·예·지 등은 인간 내면의 품격으로 나타난다. 아울러 '성선'이라는 가설과도 관련이 있다. 맹자는 내성의 경향을 뚜렷이 드러내고 있으며, 아울러 성리학의 '심성지학'에서 이론적 선구가 되고 있다.

　　어떻게 이상적 인격에 도달할 것인가? 이 문제에 대한 성리학자들의 견해는 그들의 인성론을 이론적 토대로 삼고 논다. 인성에 관하여 성리학자들은 맹자의 성선설 전통을 계승하고 있다.

　　그들은 '천지지성'을 인성의 본래 모습으로 인식한다. '천지지성'에서는 '이'가 내용이 되며, 따라서 선한 성질을 갖게 된다. 비록 '천지지성'의 논리에는 다소 초경험적인 성격이 있지만, 인성이 본래 선하다고 보는 사유 방식은 맹자의 논리에서 벗어나지 않는다. 성리학자들은 '천지지성'으로 나타나는 '본선지성'이야말로 이상적 인격의 경지로 가는 잠재 능력을 제공해 준다고 보았다. 여기서 우리는 이상적 인격에 도달하는 성인 과정에서 성리학자들이 가장 중시한 점은 무엇보다 인격 함양의 내부 근거라는 것을 알 수 있다.

물론 '천지지성' 말고도 성리학에서는 '기질지성'을 설정하고 있다. '천지지성'과는 달리 '기질지성'은 선함과 악함, 맑음과 흐림이 존재한다. 다만 기질을 변화시키고 나면 비로소 사람을 본래의 선한 '천지지성'으로 되돌릴 수 있다. 이런 측면에서 성리학자들은 순자가 내세운 '사람의 본성을 교화시켜 작위를 일으킨다'라는 견해를 받아들이고 있다. 그러나 전체적으로 보면, 성리학자들은 '천지지성성인의 내부 근거'에 더욱 치중하고 있다. 맹자의 뒤를 이어 그들은 성인 과정의 첫 번째 고리에 대해 깊이 고찰하고 있다. 맹자의 성선설이 갖는 이론적 의의가 여기서 진일보하여 나타난다. 물론 성리학자들은 '천지지성'을 성현이 되는 출발점으로 본다. 이상적 인격의 모든 내용이 이미 구체적이고 자세하게 이런 선천적인 근거 안에 담겨 있다고 보는 것이다. 변화의 기질은 단지 후천적인 좋지 않은 영향들을 정화시켜 본래의 선으로 돌아가기 위한 출발점일 뿐이다. 이렇게 되면 이상적 인격의 함양은 다소 폐쇄적 성격을 갖게 된다선천적인 본체에서 출발하여 다시 이런 본체로 돌아간다. 거기에는 어느 정도 맹자의 소극적 영향이 스며들어 있다. '천지지성'을 회복하자는 성리학의 주장은 "자신의 잃어버린 마음을 되찾자"라는 맹자의 주장과 더불어 '본성 회복'의 전통을 보여주고 있다.

맹자 사상의 영향은 성리학에 그치지 않는다. 일반 사대부의 언행과 행동에서도 맹자의 정신이 스며들어 있는 모습을 어렵지 않게 볼 수 있다. 북송의 정치가 범중엄은 다음과 같은 명언을 남겼다.

"천하의 근심을 천하에 앞서 근심하고, 천하의 즐거움을 천하보다 뒤에 즐긴다."

이 말에는 사회에 대한 개인의 책임 의식이 나타나 있는데, 이것은 집단에 대한 관심이기도 하다. 그런데 이 발언의 역사적 기원을 보면 맹자가 밝힌 유학 관념에까지 거슬러 올라갈 수 있다. 실제로 우리는 맹자에게서 비슷한 입장 표명을 찾아볼 수 있다.

"천하의 일을 가지고 즐기고, 천하의 일을 가지고 근심한다."

천하를 함께 개선하려는 욕구가 이런 가치 취향을 더 강화시킨다. 범중엄의 견해는 이런 유학 정신을 계승하고 있다. 남송 말년의 애국지사 문천상은 타고난 민족적 대의로 외적과 맞서 싸우다 전쟁에 지고 감옥에 갇힌 신세가 되자 「정기가」 한 수를 지었다. 그 가운데 구절이 다음과 같다.

"천지에는 정기가 있으니 ···· 사람의 경우, 호연이라고 부른다."

그의 일생을 살펴보면 분명 호연정기가 빛나고 있다. 문천상의 말과 행동에 나타난 호연정기를 맹자의 '호연지기'와 비교해 보면 의미의 폭이 더 넓다. 그러나 이 두 사람 사이에는 분명히 부인할 수 없는 관련이 있다. 맹자의 입장에서 '호연지기'는 내면의 정신적 힘이며, 주체의 인격이 바로 서기 위한 지주가 된다. 문천상의 호연정기도 마찬가지로 인격의 존엄성을 보여 준다. 실제로 그는 맹자가 자기에게 준 영향을 결코 부인하지 않았다. 조용히 의로운 죽음을 맞기에 앞서 그는 다음과 같이 적고 있다. "공자께서는 인을 이루라고 하셨고, 맹자께서는 의를 취하라 하셨네, 의가 지극해야 인을 이루는 법이라네."

맹자는 "목숨과 도의를 둘 다 얻을 수 없다면 마땅히 삶을 버리고 의로움을 취해야 한다"라고 말했다. 문천상이 보여 주는 드높은 기개는 분명히 '호연지기'와 '사생취의' 정신이 하나가 된 것이며, 그것이 한 측면에서 드러난 것이다. 맹자가 밝힌 유학 정신은 성리학이라는 사변 체계에 구현되고 있을 뿐 아니라, 넓은 의미의 문화적 심리인생의 신념을 포함한와 행위의 취향에도 스며들어 있는 것이다.

송·명 시기 이후 맹자의 영향은 끊어지지 않았다. 근대에 들어와서도 그 영향력은 사라지지 않았다. 물론 유가의 아성인 맹자는 거듭 근대 비판 사조의 공격을 받았다. 그러나 맹자의 사상에 동의하는 사람도 없지 않았다. 그런 경우를 우리는 컹유웨이에서 찾아볼 수 있다. 컹유웨이는 당시 점차 영향력이 커지고 있던 서학의 영향을 여러 면으로 받으면서도 전통 사상, 특히 유학을 완전히 거부하지는 않았다. 컹유웨이의 철학을 전체적으로 살펴보면, 언제나 유학 사상이 중요한 원천이 되고 있다. 맹자 사상에는 그의 입장에 들어맞는 대목이 있다. 그는 일찍이 『맹자미』를 지어 맹자의 숨은 뜻을 여러 가지로 발전시켰으며, 그를 매우 높이 평가하고 있다. 그는 맹자만이 공자 사상의 근본정신을 진정으로 이해하였다고 보았다. 그러므로 공자의 사상을 이해하려면 반드시 맹자에서 출발해야 한다고 본다. 컹유웨이는 특히 맹자가 말한 '차마 남에게 잔악하게 굴지 못하는 마음'을 중시한다. 그는 인의 본질이 '불인인지심'에 구현되어 있다고 보았다. 이 '불인인지심'은 사람마다 갖고 있는 '애정의 자질'이자 만물 존재의 근원이다. 인류 문명이나 태평 성대는 결국 '불인인지심' 위에 세워지는 것이다. 그러나 컹유웨이의 인애 철학이 단지 맹자의 '불인인지심'을 반복한 것은 아니다. 거기에는 이미 상당 수준의 근대 인문주의 정신이 스며들어 있다. 유가 맹자를 포함한의 인도관념은 그가 근대 인문주의 계몽 사상을 수용하는 데 어떤 계발 작용을 했을 것이다.

    컹유웨이와 가까운 경우가 담사동이다. 그는 맹자의 사상을 여러 면에서 긍정하였다. 컹유웨이에 비해 담사동은 전통 사상에 비판적인 태도를 보인다. 그는 '그물을 찢어 버리자'라는 주장을 내세우고 있다. 또한 유가의 규범과 도덕 관념 및 전통적인 가치 관념을 공격하였으며, 그의 에봉은 유학에까지 미치곤 하였다. 순자의 학문을 '위선자의 것'이라고 배척하고 거듭 비판했다. 그런데 그의 논저에서 맹자는 훨씬 긍정적인 모습으로 나타나고 있다. 담사동은 '인학'이야말로 자신의 사상의 핵심이라고 보았다. 또한 '인학'을 이해하려면 중국과 서양 철학의 각종 경전을 숙지해야 한다고 생각했다. 그 가운데 하나가 바로 『맹자』다. 담사동의 대표작인 『인학』을 기본 범주로 삼고 있다. 그는 평등, 박애 등의 관념을 반복해서 설명한다. 이런 관념의 근거 가운데 하나가 바로 맹자의 '성선설'이다. 그도 맹자처럼 사람의 본성은 누구나 마찬가지이며, 그 내용은 선한 것이지 악한 것이 아니라고 보았다. 본성이 모두 선하다면 사람과 사람 사이도 서로 통할 수 있고, 서로 평등해야 마땅하다.

사람의 본성은 선천적으로 선함을 인정하는 담사동의 사상은 분명히 맹자의 영향을 받고 있다. 물론 그가 여기서 이끌어 낸 결론 평등, 박애에는 근대적인 색채가 뚜렷이 나타나 있다. 여기서 우리는 담사동이 맹자의 사상에 동의한 것은 근대의 관념에서 전통의 근거를 찾아보는 사고 방식을 보여 준다는 것을 알았다.

5·4 시기에는 격렬한 전통 비판 사조와 함께 유학의 부흥을 자처하는 신유가가 나타난다. 이름에서 나타나듯, 신유가는 주로 전통 유학을 계승하고 있다. 전통 유학의 주요 대표 인물인 맹자는 다시 현대 신유가의 관심을 모으게 된다. 양수명은 현대 신유가의 중진 가운데 한 사람이다. 그는 서구가 근대로 나아가는 과정에서 공리 원칙을 지나치게 강조하고 기술 이성이 가져온 부정적 측면의

의의를 일면적으로 강조하고 기술 이성이 가져온 부정적 측면의 의의를 일면적으로 강조한 점에 주목하였다. 근대의 서구가 공리를 무제한으로 추구했다면, 유가는 의로움이 이익을 제약하는 점을 중시하였다. 그는 또한 이런 병폐가 이미 인류의 자기 파멸의 우려를 낳고 있다고 생각하였다. 양수명은 이러한 일면성을 극복하기 위해서는 중국의 전통 사상을, 특히 유가 사상을 끌어들여야 한다고 보았다. 또한 의리관이 '서로에 대해 계산만 일삼는' 공리화의 추세를 극복하는 데 중요한 의의가 있을 것으로 보았다. 여기서 양수명은 인생을 대하는 유가의 태도를 긍정하고 있으며 그 속에는 맹자의 도의론 관념이 들어 있음을 알 수 있다.

사람의 마음을 중시한 것이 양수명 사상의 또 다른 특징이다. 초기부터 그는 인심을 강조하였다. 만년에도 인심과 인생이라는 저서를 써서 인심을 다각도로 고찰하였다 양수명의 견해는 이렇다. 우주는 하나의 큰 생명이다. 이 큰 생명의 핵심은 사람이다. 생명은 살아 있는 것이다. 우주의 큰 생명 가운데 가장 활발하게 움직이는 부분이 바로 사람의 마음이다. 일단 사람의 마음을 알게 되면 전체 우주의 생명을 파악할 수 있다. 이런 주장에 담긴 내면의 관념이 바로 천인합일이다. 하늘과 사람의 소통과 융합에도 인심이 중개자가 된다. 이런 견해는 맹자와 상당히 가깝다. 앞에서 언급하였듯이, 맹자는 '성'을 하늘과 사람이 융합하는 중간 고리로 보았다. 더 나아가 사람이 마음을 다하면 하늘을 알 수 있다고 주장했다.

'자기 마음을 다하는 자'는 자신의 본성을 알게 된다. 자신의 본성을 알면 하늘을 알게 된다.

이런 하늘과 사람의 하나 됨에는 신비주의적 색채가 나타나 있는데 이것은 우주론과 인생론의 통일을 보여 준다.

현대 신유가의 또 다른 주요 인물은 웅십력이다.

양수명과 비슷하게 웅십력은 근대 산업 문명의 부정적 의의에 주목하였다. 그는 '과학 문명'의 가장 큰 결점은 오직 바깥만 추구할 뿐, 근본으로 돌아가 자신에게 구할 줄 모르는 것이라고 보았다.

그 치우침을 바로잡고자 하면 오직 동방의 유학을 발전시키는 일만 있을 뿐이라고 본다. 여기서 웅십력의 주장의 바탕은 주체의 심성을 기르는 것임을 알 수 있다. 그는 근본으로 돌아가 자신에게 구할 것을 주장함으로써 바깥만 추구하는 것을 부정한다. 그가 중시한 것은 바로 내성의 노력이었다. 이런 사고 방식은 물론 송·명 성리학의 영향을 받은 것이다.

하지만 멀게는 맹자까지 거슬러 올라갈 수 있다. 맹자는 사회를 완성하는 데 기본 전제가 되는 것을 자아의 완성이라고 보았다. '치국평천하'의 주요 수단인 인정은 자아에게 고유한 '차마 남에게 잔악하게 굴지 못하는 마음'이 외면화하고 확대 전개된 것이다. 만일 사람들마다 각자의 입지를 타고난 선의 단초를 확충하는 데 둔다면 왕도의 이상도 실현할 수 있을 것이다. 이것은 내성을 본위로 여기는 노선이다.

웅십력이 근본으로 돌아가 자신에게 찾을 것을 주장한 것은 대체로 동일한 전통을 실현한 것이다. 웅십력 자신도 이 전통에 매우 자각적으로 동의하고 있다. 그는 이렇게 말했다.

"공자와 맹자에서 송·명 시대의 여러 스승에 이르기까지, 직지본심의 이론이 아닌 것이 없다."

내성을 근본으로 보는 것을 전제로 출발하여 웅십력은 본심으로 돌아가는 구체적 과정을 규정한다. 그의 견해는 이러하다. 사람의 본심은 처음에는 온갖 이치 속에 존재하며, 또한 스스로 밝고, 스스로 느끼며, 맑고 묘하며 막힘이 없고 가득 차 빠진 것이 없다는 것이다. 이런 견해에는 이중적인 의미가 들어 있다. 인식론적으로 설명하면 이렇다. 마음에는 온갖 이치가 갖추어져 있다. 사람의 마음 자체가 지식의 원천이다. 인식 활동은 외부에서 구할 필요가 있다. 완전히 '스스로 알고 인식하는' 과정으로 나타난다.

또한 윤리학적으로 말하자면 이렇다. 인심이 원만무결하다는 것은 인성이 본래 선함을 의미한다. 웅십력의 표현을 빌면 '본래의 본성은 맑다.' 물론 웅십력은 결코 본래의 선에만 머물라고 주장하지는 않는다. 웅십력은 본성이 선함을 긍정하면서 동시에 후천적인 학습으로 인성을 완성시킬 것도 요구하고 있다. 왜냐하면 인성은 본래 선하지만 후천적인 나쁜 습관의 영향 때문에 숨어 드러나지 않을 수도 있기 때문이다. 나쁜 습관을 제거하려면 배우고 익히지 않을 수 없다. 그러나 배우고 익히는 것의 필요성을 강조하지만 이런 후천적인 노력의 작용은 항상 '그 본체를 회복하는 것'으로 이해된다. 본체를 회복하는 것은 '본래의 선한 본성'으로 회귀하는 것을 의미한다. 만약 사람의 마음이 '원만무결'하고 '본래의 본성이 맑다'는 웅십력의 가설의 역사적 선구가 맹자의 성선설이라고 한다면, 자신의 본체를 회복하자는 결론 역시 맹자가 주장한 '자신의 잃어버린 마음을 되찾자'는 복성설에 기원을 두고 있다. 이 두 가지 주장에는 정도의 차이는 있지만 맹자 사상의 흔적이 새겨져 있다.

양수명, 웅십력은 대체로 현대 신유가의 제1 세대에 속한다. 제2 세대 내지 제3 세대 신유가에서 맹자의 사상은 결코 역사의 진부한 자취가 되고 있지 않다. 모종삼, 당군에서 그들의 후계자에 이르기까지, 거의 다 송·명 이학을 통해서 위로는 맹자를 잇고 있다. 또한 맹자 사상을 자신의 사상 체계를 세우는 데 중요한 전통 자원으로 삼고 있다. 모종삼은 일찍이 맹자와 칸트를 비교한 적이 있는데, 그는 칸트가 내세운 '도덕의 자율'이 이미 구체적이고 세부적으로 맹자의 사상 속에 존재한다고 보았다. 그뿐 아니라 칸트가 단지 도덕의 법칙, 절대 명령의 보편적 필연성을 중시했다면, 맹자는 이성을 중시하면서도 도덕적 정감을 함께 중시했으며 따라서 추상적이지 않다고 보았다. 맹자를 중시하는 모습의 일단을 여기서 엿볼 수 있다. 역시 맹자 사상에서 출발하여 모종삼은 이렇게 강조한다. "내면의 마음이 밝히는 것은 본성의 바다다." 그는 '내성의 노력'을 할 것을 요구하고 있다.

결국 맹자는 중국 문화사에 지우기 힘든 역사적 흔적을 남기고 있다. 가치 관념·사유 방식·인격의 추구에서 넓은 의미의 문화 심리 상태에 이르기까지 거의 모든 면에서 정도의 차이는 있지만 맹자 유학 사상의 지도적·규정적 작용을 볼 수 있다. 한 사람의 역사적 인물로서 맹자는 과거에 속한다. 그러나 유가 문화의 중요한 창시자인 그는 현대에도 여전히 여러 방면에 영향을 미치고 있다.

孟子人間經營

부록

제1편
양혜왕*장구 상 梁惠王章句上

何必曰利이꼬. **亦有仁義而已矣**니이다.
하 필 왈 리   역 유 인 의 이 이 의

양 혜왕이 맹자가 어떤 이익을 들려 주려 하느냐 하자
하필이면 이익을 말씀하십니까 오직 인과 의가 있을 뿐입니다.

上下交征利면 **而國**이 **危矣**리이다.
상 하 교 정 리   이 국   위 의

왕과 대부들과 일반 백성이 서로 이익만 취하면
나라가 위태로워질 것이다

苟爲後義而先利면 **不奪**하여는 **不饜**이니이다.
구 위 후 의 이 선 리   불 탈   불 염

진실로 정의를 뒤로 미루고서 이익만을 앞세운다면,
다 빼앗지 않고서는 만족하지 않을 것입니다.

與民偕樂故로 能樂也니이다.
여 민 해 락 고   능 락 야

양 혜왕이 어진 사람도 늪가에서 기러기·사슴·물고기 등을 완상하면서 즐겼냐는 물음에, 옛 성현은 백성들과 함께 즐겼기 때문에 능히 즐길 수 있습니다.

或百步而後에 止하며 或五十步而後에 止하야
혹 백 보 이 후   지   혹 오 십 보 이 후   지

전쟁에서 어떤자는 백 보를 달아난 뒤에 멎고,
어떤 자는 오십 보 달아난 뒤에 멎었다.

◐ 줄여서 "五十步 百步"라 함. 오십 보 도망가나 백 보 도망가나 도망가기는 마찬가지란 뜻.

養生喪死에 無憾이 王道之始也니이다.
양 생 상 사   무 감   왕 도 지 시 야

살아 있는 사람을 부양하고 죽은 사람을 장사 지내는 데 유감이 없게 하는 것이 왕도 정치의 시초이다.

王無罪歲하시면 斯天下之民이 至焉하리이다.
왕 무 죄 세   사 천 하 지 민   지 언

정치를 잘못해서 흉년이 들어 굶어 죽은 사람이 있으면
왕이 흉년을 탓하지 않는다면 천하의 백성들이 모여들 것이다.

以刃與政이 **有以異乎**이까
이 인 여 정　　유 이 이 호

칼로 죽이는 것과 정치를 잘못해서 죽이는 것과
다름이 있습니까.

仁者는 **無敵**이라.
인 자　　무 적

맹자의 말씀이 아니고 전해 오는 말에 의하면
인자한 사람에게는 적이 없다.

不嗜殺人者能一之라.
불 기 살 인 자 능 일 지

사람 죽이기를 즐겨 하지 않는 자가
천하를 하나로 통일 할 것이다.

君子는 **遠庖廚也**니이다.
군 자　　원 포 주 야

군자는 푸줏간을 멀리한다. _ 동물애호가인 맹자가 말하길, 동물을 죽이는 것을 차마 보지 못하고 또 죽는 모습을 본 그 고기를 어떻게 먹겠는가.

不爲也언정 **非不能也**니이다.
　불 위 야　　　비 불 능 야

안 하는 것이지 못하는 것이 아니다.
어진 정치를 할수 있는데도 안 하고 있다는 말.

推恩이면 **足以保四海**오
　추 은　　　족 이 보 사 해

은혜를 널리 펴 나가면 족히 사해를 보전할 수 있을 것이다.

緣木求魚
　연 목 구 어

나무 위에 올라가 물고기를 구한다.

無恒産이면 **因無恒心**이니라.
　무 항 산　　　인 무 항 심

일정한 생활 근거가 없으면 꾸준한 마음이 없어진다.
일정한 수입원이 없으면 도의심이 없어진다.

＊양 혜왕은 전국 시대의 7국 중의 하나인 위나라 양나라라고도 함. 혜왕을 말함. 훌륭한 성군은 요와 순이 있을 뿐으로 요·순의 정치 도의인 인의가 제일이라 생각하여 첫 편으로 삼은 것 같음.

제1편
양혜왕 장구 하 梁惠王章句 下

與民同樂也니이다.
여 민 동 락 야

백성들과 함께 즐깁니다. _ 제나라 선왕의 신하 장포가 음악과 사냥 등을 좋아해도 되는지 물었다.

詩云畏天之威하야 于時保之라.
시 운 외 천 지 위   우 시 보 지

시경에 이르기를 하늘의 위엄을 두려워하여
이에 자기 나라를 보존하도다.

樂民之樂者는 民亦樂其樂하고
낙 민 지 락 자   민 역 락 기 락

憂民之憂者는 民亦憂其憂하나니
우 민 지 우 자   민 역 우 기 우

왕이 백성들의 즐거움을 즐거워하면 백성도 또한 왕의 즐거움을 즐거워하며, 백성들의 근심을 근심하면 백성 또한 왕의 근심을 근심합니다.

樂以天下하며 **憂以天下**하고
낙이천하   우이천하

然而不王者 未之有也니이다.
연이불왕자   미지유야

천하의 모든 사람들과 즐기고 천하의 모든 사람들과 근심하고서도 왕 노릇하지 못한 사람은 있지 않았습니다.

罪人을 **不孥**하니이다.
죄인   불노

죄인을 그 처자식까지 처벌하지 않았습니다. _ 요즘도 연좌제가 있다는데……

王如好色이어시든 **與百姓同之**하시면
왕여호색   여백성동지

於王에 **何有**리이꼬.
어왕   하유

왕께서 만일 여색을 좋아하시어 백성들과 같이 좋아하시면, 참다운 왕 노릇 하는 데 무슨 어려움이 있겠습니까?

見賢焉然後에 **用之**하며
견 현 언 연 후　　용 지

그가 참으로 어진 인물임을 알게 된 뒤에 등용하십시오.

> 좌우 신하, 대부들이 현인이라 해도 듣지 말고 백성들이 현인이라 할 때 그 사람을 등용하라는 말로 혼자나 몇몇 사람이 인사를 하지 말라는 뜻.

曾子曰 戒之戒之하라. **出乎爾者**는 **反乎爾者也**라.
증 자 왈 계 지 계 지　　　출 호 이 자　　　반 호 이 자 야

증자가 말하길 경계하고 경계할지어다.
너에게서 나온 것은 다시 너에게로 돌아간다.

> 사필귀정事必歸正으로 자기가 한 일에는 꼭 결과가 있다는 말로, 맹자 어구 중 자주 쓰임.

行止는 **非人**의 **所能也**라.
행 지　　비 인　　소 능 야

가게 하고 그만두게 하는 것은
사람의 능력으로 어찌할 수 없는 것이다.

제 2편
공손추 장구 상 公孫丑 章句 上

齊人이 **有言曰 雖有知慧**나 **不如乘勢**니라.
제인   유언왈 수유지혜   불여승세

제나라 사람들이 말하길 비록 지혜가 있다 한들 시세時勢를 타느니만 못하다.

◐ 훌륭한 인물도 시운을 잘 타고나야 한다는 말로 요즘 말로는 줄을 잘 서야 된다고나 할까.

我는 **四十**에 **不動心**하니라.
아   사십   부동심

나는 나이 마흔이 되면서 마음이 흔들리지 않았다.

孟施舍曰 量敵而後進하며 **如勝而後會**하면
맹시사왈 양적이후진   여승이후회

맹시사가 말하길 적의 힘을 헤아려 본 후에 나아가고, 이길 것을 헤아려 본 후에 싸운다.

志는 氣之帥也오 氣는 體之充也니
지　기지수야　　기　　체지충야

마음은 기를 거느리고, 기운은 몸을 거느린다.

我는 善養吾의 浩然之氣하노라.
아　　선양오　　호연지기

나는 나의 호연지기를 잘 기르고 있다.

❍ 맹자는 호연지기를 설명하기 힘들다고 하면서 그 기운이 몹시 크고 굳센 것으로 그것을 올바르게 길러서 해침이 없다면 천지에 충만하게 될 것이다 그 기운은 의와 도에 부합되는 공명정대한 것이라고 했다.

詖辭에 知其所蔽하며 淫辭에 知其所陷하며
피사　　지기소폐　　　음사　　지기소함

邪辭에 知其所離하며 遁辭에 知其所窮이니
사사　　지기소리　　　둔사　　지기소궁

편벽된 말에서 그 숨긴 바를 알고 음탕한 말에서 그 사람이 어느 곳에 빠져 있는 것을 알며 간사한 말에서 이간하는 바를 알고 회피하는 말에서 그 사람이 궁지에 몰려 있는 것을 안다.

* 공손추는 맹자의 제자임. 맹자의 정치 이념이 과연 그 당시의 제후들에게 받아들여질 수 있는지에 대한 문답과 군자의 도리를 설명하며 맹자의 왕도정치를 주장함.

行一不義하며 殺一不辜而得天下는 皆不爲也라.
행일불의　　살일불고이득천하　　개불위야

단 한 가지라도 의롭지 못한 일을 저지르고 한 사람이라도 죄 없는 사람을 죽여서 천하를 얻는 일은 다들 하지 않을 것이다.

無敵於天下者는 天吏也니
무적어천하자　　천리야

천하에 적이 없는 사람은 하늘의 사자使者이다.

人皆有不認人之心하니라.
인개유불인인지심

사람은 누구나 다 차마 남에게 하지 못하는 마음이 있느니라.

惻隱之心은 仁之端也오. 羞惡之心은 義之端也오.
측은지심　　인지단야　　수오지심　　의지단야

辭讓之心은 禮之端也오. 是非之心은 知之端也니라.
사양지심　　예지단야　　시비지심　　지지단야

측은해하는 마음은 인의 단서실마리이고, 부끄러워하는 마음은 의의 단서이고, 사양하는 마음은 예의 단서이고, 시비를 가리는 마음은 지의 단서이다.

- 맹자의 도덕관인 성선설의 바탕이 된 그 유명한 사단설이다.

仁은 天地尊爵也며 人之安宅也니라.
　인　　천지존작야　　인지안택야

인은 하늘이 준 높은 벼슬이며 사람이 안주하는 집이다.

君子는 莫大乎與人爲善이니라.
　군자　　막대호여인위선

군자에게는 남과 더불어 선을 행하는 것보다 더 중대한 일은 없다.

遺佚而不怨하며 阨窮而不憫하더니
　유일이불원　　　액궁이불민

노나라 대부 유혜하는 버림을 받아도 원망하지 않았고 곤궁에 빠져도 걱정하지 않았다.

제2편
공순추 장구 하 公孫丑 章句 下

天時 不如地利오 地利 不如人和니라.
천시 불여지리   지리 불여인화

천시는 지리만 못하고 지리는 인화만 못하다. _ 맹자의 전쟁론으로 계절, 기후보다 지리적 조건이 좋고 그것보다 인심을 얻어 민심을 화합하는 것을 으뜸으로 친다.

寡助之至에는 親戚이 畔之하고
과조지지   친척   반지

多助之至에는 天下 順之니라.
다조지지   천하 순지

도와주는 사람이 적어지면 친척마저도 배반하고
돕는 사람이 많아 지면 천하가 다 순종한다.

曾子曰 彼以其富어든 我以吾仁이오.
증자왈 피이기부   아이오인

彼以其爵이어든 我以吾義니 吾何慊乎哉리오.
피이기작   아이오의   오하겸호재

그들이 부를 가지고 자랑을 하면 나는 인으로써 대하고, 그들이 벼슬을 자랑하면 나는 의로써 대할 것이니 내 어찌 꿀리겠는가.

有官守者는 不得其職則去하고
유관수자   부득기직즉거

有言責者는 不得其言則去라 하니
유언책자   부득기언즉거

我無官守하며 我無言責也
아무관수   아무언책야

則吾進退 豈不綽綽然有餘裕哉리오.
즉오진퇴 기부작작연유여유재

관직에 있는 사람은 그 직책을 다하지 못하면 물러나고 간할 책임이 있는 사람은 그 말이 받아지지 않으면 떠나간다고 하였다. 나는 벼슬도 없고 말할 책임도 없으니, 떠나고 물러감에 어찌 여유작작함이 없겠는가.

君子는 不以天下儉其親이니라.
군자   불이천하검기친

군자는 천하의 재물을 아끼기 위해 부모상에 절약하지 않는다고 하였다.

且古之君子는 過則改之러니
차고지군자 과즉개지

今之君子는 豈徒順之리오 又從而爲之辭로다.
금지군자 기도순지 우종이위지사

또 옛날 군자는 허물이 있으면 고쳤는데
지금의 군자는 허물을 그대로 밀고 나아갈 뿐만 아니라 뒤따라 변명까지 합니다.

如欲平治天下인댄 當今之世하야 舍我오 其誰也리오.
여욕평치천하 당금지세 사아 기수야

만일 천하가 태평하게 다스려지기를 바란다면 지금 세상에서 나를 버리고 누가 있겠는가. _ 맹자의 스스로 자화자찬 한 말.

제3편
등문공* 장구 상 藤文公章句 上

成覵이 謂齊景公曰 彼丈夫也며
성 간   위 제 경 공 왈   피 장 부 야

我丈夫也니 吾何畏彼哉리오.
아 장 부 야   오 하 외 피 재

성간이 제 경공에게 말하길 그도 대장부이고 나도 대장부인데 내 어찌 그를 두려워하겠는가.

陽虎曰 爲富면 不仁矣오 爲仁이면 不富矣라 하니이다.
양 호 왈 위 부   불 인 의   위 인   불 부 의

양호가 말하길 치부를 하면 인자하지 못하고 인을 행하면 치부를 하지 못한다고 하였다.

---

* 등문공은 등나라 세자 세자는 제후국의 대를 이을 사람이며 태자는 천자의 뒤를 이을 사람으로 구분로 있을 때임. 치국의 사례와 인의에 의한 정치이념과 백성들을 계몽 선도하고 효에 대한 모범을 보여 주는 구절이 많음.

有大人之事하며 有小人之事하니
유대인지사　　유소인지사

대인이 할 일이 있고 소인이 할 일이 따로 있습니다.

人之有道也에 飽食煖衣하야
인지유도야　포식난의

逸居而無敎면 則近於禽獸일세.
일거이무교　즉근어금수

사람이 살아가는 도리는 배불리 먹고 따뜻하게 옷 입고 편안하게 살기만 하고 가르침이 없으면 금수와 같습니다.

父子有親하며 君臣有義하며 夫婦有別하며
부자유친　　군신유의　　부부유별

長幼有序하며 朋友有信이니라.
장유유서　　붕우유신

해석은 생략하며, 요堯임금이 설契에게 백성들에게 널리 가르치게 한 것을 맹자가 인용함.

分人以財를 謂之惠오 敎人以善을 謂之忠이오.
분인이개　위지혜　교인이선　위지충

爲天下得人者를 **謂之仁**이니
위 천 하 득 인 자   위 지 인

남에게 재물을 나누어 주는 것을 혜라 하고 남에게 선을 가르치는 것을 충이라 하고 천하를 위해 인재를 얻는 것을 인이라 한다.

是故로 **以天下與人**은 **易**하고 **爲天下得人**은 **難**하니라.
시 고   이 천 하 여 인   이   위 천 하 득 인   난

그러므로 천하를 남에게 주기는 쉬어도 천하를 위하여 인재를 얻기란 어려운 일이다.

墨之治喪也는 **以薄爲其道也**라.
묵 지 치 상 야   이 박 위 기 도 야

묵자는 상을 치르는 데 박하게 하는 것으로 정도를 삼고 있다.

○ 묵자墨子는 춘추전국 시대 사람으로 검약 · 겸애 · 비전非戰 등을 주장하였으며 맹자는 이들이 부모상에도 너무 검약하게 하는 것을 못마땅해함.

제3편
등문공 장구 하 滕文公章句 下

志士는 不忘在溝壑이오 勇士는 不忘喪其元이라.
지사   불망재구학   용사   불망상기원

공자님 말씀 _ 지사는 뜻을 굽히지 않기 때문에 언제 죽더라도 그 몸이 구렁텅이에 던져지는 것을 잊지 않고 용자는 언제 죽더라도 그 목이 달아나는 것을 잊지 않는다.

枉己者는 未有能直人者也니라.
왕기자   미유능직인자야

자기를 굽힌 사람(자신이 바르지 못한 사람)으로서는 남을 바로잡지 못하는 것이다.

以順爲正者는 妾婦之道也니라.
이순위정자   첩부지도야

순종으로 바른 도리를 삼는 것은 부녀자의 도리이다.

居天下之廣居하며 立天下之正位하며 行天下之大道하야
거천하지광거   입천하지정위   행천하지대도

得志하얀 與民由之하고 不得志하얀 獨行其道하야
득지   여민유지   부득지   독행기도

富貴 不能淫하며 貧賤이 不能移하며
부귀 불능음   빈천 불능이

威武 不能屈이 此之謂大丈夫니라.
위무 불능굴 차지위대장부

천하의 넓은 집에 살며 천하의 바른 자리에 서며 천하의 큰 도를 행하여, 뜻을 얻으면 백성들과 함께 하고 뜻을 얻지 못하면 홀로 그 도를 행하며, 부귀도 그 마음을 유혹하지 못하고 빈천도 그의 지조를 바꾸지 못하고, 위엄과 무력도 그의 뜻을 꺾지 못하는 것을 일러 대장부라 한다.

非其道則一簞食라도 不可受於人이니라.
비기도즉일단사   불가수어인

정도가 아니면 한 도시락의 밥이라도 남에게서 받아서는 안 된다.

曾子曰 脅肩諂笑 病于夏畦라.
증자왈 협견첨소 병우하휴

증자께서 말하길 어깨를 들썩거리며 아첨하여 웃는 것은 여름날 밭일하기보다 힘들다.

孔子曰 知我者도 其惟春秋乎며
공자왈 지아자   기유춘추호

罪我者도 其惟春秋乎인저
죄아자   기유춘추호

공자께서 말하길 나를 알려고 하는 사람도 오직 춘추를 볼 것이고 나를 책하려는 사람도 오직 춘추를 볼 것이다.

楊氏는 爲我하니 是는 無君也오.
양씨   위아   시   무군야

墨氏는 兼愛하니 是는 無父也니
묵씨   겸애   시   무부야

양자는 나만을 위하니 이는 임금을 무시하는 것이고, 묵자는 겸애여러 사람을 똑같이 사랑함 하니 아버지를 무시하는 것이다.

> 양자陽子는 전국 시대 위나라 사람으로 극단적인 이기주의인 위아확대 해석하면 자기를 사랑하지 않으면 남도 그만큼 사랑하지 못한다를 주장함. 맹자는 "자기 몸에서 털 한 올을 뽑아서 천하를 이롭게 한다 하더라도 하지 않는다"고 비난함.

제4편
이루장구 상 離婁章句 上

徒善이 **不足以爲政**이오 **徒法**이 **不能以自行**이라.
도선 부족이위정   도법 불능이자행

실천이 따르지 않는 한낱 선하기만 한 것으로는 정치를 하지 못하고 한낱 법도만으로는 그것이 저절로 행해지지는 않는다.

惡醉而强酒니라.
오취이강주

취하는 것을 싫어하면서 억지로 술을 마시는 일과 같다.

愛人不親이어든 **反其仁**하 **治人不治**어
애인불친   반기인   치인불치

反其智하 **禮人不答**이어든 **反其敬**이니라.
반기지   예인부답   반기경

남을 사랑하는 데 친해지지 않을 때는 자신의 인자함을 돌이켜

생각해 보고 남을 다스리는 데 다스려지지 않을 때는 자기의 지혜를 돌이켜 생각해 보고 남을 예우하는데 답례가 없으면 자기의 공경하는 태도를 돌이켜 생각해 볼 것이다.

行有不得者어든 **皆反求諸己**니
행유부득자   개반구저기

其身이 **正而天下 歸之**니라.
기신   정이천하 귀지

행해서 얻어지지 않는 것이 있으면 모두 자기 자신을 반성할 것이고 그 자신이 바르면 온 천하가 나에게 돌아온다.

順天子는 **存**하고 **逆天者**는 **亡**이니라.
순천자   존   역천자   망

하늘의 뜻에 따르는 사람은 생존하고 하늘의 뜻에 거슬리는 사람은 멸망한다.

滄浪之水 青兮어든 **可以濯我纓**이여
창랑지수 청혜   가이탁아영

---

* 이루는 황제 때 사람이며 눈이 무척 밝아 백 보 밖에서 가을 터럭의 끝을 볼 수 있었다고 함. 예禮를 받드는 것을 밝다고 한다. 밝음은 이루보다 더 심할 것이 없다 그래서 이루의 밝음을 다음 편명으로 둔 것이다.

滄浪之水 濁兮어든 **可以濯我足**이라.
창랑지수 탁혜   가이탁아족

옛날 노래에 창랑의 물이 맑으면 귀중한 갓끈을 씻고 창랑의 물이 흐리면 내 발을 씻을 것이다.

夫人必自侮然後에 **人**이 **侮之**하며 **家必自毀而後**에
부인필자모연후   인   모지   가필자훼이후

人이 **毀之**하 **國必自伐而後**에 **人**이 **伐之**하나니라.
인   훼지   국필자벌이후   인   벌지

사람은 반드시 자신을 모욕한 뒤에 남이 모욕을 하고 자기 집안을 스스로 파괴시킨 뒤에 남이 파괴를 하고 자기가 먼저 자기 나라를 침벌하는 짓을 한 뒤에 남이 자기나라를 침벌하는 것이다.

自暴者는 **不可與有言也**오
자포자   불가여유언야

自棄者는 **不可與有爲也**니라.
자기자   불가여유위야

자기 자신을 스스로 해치는 사람과는 함께 이야기할 수 없으며, 스스로 자신을 버리는 사람과는 함께 일할 수가 없다. 줄여서 자포자기라 함.

道在爾而求諸遠하며 事在易而求諸難하나니
도 재 이 이 구 저 원　　사 재 이 이 구 저 난

도는 가까운데 있음에도 멀리서 구하려 하고 일은 쉬운데 있음에도 어려운 데서 구하려 한다.

至誠而不動者 未之有也니
지 성 이 부 동 자　미 지 유 야

不誠이면 未有能動者也니라.
불 성　　미 유 능 동 자 야

지극히 성실하고도 남을 감동시키지 못한 일은 아직까지 없었으니 성실하지 않으면 남을 감동시킬 수 없느니라.

存乎人者는 莫良於眸子니라.
존 호 인 자　　막 량 어 모 자

사람이 가진 것 중에 눈동자보다 더 좋은 것이 없다. 마음이 바르면 눈동자가 맑고 마음이 바르지 못하면 눈동자가 흐리다.

恭者는 不侮人하고 儉者는 不奪人하니
공 자　불 모 인　　검 자　불 탈 인

공손한 사람은 남을 업신여기지 않고 검소한 사람은 남의 것을 빼앗지 않는다.

古者에 易子而敎之하니라.
고자   역자이교지

옛날에는 아들을 바꾸어 가르쳤다.

失其身而能事其親者를 吾未之聞也로다
실기신이능사기친자   오미지문야

자기 몸을 지키지 못해서 불의에 빠뜨리고서도 부모를 잘 섬길 수 있었다는 말은 아직 못 들었다.

有不虞之譽하며 有求全之毁하니라.
유불우지예   유구전지훼

생각지도 않는데 명예를 받을 수도 있고 온전하기를 바라다가 비방을 받는 수도 있다

人之易其言也는 無責耳矣니라.
인지이기언야   무책이의

사람들이 말을 쉽게 하는 것은 책임감이 없어서이니라.

人之患이 在好爲人師니라.
인지환   재호위인사

사람들의 폐단은 남의 스승 되기를 좋아하는 데에 있다.

제4편
이루 장구 하 離婁章句 下

惠而不知爲政이로다.
혜 이 부 지 위 정

은혜스러우나 정치를 할 줄 모른다. 재상 자산이 냇물을 건너는 백성들을 자기 수레로 건너게 해 준데 대한 말임. 일국의 재상은 다리를 놓을 생각을 해야지 자질구레한 일을 해서는 안 된다는 말.

君仁이면 **莫不仁**이오 **君義**면 **莫不義**니라.
군 인   막 불 인   군 의   막 불 의

임금이 어질면 백성들이 어질지 않을 수 없고,
임금이 의로우면 백성들이 의롭지 않을 수 없다.

中也 養不中하며 **才也 養不才**라.
중 야 양 부 중   재 야 양 부 재

중용을 이룬 사람은 중용을 이루지 못한 사람을 길러 주고,
재능이 있는 사람은 재능이 없는 사람을 길러 준다.

人有不爲也而後에 可以有爲니라.
인 유 불 위 야 이 후　　가 이 유 위

사람은 하지 않는 것이 있은 뒤에 하는 것이 있게 된다. 사람이란 불의를 저지르지 않으려는 결심이 선 뒤에 비로소 의義를 행할 수 있게 된다.

言人之不善하다가 當如後患에 何오.
언 인 지 불 선　　　당 여 후 환　　하

남의 좋지 않은 일을 말하다가 그 후환을 당하면 어찌할 것인가.

中尼는 不爲已甚者러시다.
중 니　　불 위 이 심 자

중니공자님는 너무 심한 일은 하지 않으셨다. 중용을 지켜 지나친 행동을 삼가 하셨다.

大人者는 不失其赤子之心者也니라.
대 인 자　　불 실 기 적 자 지 심 자 야

대인은 그의 어린이 때의 마음을 잃지 않는다.

聲聞過情을 君子는 恥之니라.
성 문 과 정　　군 자　　치 지

명성이 실제보다 지나친 것을 군자는 부끄러워한다.

湯은 **執中**하며 **立賢無方**이러라. **文王**은 **視民如傷**하며
탕   집중   입현무방   문왕   시민여상

탕임금은 중용을 지키고 어진 이를 등용해 쓰는데 신분을 따지지 않았고, 문왕은 백성 보기를 다친 사람 보듯 하였다.

武王은 **不泄邇**하며 **不忘遠**이러라.
무왕   불설이   불망원

무왕은 가까운 사람이라 하여 더 친근히 여기지 않았고 멀리 있는 사람도 잊어버리는 일이 없었다.

晉之乘과 **楚之檮杌**과 **魯之春秋**一也니라.
진지승   초지도올   노지춘추일야

진나라 승과 초나라 도올과 노나라 춘추는 같은 것이다.

- 승乘 : 진나라의 역사를 기록한 책으로 승은 주로 수렵과 부역賦役에 관한 일을 기록한다는 뜻.
  도올 : 초나라의 역사책으로 본래 흉악한 짐승이나 사람을 부르는 말로 흉악한일 들을 징계 한다는 의미로 쓰임.
  춘추 : 노나라의 역사책으로 사계절에 일어나는 온갖 것을 기록한다는 의미임.

可以取며 **可以無取**에 **取**면 **傷廉**이오.
가이취   가이무취   취   상렴

可以與며 **可以無與**에 **與**면 **傷惠**오.
가이여   가이무여   여   상혜

可以死며 可以無死에 死면 傷勇이니라.
가이사　가이무사　사　상용

받아도 안 받아도 좋은 경우에 받으면 청렴을 해치고 줘도 안 줘도 좋은 경우에 주면 은혜를 해치고 죽을 만도 하고 죽지 않을 만도 한데 죽으면 용기를 해친다.

仁者는 愛人하고 有禮者는 敬人하니
인자　애인　유례자　경인

愛人者는 人恒愛之하고 敬人者는 人恒敬之니라.
애인자　인항애지　경인자　인항경지

인자한 사람은 남을 사랑하고 예를 차리는 사람은 남을 공경한다. 남을 사랑하는 사람은 남들도 항상 그를 사랑하며 남을 공경하는 사람은 남들도 항상 그를 공경한다.

君子 有終身之憂오 無一朝之患也니라.
군자 유종신지우　무일조지환야

군자는 일생 동안 지니는 수양이 부족하다는 근심은 있어도 하루아침에 겪는 걱정은 하지 않는다.

世俗所謂不孝者 五니 惰其四肢하야
세속소위불효자 오　타기사지

不顧父母之養이 **一不孝也**오.
불 고 부 모 지 양　　일 불 효 야

세속에서 말하는 불효가 다섯 가지가 있다. 그 몸을 게을리하여 부모의 봉양을 돌아보지 않는 것이 첫 번째 불효요.

博奕好飲酒하야 **不顧父母之養**이 **二不孝也**오.
박 혁 호 음 주　　불 고 부 모 지 양　　이 불 효 야

장기 바둑이나 하며 술 마시기를 좋아하여 부모 봉양을 안 하는 것이 두 번째 불효요.

好貨財하며 **私妻子**하야 **不顧父母之養**이 **三不孝也**오.
호 화 재　　사 처 자　　불 고 부 모 지 양　　삼 불 효 야

재물을 좋아하고 처자에 빠져 부모의 봉양을 돌보지 않는 것이 세 번째 불효요.

從耳目之欲하야 **以爲父母戮**이 **四不孝也**오.
종 이 목 지 욕　　이 위 부 모 륙　　사 불 효 야

귀와 눈의 욕구를 만족시키느라고 부모를 욕되게 하는 것이 네 번째 불효요.

好勇鬪한하야 以危父母 五不孝也니
호용투한　이위부모　오불효야

용맹을 좋아하고 싸우고 성을 내고 하여 부모를 위태롭게 하는 것이 다섯 번째 불효이다

良人者는 所仰望而終身也니라.
량인자　소앙망이종신야

남편이란 우러러보면서 평생을 같이 살아야 할 사람이다.

由君子觀之컨대 則人之所以求富貴利達者는
유군자관지　　즉인지소이구부귀리달자

其妻妾이 不羞也而不相泣者 幾希矣니라.
기처첩　불수야이불상읍자　기희의

군자의 눈으로 볼 때 남자가 부귀와 이익과 영달을 구하는 방법 치고 그의 아내와 첩이 부끄러워하지 않고 서로 울지 않을 사람이 극히 드물다.

- 전문 내용 요약 : 제나라 사람 중에 처와 첩을 두고 사는 사람이 그 당시 공동묘지(지금은 상갓집)에서 음식을 얻어먹고 와서 큰 소리치는 것을 처와 첩이 알고 울었다고 함.
- 옛날이나 지금이나 세상의 남자들은 부귀 영달을 위해 비굴한 행동을 하는데 만일에 그 비굴한 속사정을 안다면 대부분의 옛날 여자들은 부끄러워서 울었다고 한다. 요즘 여자들은 남편보다 한술 더 뜬다고 하니.

제5편
만장 장구 상 萬章章句 上

男女居室은 **人之大倫也**니라.
남 녀 거 실　　인 지 대 륜 야

남녀가 한방에서 거처함 가정을 이룸은 사람으로서의 큰 도리이다.

君子는 **可欺以其方**이어니와 **難罔以非其道**니라.
군 자　　가 기 이 기 방　　　　　난 망 이 비 기 도

군자란 사리에 맞는 일을 가지고는 속일 수가 있지만 올바른 일이 아닌 것을 가지고는 속이기 어려운 것이다. 군자에게는 거짓말로 일시적으로 속일 수 있지만 영원히 속일 수는 없다는 뜻.

盛德之士는 **君不得而臣**하며 **父不得而子**라.
성 덕 지 사　　군 부 득 이 신　　　부 부 득 이 자

전해 오는 옛말에 제자인 함구몽이 맹자에게 묻기를 덕이 높은 인물은 임금도 그를 신하로만 대할 수 없고 아버지도 그를 아들로만 대할 수 없다.

其子之賢不肖는 皆天也라 非人之所能爲也니
기 자 지 현 불 초　 개 천 야　　비 인 지 소 능 위 야

그들의 아들이 잘나고 못남은 다 하늘의 뜻이요, 사람이 할 수 있는 일이 아니다.

莫之爲而爲者는 天也오 莫之致而至者는 命也니라.
막 지 위 이 위 자　　천 야　　막 지 치 이 지 자　　명 야

하려고 하지 않는데 저절로 되는 것은 하늘의 뜻이요, 하려고 하지 않는데 저절로 닥쳐오는 것은 운명이다.

* 만장은 맹자의 제자임. 옛날 성현의 업적이 서술되어 있으며 공자 사후에 성현들에 대한 와전을 여러 제자 특히 만장의 공이 많음와 같이 바로잡은 글임.

제5편
만장 장구 하 萬章章句 下

聞伯夷之風者는 頑夫 廉하며 懦夫 有立之하니라.
문 백 이 지 풍 자   완 부 염   나 부 유 립 지

백이의 인품을 들은 사람들은 탐욕스러운 사내도 청렴해지고 나약한 사내도 뜻을 세우게 된다.

爾爲爾오 我爲我니라.
이 위 이   아 위 아

너는 너고 나는 나다. _ 군자인 유하혜가 어떤 사람이 자기 곁에서 알몸으로 뒹구는 비례를 범하드라도 네가 나의 청백함을 더럽힐 수 없다는 뜻으로 한말임.

天子 一位오 公이 一位오 侯가 一位오 伯이 一位
천 자 일 위   공   일 위   후   일 위   백   일 위

子男이 同一位오니 凡五等也라.
자 남   동 일 위   범 오 등 야

천자가 한 계급이요, 공이 한 계급이요, 후가 한 계급이요, 백이 한 계급이요, 자와 남이 다 같이 한 계급 이렇게 모두 다섯 등급이다.

君이 一位오 卿이 一位오 大夫가 一位오 上士가 一位오
군　일위　경　일위　　대부　일위　　상사　일위

中士가 一位오 下士가 一位니 凡六等이라.
중사　일위　　하사　일위　　범육등

제후국에서는 임금이 한 계급이요, 경이 한 계급이요, 대부가 한 계급이요, 상사가 한 계급이요, 중사가 한 계급이요, 하사가 한 계급이요, 모두 여섯 등급이다.

○ 주나라 시대의 관직을 맹자가 풀이하여 놓은 것임. 본 구절은 명언은 아니지만 옛날 주나라의 관직을 참조하기 위해 적은 것임.

不挾長하며 不挾貴하며 不挾兄弟而友니
불협장　　　불협귀　　　불협형제이우

友也者는 友其德也니 不可以有挾也니라.
우야자　　우기덕야　　　불가이유협야

나이 많음을 내세우지 말고, 지위가 높은 것을 자랑하지 말며 형제의 힘을 뽐내지 말며 벗을 사귀어야 한다. 벗을 사귐은 그 사람의 덕을 벗삼는 것이므로 뽐내어서는 안 된다.

仕 非爲貧也而有時乎爲貧하니라.
사 비위빈야이유시호위빈

벼슬이란 가난을 면하기 위해서 하는 것은 아니지만 때로는 가난을 면하기 위해서 하는 수도 있다.

◯ 선비가 가난 때문에 벼슬할 때는 높은 자리를 탐내지 말고 적은 보수에도 만족해야 된다.

제6편
고자* 장구 상 告子 章句 上

告子曰 食色이 性也니라.
고 자 왈 식 색   성 야

고자가 맹자에게 묻는 말로 식욕과 색욕은 인간의 본성이다. 맹자는 인의가 인간의 본성이라 함.

告子曰 性은 無善無不善也라.
고 자 왈 성   무 선 무 불 선 야

고자가 말하길 인간의 본성은 착한 것도 없고 착하지 않는 것도 없다.

富歲엔 子弟 多賴하고 凶歲엔 子弟 多暴하나니
부 세   자 제 다 뢰   흉 세   자 제 다 포

풍년에는 자제들이 대부분 얌전해지고 흉년에는 자제들이 대부분 난폭해진다.

聖人은 先得我心之所同然耳시니라.
성인 선득아심지소동연이

성인은 우리의 마음이 다 같이 옳다고 여기는 바를 먼저 깨달았을 뿐이다.

孔子曰 操則存하고 舍則亡하야
공자왈 조즉존 사즉망

出入無時하야 莫知其鄕은 惟心之謂與인저
출입무시 막지기향 유심지위여

공자께서 말하길 잡으면 남아 있고 놓으면 없어진다. 때 없이 드나들어 정처를 알 수 없는 것이란 마음을 두고 하는 말이다.

所欲이 有甚於生者라 故로 不爲苟得也하니라.
소욕 유심어생자 고 불위구득야

원하는 것이 사는 것보다 더 절실하기 때문에 삶을 구차하게 얻으려 하지 않는다. 사는 것보다 정의를 좋아하기 때문에 정의를 위해서는 목숨을 초개같이 버릴 수 있다.

> 본 10절은 정의에 대한 많은 비교문과 설명으로 된 긴 문장으로 의를 위해서는 생명도 버릴 수 있는 인간이 되기를 권면하고 있다.

---

* 고자는 맹자 시대에 군소 사상가로 맹자의 사상과 닮은 점이 있으나 기본적으로는 일치되지 않는 점이 많이 있다. 맹자의 성선론에 대한 언급을 많이 했다.

仁은 人心也오 義는 人路也니라.
인　인심야　　의　　인로야

인은 사람의 마음본심이오. 의는 사람의 마땅히 해야할 정당한 길이다.

學問之道는 無他라. 求其放心而已矣니라.
학문지도　　무타　　　구기방심이이의

학문하는 길은 다른 것이 아니라 그 놓친 마음양심을 찾는 것일 뿐이다.

養其小者 爲小人이오 養其大者 爲大人이니라.
양기소자 위소인　　　양기대자 위대인

작은 것을 기르는 자 소인이 되고 큰 것을 기르는 자 대인이 된다.

❖ 인체에는 중요한 부분인 심지心志와 그렇지 않은 부분육체이 있는데 양쪽을 다 기르는 것이 좋지만 심지心志를 기르는 것을 더 중요시해야 한다는 구절임.

從其大體 爲大人이오 從其小體 爲小人이니라.
종기대체 위대인　　　종기소체 위소인

큰 것에 따르는 사람은 대인이 되고 작은 것을 따르는 사람은 소인이 된다.

❖ 대체는 인간의 심지 즉 생각하는 마음의 기관을 말하며 소체는 사람의 이목구비와 같은 감각 기관을 말하는 것으로 마음의 본질인 인의의 길을 가면 대인이 된다는 말임.

有天爵者하며 有人爵者하니
유천작자   유인작자

仁義忠信樂善不倦은 此 天爵也오.
인의충신락선불권   차 천작야

천작하늘이 준 벼슬이 있고 인작사람이 준 벼슬이 있으니 인의충신과 같이 선을 즐겨서 게으르지 않는 것이 천작이다.

公卿大夫는 此人爵也니라.
공경대부   차인작야

古之人은 修其天爵하여 而人爵이 從之러니라.
고지인   수기천작   이인작   종지

공경 대부와 같은 것은 인작이니라.
옛 사람들은 천작을 닦으면 인작은 저절로 따라 왔다.

仁之勝不仁也는 猶水勝火하니
인지승불인야   유수승화

인이 불인을 이기는 것은 마치 물이 불을 이기는 것과 같다.

제6편
고자 장구 하 告子章句 下

道는 若大路然하니 豈難知哉리오 人病不求耳니라.
도   약대로연   기난지재   인병불구이

도란 큰길과 같아서 어찌 알기가 어렵겠는가 사람들이 그것을 구하지 않는 것을 근심할 뿐이다.

天將降大任於是人也인댄 必先苦其心志하며
천장강대임어시인야   필선고기심지

勞其筋骨하며 餓其體膚하며
노기근골   아기체부

空乏其身하야 行拂亂其所爲하나니
공핍기신   행불란기소위

所以動心忍性하야 曾益其所不能이니라.
소이동심인성   증익기소불능

하늘이 장차 큰 일을 어떤 사람에게 맡기려 할 때는 반드시 먼저 그 마음을 괴롭히고, 그 근골을 지치게 하고, 그 육체를 굶주리게

하고, 그 생활을 곤궁하게 해서 행하는 일이 뜻과 같지 않게 한다. 이것은 그들의 마음을 움직여서 그 성질을 참게 하여 일찍이 할 수 없었던 일을 더욱 하도록 하기 위해서이다.

人恒過然後에 **能改**하나니
인 항 과 연 후   능 개

困於心하며 **衡於慮而後**에 **作**하며
곤 어 심   횡 어 려 이 후   작

徵於色하며 **發於聲而後**에 **喩**니라.
징 어 색   발 어 성 이 후   유

사람은 언제나 과오를 저지른 뒤에야 고칠 수 있으니, 마음에 곤란을 당하고, 생각대로 잘 안 된 뒤에야 분발하고, 얼굴빛에 떠오르고 음성이 나타난 뒤에야 깨닫게 된다.

◯ 횡衡 은 저울 형 가로 횡이며 황黃과 동일함

入則無法家拂士하고 **出則無敵國外患者**는 **國恒亡**이니라.
입 즉 무 법 가 필 사   출 즉 무 적 국 외 환 자   국 항 망

안으로 법도가 있는 사대부 집안과 임금을 보필하는 선비가 없고, 밖으로 적국과 외환이 없으면 그런 나라는 언제나 망한다.

◯ 불拂은 필弼 과 같은 뜻으로도 쓰이며 도울 필 떨칠 불.

然後에 知生於憂患而死於安樂也니라.
연후　지생어우환이사어안락야

그런 뒤에야 우환 속에서도 살고 안락한 가운데도 망한다는 것을 알게 되는 것이다.

○ 처음에 두 구절은 실패로 인해 절망과 실의에 빠진 사람에게 조언해 주는 말로 많이 쓰임.

君子 有三樂이나 而王天下는 不與存焉이니라.
군자　유삼락　　이왕천하　　불여존언

군자에게는 세 가지 즐거움이 있는데 천하에 왕 노릇 하는 것은 거기에 들지 않는다.

父母俱存하며 兄弟無故가 一樂也오.
부모구존　　형제무고　　일락야

부모가 다 생존하고 형제들이 무고함이 첫 번째 즐거움이요,

仰不愧於天하며 俯不怍於人이 二樂也오.
앙불괴어천　　부부작어인　　이락야

우러러보아서 하늘에 부끄럽지 않고 굽어보아서 사람들에게 부끄럽지 않는 것이 그 두 번째요,

得天下英才하여 而敎育之가 三樂也니라.
득천하영재　　이교육지　삼락야

천하의 영재를 얻어서 이들을 교육시키는 것이 그 세 번째이다.

孔子는 登東山而小魯하시고 登太山而小天下하시니
공자　등동산이소노　　　등태산이소천하

공자께서 동산에 올라서는 노나라가 작다고 느끼셨고 태산에 올라서는 천하가 작다고 느끼셨다.

故로 觀於海者에 難爲水요.
고　관어해자　난위수

遊於聖人之門者엔 難爲言이니라.
유어성인지문자　난위언

그러므로 바다를 본 사람에게는 물 이야기를 하기가 어렵고 성인의 문하에서 노니는 사람에게는 말을 하기가 어렵다

楊子는 取爲我하니 拔一毛而利天下라도 不爲也하니라.
양자　취위아　　발일모이리천하　　불위야

양자는 위아설나만을 생각함을 주장하니, 한 올의 털을 뽑아서 천하를 이롭게 한다 해도 하지 않는다.

墨子는 **兼愛**하니 **摩頂放踵**이라도 **利天下**인댄 **爲之**하니라.
묵자 겸애   마정방종   이천하   위지

묵자는 겸애설을 주장하니 머리 꼭대기에서 발뒤꿈치까지 갈아 없어져도 천하에 이롭다면 한다.

子莫은 **執中**하니 **執中**이 **爲近之**나
자막   집중   집중   위근지

執中無權이 **猶執一也**니라.
집중무권   유집일야

자막은 중간을 취하는데 중간을 취하는 것이 정도에 가깝다고는 하지만 중간을 취하면서 변화가 없으면 그 것은 한 가지만 고집하는 것과 같다.

> ◯ 자막 : 노나라의 현인으로 양자와 묵자의 극단론을 피하고 그 중간을 취할 것을 주장했다. 그것은 유가공·맹자의 사상의 도에 가깝기는 하지만 융통성이 없는 한 가지 고집을 하여 맹자는 이를 인의를 해치는 것이라 하여 기피하였다.

饑者 甘食하고 **渴者 甘飮**하나니 **是 未得飮食之正也**라.
기자 감식   갈자 감음   시 미득음식지정야

굶주린 사람은 달게 먹고 목마른 사람은 달게 마신다. 그러나 음식의 진정한 맛은 모른다.

尙志니라.
상 지

뜻을 높이 가져야 한다.

> 제나라 왕자 점이 선비는 무엇을 일삼아야 하는 물음에 대한 대답으로 상지는 오직 인의 仁義에 따라 행동함을 말함.

居移氣하며 **養移體**하니라.
거 이 기   양 이 체

지위나 환경에 따라 기품이 달라지고 봉양하는 물건에 따라 몸이 변하는 것이다.

食而弗愛면 **豕交之也**오 **愛而不敬**이면 **獸畜之也**니라.
사 이 불 애   시 교 지 야   애 이 불 경   수 축 지 야

먹이면서 사랑하지 않는 것은 돼지로 대하는 것이오, 사랑하면서 공경하지 않는 것은 짐승으로 기르는 것이다. 제후가 현자를 대우함을 개탄한 말.

君子之所以敎者 五니 **有如時雨 化之者**하며 **有成德者**하며
군 자 지 소 이 교 자 오   유 여 시 우 화 지 자   유 성 덕 자

군자가 가르치는 방법에 다섯 가지가 있으니, 제때에 내리는 비가 초목을 자라게 하는 것과 같은 것이 있고 덕을 이루게 해 주는 것이 있고

有達財者하며 **有答問者**하며 **有私淑艾者**하니라.
유달재자　　유답문자　　유사숙예자

재능을 발휘시켜 주는 것이 있고 물음에 대답해 주는 것이 있고 혼자서 덕을 잘 닦아 나가도록 해 주는 것이 있다.

公孫丑曰 道則高矣美矣나 宜若登天然이라.
공손추왈 도즉고의미의　의약등천연

공손추가 말하길 선생님께서 말씀하시는 도는 높고도 아름다운 것을 말합니다만, 그것은 마치 하늘에 올라가는 것같이 높아 거기에 도달할 수 없는 것 같습니다. _ 맹자의 추구하는 도가 너무 어려워 공손추가 좀 쉬운 방법을 알려 달라는 물음에 다음 구절로 대답한다.

大匠이 不爲拙工하야 改廢繩墨하니라 能者從之니라.
대장　불위졸공　　개폐승묵　　　능자종지

훌륭한 목수는 서투른 목수를 위해 먹줄을 고치거나 없애지 않는다. 능력이 있으면 그것을 보고 따라오는 것이다.

於不可已而已者는 無所不已오.
어불가이이이자　　무소불이

於所厚者薄이면 無所不薄也니라.
어소후자박　　무소불박야

그만두어서 안 될 데서 그만두는 사람은 그만두지 않을 데가 없을 것이오. 후하게 할 데에서 박하게 하는 사람은 박하게 하지 않을 데가 없을 것이다.

其進이 銳者는 其退速이니라.
기 진　　예 자　　기 퇴 속

앞으로 나아감이 빠른 사람은 뒤로 물러남도 빠르다.

제7편
진심* 장구 상 盡心章句 上

盡其心者는 **知其性也**니 **知其性則知天矣**니라.
진기심자　　지기성야　　지기성즉지천의

자기의 마음을 다하는 사람은 자기의 본성을 알고, 본성을 알면 하늘을 알게 된다.

存其心하야 **養其性**은 **所以事天也**오.
존기심　　　양기성　　소이사천야

妖壽에 **不貳**하야 **修身以俟之**는 **所以立命也**니라.
요수　　불이　　　수신이사지　　소이립명야

자기 마음을 보존하여 본성을 기르는 것은 하늘을 섬기는 것이요, 단명하거나 장수하거나 개의치 않고 몸을 닦아서 천명을 기다림은 천명을 온전히 하는 것이니라.

---

* 진심편에서는 사람이 실천해야 할 도리를 묶은 문장으로 엮어 놓았으며 맹자 전편 중에서 가장 인상 깊은 명언들로 구성되어 있다.

莫非命也나 順受其正이니라 是故로
막비명야　순수기정　　　시고

知命者는 不立乎巖墻之下하나니라.
지명자　불립호암장지하

모든 일이 천명 아닌 것이 없으니 그 올바른 천명을 순리대로 받아야 한다. 그러므로 천명을 아는 사람은 위험한 장벽 밑에 서지 않는다.

萬物이 皆備於我矣니 反身而誠이면 樂莫大焉이오.
만물　개비어아의　반신이성　　낙막대언

만물의 이치가 모두 나에게나의 마음속에 갖추어져 있으니 자신을 반성해 보아 성실하면 즐거움이 더없이 크고

強恕而行이면 求仁이 莫近焉이니라.
강서이행　　구인　막근언

힘써 너그럽게 행하면노력하여 남을 자기처럼 생각하여 용서하는 마음으로 행하면 인을 구하는 길이 더없이 가깝다.

人不可以無恥니 無恥之恥면 無恥矣니라.
인불가이무치　무치지치　무치의

사람이란 부끄러워하는 마음이 없어서는 안 된다 부끄러워하는 마음이 없음을 부끄러이 여긴다면 부끄러움이 없게 될 것이다.

恥之於人이 大矣니라.
치지어인   대의

부끄러워하는 마음은 사람에게 중요한 것이다.

士는 窮不失義하며 達不離道이오.
사   궁불실의   달불리도

선비는 궁해도 의로움을 잃지 않으며 잘 되어도 높은 지위를 얻어도 도를 벗어나지 않는다.

以佚道使民이면 雖勞나 不怨하고
이일도사민   수로   불원

以生道殺民이면 雖死나 不怨殺者니라.
이생도살민   수사   불원살자

편하게 해 주려는 일로 목적으로 백성을 부리면 비록 힘들어도 원망하지 않고, 살려 주기 위한 방법으로 백성을 죽이면 비록 죽을지라도 죽이는 사람을 원망하지 않는다.

人之所不學而能者는 其良能也요.
인지소불학이능자   기양능야

所不慮而知者는 其良知니라.
소불려이지자   기양지

사람이 배우지 않고서도 할 수 있는 것을 양능이라 하고 생각하지 않고서도 아는 것을 양지라 한다.

人之有德慧術知者는 恒存乎疢疾이니라.
인 지 유 덕 혜 술 지 자   항 존 호 진 질

사람이 덕행과 지혜와 학술과 지식을 갖게 되는 것은 언제나 환난 속에서 얻게 되는 것이다.

獨孤臣孼者는 其操心也 危하며
독 고 신 얼 자   기 조 심 야   위

其慮患也 深故로 達이니라.
기 려 환 야 심 고   달

외로운 신하와 버림받은 서자만이 위태로움을 느껴 언제나 조심하고 환난이 있을까 깊이 생각하므로 사리에 통달하게 된다.

제7편
진심 장구 하 盡心章句 下

盡信書면 **則不如無書**니라.
진 신 서　　즉 불 여 무 서

서경書經의 내용을 그대로 다 믿는다면 서경이 없느니만 못하다.

> 『서경』뿐만 아니라 일반 책도 쓰는 사람의 주관이나 과장이 있기 때문에 독서시에는 냉철히 판단해 읽어야 한다는 말.

國君이 **好仁**이면 **天下**에 **無敵焉**이니
국 군　　호 인　　　천 하　　무 적 언

임금이 인을 좋아하면 천하에 대적할 상대가 없다.

身不行道면 **不行於妻子**오.
신 불 행 도　　불 행 어 처 자

使人不以道면 **不能行於妻子**니라.
사 인 불 이 도　　불 능 행 어 처 자

자신이 도를 행하지 않으면 처자에게도 시행되지 않고 남을 부

리는데 도로 하지 않으면 처자도 말을 듣지 않을 것이다.

周于德者는 邪世 不能亂이니라.
주우덕자　사세 불능란

덕이 많은 사람은 사악한 세상도 그를 현혹시키지 못한다.

好名之人은 能讓千乘之國하나니
호명지인　능양천승지국

명예를 좋아하는 사람은 천승의 나라도 사양할수 있다. _ 명예를 진심으로 존중하는 사람은 명예를 얻기 위하여 큰 나라도 남에게 양도 할 수 있다.

民이 爲貴하고 社稷이 次之하고 君이 爲輕하니라.
민　위귀　　사직　차지　　군　위경

백성이 귀중하고 사직은 그 다음이고 임금은 가벼운 존재다.

仁也者는 人也니 合而言之하면 道也니라.
인야자　인야　합이언지　　도야

인이란 사람이니 사람이 행하는 것이니 이 둘을 합쳐서 말하면 도이다.

賢者는 以其昭昭로 使人昭昭하나니라.
현자　　이기소소　　사인소소

현자는 자기의 밝은 덕으로 남을 밝게 해 준다.

山徑之蹊間이 介然用之而成路하고
산경지혜간　　개연용지이성로

爲間不用則茅塞之矣나니 今에 茅塞子之心矣로다.
위간불용즉모색지의　　　금　　모색자지심의

제자 고자에게 말하길, 산길 사람 발자국 난 곳을 계속 다니면 길이 만들어지고, 얼마 동안 다니지 않는다면 곧 거기에 풀이 우거져 막혀 버리게 되니 지금 띠풀이 너의 마음을 뒤덮고 있다.

학문이나 수양을 하는 데 쉬지 말고 계속 정진하라는 경구.

逃墨이면 必歸於楊이오 逃楊이면
도묵　　필귀어양　　　　도양

必歸於儒니 歸커든 斯受之而已矣니라.
필귀어유　 귀　　　사수지이이의

묵가 겸애설에서 뛰쳐나오면 양가 위아설로 돌아가고 양가에서 뛰쳐나오면 유가로 돌아온다. 돌아오면 그대로 받아들일 따름이다.

諸侯之寶 三이니 土地와 人民과 政事요.
제후지보 삼　　 토지　 인민　　정사

寶珠玉者는 必殃必及身이니라.
보 주 옥 자　　필 앙 필 급 신

제후에게는 세 가지 보배가 있으니 토지와 인민과 정사이다. 주옥을 보배로 삼는 자는 반드시 재앙이 몸에 미치게 된다. 우리나라 대통령 들중 누구누구와 같이 곤욕을 당한다. 진정한 위정자는 오직 세종대왕밖에 없다.

往者를 不追하며 來者를 不拒하나니라.
왕 자　불 추　　　내 자　불 거

가는 자를 붙들지 않고 배우러 오는 자를 막지 않는다.

人皆有所不忍하니 達之於其所忍이면 仁也니라.
인 개 유 소 불 인　　달 지 어 기 소 인　　　인 야

사람은 누구나 차마 모질게 못하는 마음이 있는데 그 마음을 참고 할 수 있는 데까지 나아가면 그것이 바로 인이다.

守約而施博者는 善道也니라.
수 약 이 시 박 자　　선 도 야

자신을 지키기를 엄격히 하고 베풀기를 널리 하는 것이 좋은 도이다.

說大人則묘之하여 **勿視其巍巍然**이니라.
세 대 인 즉 묘 지　　물 시 기 외 외 연

대인을 설득할 때에는 그를 가볍게 여기고 그의 당당한 위세를 안중에 두지 말 것이다.

養心이 **莫善於寡慾**하니라.
양 심　　막 선 어 과 욕

마음을 수양하는 데는 욕심을 적게 하는 것보다 좋은 방법이 없다.

孔子曰 惡似而非者하노라.
공 자 왈　오 사 이 비 자

공자 말씀하시길 나는 사이비참된 것 같으면서도 참되지 아니한 것한 자를 미워한다.

인간경영 맹자 오디세이

2010년 2월 10일 초판 1쇄 발행
2011년 11월 15일 초판 2쇄 발행

지 은 이 중국문화경영연구소
옮 긴 이 김 찬 준 외

펴 낸 곳 아이템북스
펴 낸 이 박 효 완
책임기획 미다B&S
디 자 인 김 영 숙

출판등록 2001년 8월 7일
등록번호 제2-3387호
주   소 서울시 마포구 서교동 444-15
전   화 02-332-4337
팩   스 02-3141-4347

※ 잘못된 책은 바꿔 드립니다.